"十四五"高等院校财务与会计规划教材

资产评估学教程

（第六版）

乔志敏　　李雪敏　　主编

立信会计出版社
LIXIN ACCOUNTING PUBLISHING HOUSE

图书在版编目(CIP)数据

资产评估学教程 / 乔志敏，李雪敏主编. —6 版
. —上海：立信会计出版社，2023.3
ISBN 978-7-5429-7212-5

Ⅰ. ①资… Ⅱ. ①乔… ②李… Ⅲ. ①资产评估－高
等学校－教材 Ⅳ. ①F20

中国国家版本馆 CIP 数据核字(2023)第 042511 号

策划编辑　方士华
责任编辑　方士华
助理编辑　郑文婧
美术编辑　吴博闻

资产评估学教程(第六版)

ZICHAN PINGGUXUE JIAOCHENG

出版发行	立信会计出版社			
地　　址	上海市中山西路 2230 号	邮政编码	200235	
电　　话	(021)64411389	传　真	(021)64411325	
网　　址	www.lixinaph.com	电子邮箱	lixinaph2019@126.com	
网上书店	http://lixin.jd.com		http://lxkjcbs.tmall.com	
经　　销	各地新华书店			
印　　刷	上海盛通时代印刷有限公司			
开　　本	787 毫米×1092 毫米		1/16	
印　　张	15.75			
字　　数	326 千字			
版　　次	2023 年 3 月第 6 版			
印　　次	2023 年 3 月第 1 次			
书　　号	ISBN 978-7-5429-7212-5/F			
定　　价	48.00 元			

第六版前言

价值是市场经济条件下市场交易主体最为关心的问题之一。对资产价值的准确判断,是进行成功的资产投资和资产管理的关键所在。而资产评估则是为资产价值的确定提供合理参考依据的科学有效方法。我国的资产评估工作起始于国有企业的市场化改革,然而随着我国社会主义市场经济的发展,资产评估服务的需求范围已经远不限于此。资产评估的应用范围从国有企业的出售、合资合作、股份经营、破产清算等方面,拓展到了企业兼并收购、企业价值的增值经营管理、资本市场上的投资人对被投资企业真实价值的分析,以及其他不同投资主体之间进行的各类资产交易等方面。可以说,资产评估正在被运用到资产交易、企业兼并与收购、企业财务管理、投资组合管理等业务领域。本书系统阐述了资产评估的各个方面,内容涉及资产评估的基本理论、基本程序和方法、机器设备评估、房地产评估、无形资产评估、金融资产评估、流动资产评估、企业价值评估、以财务报告为目的的评估,具有较强的操作性,同时对有关的关键理论问题进行了简明、深入的分析。

本书适用于具有经济学和财务管理学基础知识的高年级本科生,也适宜于从事资产评估及其关联事业的人士阅读。

本书最早由中央财经大学乔志敏、晏政、戴学珍、蓝颖文,北京中资房地产土地评估有限公司冯春雷、山西大学贾宁凤博士等共同编写,本次修订由内蒙古财经大学资产评估系李雪敏具体负责。

本书的出版和再版修订得益于立信会计出版社方士华副编审的精心策划。许多组织和学者的研究成果(见参考文献)也为本书的写作提供了极大的帮助。在此一并致以衷心的感谢!

限于我们的学识及所掌握资料,书中不足之处甚多,祈望读者能够不吝赐正,一经采纳,即致谢意。zhmin68@126.com。

作　　者

于中央财经大学

2023 年 3 月

目 录

第一章

导 论

【**本章学习目的**】 通过本章的学习,你应该能够:

(1) 辨识资产的类型。

(2) 理解资产评估的概念,阐明资产评估的特点。

(3) 分析资产评估目的和资产评估价值类型之间的关系。

(4) 理解并学会运用资产评估原则。

(5) 理解并分析资产评估目的和资产评估假设之间的关系。

第一节　资　产　概　述

一、资产的含义

资产是指经济主体拥有或者控制的、能够以货币计量并给经济主体带来经济效益的经济财物,包括房屋、土地、机器设备等有形物,以及商标权、专利权、特许经营权等无形物。

"资产"与"财产"的含义是基本相同的,不过前者多用于经济,而后者多用于法律。[①] 严格来讲,资产和财产在含义上是有区别的。财产是金钱、财物及民事权利、义务的总和。其本质是一种权利,即对一物占有、享用和处置的独占权利,或者说是判断一经济物品的排他性权利,它是从法律角度去认识财物和权益的。而资产是从经济学角度去认识有价值的财产和权益的,其本质在于它可用于取得未来的利益或是未来事业的源泉。没有法律效力的财物和权益虽然有价值,但未必是财产;而有法律效力的财产一般来讲都是资产。因此,资产往往以财产的面貌出现。在论及某单位、某个人的资产时,它与财产没有严格的区别。在企业生产中,只有作为生产要素投入生产经营活动的财产才叫资产,它一般具有增值的要求,而其他的财产则不具有这种要求。

二、资产类型

资产可以按照存在形态、能否独立存在、是否具有综合获利能力等标准进行分类。

(一) 有形资产和无形资产

资产按照存在形态可以划分为有形资产和无形资产。有形资产是指那些具有实体形态的资产,如机器设备、房地产、河流、森林、矿产等,一般也可以将财产权利归属于有形资产,如土地使用权。无形资产是指那些没有实物形态的资产,如专利技术、著作权、商标权、商誉等。

(二) 可辨认资产和不可辨认资产

资产按照能否独立存在的标准,可以划分为可辨认资产和不可辨认资产。可辨认资产是指能够独立存在的资产,所有的有形资产和除商誉以外的无形资产,都是可

[①] 黄少安先生认为,财产是产权的客体,是与主体分离的、能够被人们拥有的、有使用价值的稀缺对象;资产是特指用于生产经营活动,以求实现保值和增值目的的财产;资本是为追求利润而投入生产经营活动的资产。从概念的外延上看,三者依次缩小。摘自《国有资产管理概论》,经济科学出版社 2000 年版)。

辨认资产。不可辨认资产是指不能独立于有形资产而单独存在的资产,商誉是唯一的不可辨认资产。商誉通常是由优越的地理位置、特许使用的声誉、卓越的信誉、悠久的历史、丰富的经验等因素综合形成。

(三) 单项资产和整体资产

资产按照是否具有综合获利能力分为单项资产和整体资产。单项资产是指单台、单件资产,如一台车床。整体资产是由一组单项资产组合而成的具有综合获利能力的资产综合体,如一个具有正常经营活动能力或潜在能力的企业的所有资产、一个单独的生产车间。

在会计学的资产负债表中,按照资产流动性的不同,将资产划分为流动资产、长期投资、固定资产、无形资产、其他资产等。

资产的分类及其关系如图 1-1 表示。

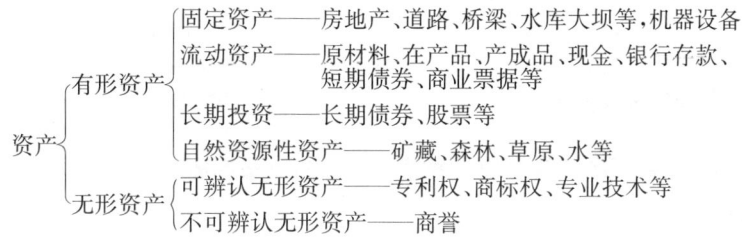

图 1-1　资产的分类及关系

第二节　资产评估的概念及其特点

一、资产评估的概念

资产评估是对资产在某一时点的价值进行估计的行为或过程。《中华人民共和国资产评估法》第二条规定,资产评估是评估机构及其评估专业人员根据委托对不动产、动产、无形资产、企业价值、资产损失或其他经济权益进行评定、估算,并出具评估报告的专业服务行为。具体地讲,资产评估是指符合国家有关规定的专门机构和人员,依据相关法律、法规和资产评估准则,遵循适用的评估原则,选择适当的价值类型,按照法定的评估程序,运用科学的评估方法,基于特定目的对评估对象在评估基准日的价值进行分析、估算并发表专业意见的行为和过程。

从事资产评估业务的机构和人员,是资产评估工作中的主体,必须符合国家在资产评估方面的有关规定,即评估机构应当依法申请登记并向行政管理部门备案,评估专业人员包括评估师和其他具有评估专业知识及实践经验的评估从业人员。资产评估活动遵守的有关法律法规、政策文件、资产评估准则等,是资产评估的依据。特定的评估目的,是指资产业务发生的经济行为,它直接决定和制约资产评估的价值类型确定和评估方法选择。评估原则即资产评估工作的行为规范,是处理评估业务的行为准则。价值类型是对评估价值的质的规定,它取决于评估目的,对评估方法的选择具有约束性。评估程序是资产评估业务的工作步骤。评估方法是估算资产价值所应有的特定技术方法。评估对象包括单项资产、资产组合、企业价值、资产损失或其他经济权益。评估基准日是指评估结论对应的日期。资产评估工作由评估主体、评估对象、评估依据、评估目的、评估原则、评估假设、价值类型、评估程序、评估方法评估基准日、评估结论等多个要素构成。

资产评估从评估工作的业务性质来说,包括评估、评估咨询(appraisal consulting)、评估复核(appraisal review)。评估是指形成评估价值意见或结论的行为及过程。评估咨询是为解决某问题而进行分析、推荐或提供意见的行为和过程。评估咨询业务所形成的价值意见仅仅是为形成业务结论而进行的部分工作。评估复核是对他人所做评估、评估复核或评估咨询工作的质量,进行分析并提供意见的行为和过程。

二、资产评估的特点

通常情况下,资产评估具有以下特点。

(一) 时点性

时点性,是指资产评估是对评估对象(即待评估资产)在某一时(间)点的价值的估算。这一时点是提供价值评估基础的市场供求条件及资产状况的日期,我们将这一时点称为评估基准日。评估基准日相对于评估(工作)日期而言,既可以是过去的某一天,也可以是现在的某一天,还可以是将来的某一天。比如,我们现在(2022年9月10日—2022年10月2日)要评估一宗房地产的价值,根据委托人(客户)的要求不同,评估基准日可能是2021年12月18日,也可能是2022年10月10日,还可能是2023年4月25日。具体的评估基准日,需要根据客户的资产业务要求,与客户协商确定,或者由客户指定。资产评估结果即评估价值,是反映资产在评估基准日这一时点的市场供求状况和资产状况下的资产价值,因而估价结果具有较强的时效性,很容易过时,这就需要不断地进行更新,以反映最新的市场信息。

(二) 市场性

资产评估一般估算的是资产的市场价值,因而资产评估就需要通过对评估基准日的市场实际状况进行模拟,以求评估价值尽可能地接近资产在评估基准日的市场价值。评估价值是否客观,需要接受市场价格的检验,如果两者的差异在允许的范围内,则说明评估结果是比较客观的。市场价格又可以称为交易价格,是指在市场交易中,特定交易的买卖双方实际成交的货币额。市场价格又可以根据买卖双方交易时所处的地位不同、所掌握的市场信息不同等状况,分为公平市场价格和非公平市场价格。公平与不公平都是相对而言的,公平市场价格是对买卖双方来讲都不吃亏(不是凭某一个人的感觉判断的),非公平市场价格是对买卖双方来讲,一方占了另一方的便宜。最为公平的市场价格就是市场价值。市场价值是"一资产在公开竞争的市场上出售,买卖双方行为精明,且对市场行情及交易物完全了解,没有受到不正当刺激因素影响下所形成的最高价格。"[①]更明确地说,市场价值是最可能价格。

(三) 预测性

一般来说,一项资产之所以有价值,是因为预期其未来能够产生净收益。一项资产的市场价值是对其未来产生的净收益的现实反映。因而通常是先对资产预期能够产生的净收益进行预测,然后将各个时期的净收益预测值折现为现值后加总,来估算资产价值。既然是根据预测性假设进行评估,最后的评估结果也就带有不确定性。[②]

(四) 公正性

资产评估服务于资产业务的需要,对于资产业务的任何一方当事人来说,都应当具有独立性。资产评估的目标是为了估算出服务于资产业务要求的客观价值,不应当受到任何人的主观干预。资产评估的公正性表现为:①资产评估遵循正确适用的评估原则,依照法定的评估程序,运用科学的评估方法,这是公正性的技术基础;②评估主体应当与资产业务及其当事人没有利害关系,这是公正性的组织基础。

(五) 咨询性

资产评估为资产业务所提供的评估价值,是一种专业化、市场化的咨询服务,评估结果本身并没有强制执行的效力,评估主体只是对评估结论的客观性负责,而不对资产交易价格的确定负责。评估价值是为资产业务提供的一个参考价值,最终的成交价格取决于资产业务当事人讨价还价的能力。

第三节　资产评估的目的

资产评估的目的是指资产评估行为所服务的经济活动,也即估价结果的期望用途。进行资产价值的评估,一般是为了给资产的买卖、租赁、抵押、保险理赔、课税、征收征用补偿、拍卖底价、分割或合并、损害赔偿、诉讼、财务报告,以及价值管理等行为提供可资参考的价值基础。至于个人之间是否必须进行资产评估,应根据资产业务当事人的意愿和具体情况而定。对涉及国有资产、公共利益等事项,应当依法委托评

---

① Byrl N. Boyce: Real Estate Appraisal Terminology, Ballinger Publishing Co., 1975, p.137.
② 阿斯瓦斯·达摩达兰:《投资估价》第2页,清华大学出版社1999年版。

估机构进行评估。

《企业国有资产评估管理暂行办法》（国务院国有资产监督管理委员会令第12号）第二章规定,国家出资企业及其各级子企业有下列行为之一的,应当对相关资产进行评估:整体或者部分改为有限责任公司或者股份有限公司;以非货币资产对外投资;合并、分立、破产、解散;非上市公司国有股东股权比例变动;产权转让;资产转让、置换;整体资产或者部分资产租赁给非国有单位;以非货币资产偿还债务;资产涉讼;收购非国有单位的资产;接受非国有单位以非货币资产出资;接受非国有单位以非货币资产抵债;法律、行政法规规定的其他需要进行资产评估的事项。可以不对相关国有资产进行评估的行为有:经各级人民政府或其国有资产监督管理机构批准,对企业整体或者部分资产实施无偿划转;国有独资企业与其下属独资企业(事业单位)之间或其下属独资企业(事业单位)之间的合并、资产(产权)置换和无偿划转。《中华人民共和国证券法》第十六条规定,申请公开发行公司债券,向国务院授权的部门或者国务院证券监督管理机构报送的文件中应当包括资产评估报告。为保护上市公司和投资者的合法权益,促进上市公司质量不断提高,维护证券市场秩序和社会公共利益,上市公司重大资产重组中的资产定价也要进行资产评估或估值。

第四节　资产评估的原则

资产评估原则是规范评估行为和业务的准则。规定评估原则是为了确保不同的估价人员在遵循规定的估价程序,采用适宜的估价方法和正确的处理方式的前提下,对同一估价对象的估价结果能具有一致性。资产评估原则包括工作原则和经济原则。

一、资产评估的工作原则

(一) 独立性原则

独立性是指评估机构和评估专业人员在执业过程中,不受利害关系影响、不受外界干扰的执业原则。评估主体在资产评估过程中处于中立地位,应当不受任何权势、金钱、亲情等外界因素的影响,以确保评估结果的公正性。影响独立性的情形通常是评估机构、资产评估专业人员或者其亲属,与委托方或者相关当事方之间存在经济利益关联、人员关联或者业务关联。这里的亲属是指配偶、父母、子女及其配偶;经济利益关联是指评估机构、评估专业人员或者其亲属,拥有委托方或者相关当事方的股权、债权、有价证券、债务,以及存在担保等可能影响独立性的经济利益关系;人员关联是指评估师或者其亲属,在委托方或者相关当事方担任董事、监事、高级管理人员,以及其他可能对评估结论施加重大影响的特定职务。业务关联是指评估机构从事的业务之间可能存在利益输送或者利益冲突关系。对此类影响需要加以识别和判断，并采取人员回避、业务回避、消除关联关系、第三方审核、充分披露等相应措施，以消除不利影响。当采取的措施不能消除对独立性的不利影响时，评估机构和评估专业人员不得承接该评估业务，或者应当终止该评估业务。

（二）客观性原则

评估人员应当从实际出发，对各项估价要素和基础资料认真进行调查研究，而不能添加任何没有事实依据的妄断和臆测，以确保评估结果的客观性。虽然我们在估价过程中使用科学的估价模型，但向模型输入的变量必然带有主观判断的色彩，导致估价结果受到估价过程中所存在的主观偏见的影响。减少估价过程中主观偏见的方法有两种：①尽量避免受到公众关于资产价值观点的影响；②在估价之前尽可能少地关心资产是被高估还是低估。[①]

《国际评估准则 2017》（International Valuation Standards 2017，IVS2017）框架指出，在评估过程中，要增加透明度、减少主观因素的影响，运用恰当的控制方式和程序，在确保评估参数及评估假设可靠的基础上得到可信的评估结论，避免有偏见的分析、意见或结论。

（三）科学性原则

资产评估必须按照规定的评估程序，根据评估目的，选择适用的价值类型，采用适宜的估价方法，制定科学的评估实施方案，以确保评估结果的科学合理。价值类型的选择应以评估目的为依据，其对评估方法具有约束性，评估方法要严格与价值类型相匹配。

（四）合法性原则

《中华人民共和国资产评估法》第十四条规定，评估专业人员不得有下列行为：私自接受委托从事业务、收取费用；同时在两个以上评估机构从事业务；采用欺骗、利诱、胁迫，或者贬损、诋毁其他评估专业人员等不正当手段招揽业务；允许他人以本人名义从事业务，或者冒用他人名义从事业务；签署本人未承办业务的评估报告；索要、收受或者变相索要、收受合同约定以外的酬金、财物，或者谋取其他不正当利益；签署虚假评估报告或者有重大遗漏的评估报告；违反法律、行政法规的其他行为。第二十条规定，评估机构不得有下列行为：利用开展业务之便，谋取不正当利益；允许其他机构以本机构名义开展业务，或者冒用其他机构名义开展业务；以恶性压价、支付回扣、虚假宣传，或者贬损、诋毁其他评估机构等不正当手段招揽业务；受理与自身有利害关系的业务；分别接受利益冲突双方的委托，对同一评估对象进行评估；出具虚假评估报告或者有重大遗漏的评估报告；聘用或者指定不符合本法规定的人员从事评估业务；违反法律、行政法规的其他行为。

---

① 阿斯瓦斯·达摩达兰：《投资估价》第 2 页，清华大学出版社 1999 年版。

二、资产评估的经济原则

(一) 贡献原则

某一资产或资产的某一构成部分的价值,取决于该资产对与其他相关资产共同组成的整体资产价值的贡献或该部分对资产整体价值的贡献,也可以用缺少它时整体资产价值或资产整体价值的下降程度来衡量确定。如果简要地用经济学理论来表述,那就是待评估资产的边际效用(即边际贡献或说边际生产力)决定了其价值。

(二) 替代原则

替代原则的理论依据是同一市场上的相同(或相近似)物品具有相同(或相近)的价值。比如,在区位、价格发生时点等特征上相近似的两宗或数宗房地产,它们的价格也相近。对具有同等效用而价格不同的物品进行选择时,理性人必定选择价格便宜的;对价格相同而效用不同的物品进行选择时,理性人必定选择效用较大的。替代原则要求尽可能利用与估价对象特征相类似资产的市场交易资料,来进行比较分析评估对象的价值,以确保评估结果是估价对象在公开市场上成交的最可能价格。

(三) 预期原则

预期原则是指资产的价值不是取决于其过去的生产成本和销售价格,而是决定于其在评估基准日后能够带来的预期净收益,即预期的获利能力。预期的获利能力越大,资产的价值就越高。

(四) 供求原则

资产的交易价格是个别买卖双方讨价还价的结果,资产的市场价值则体现该类资产交易市场供给和需求相互作用即供求均衡状况。资产的评估价值是在假定有许多买卖双方对同一资产进行交易下的最可能价格的模拟。因而,在资产评估时应充分考虑待评估资产在评估时点的市场供求状况。

(五) 最佳使用原则

最佳使用原则也称最高最佳使用原则,即按照估价对象的最佳使用方式,评估资产的价格。最佳使用是指在法律上允许、技术上可能、经济上可行的前提条件下,能够使估价对象产生最高价值的利用方式。在运用最佳使用原则时,首先要求最佳利用方式在法律上是得到允许的,其次还要得到技术上的支持,不能将技术上无法做到的利用方式当作最佳使用,最后应注意所确定的最佳利用方式在经济上可行,不可能通过不经济的方式来实现资产的最佳使用。在估价对象已经处于使用状态的情况下,应根据最佳使用原则对估价前提作如下选择:①保持利用现状前提,即认为继续保持利用现状为最佳使用时,应以保持现状继续使用作为估价前提;②转换用途前提,即认为转换用途再予以使用最有利时,应以转换用途后的使用假定为估价前提;

③投资改造前提，即认为不转换用途但需要进行投资改造后再予以使用最为有利时，应以改造后的使用假定为估价前提；④重新利用前提，即认为拆除现有资产的某一部分再予以利用最为有利时，应以拆除该部分后的使用假定为估价前提；⑤上述四种情形的某种组合。

第五节　资产评估的假设

"假设"在此处为"姑且认定"之意。它是进行一项资产的价值评估工作的假定前提条件。同一资产在不同的假设条件下，其价值实现受到的约束不同，因而会产生不同的评估价值。需要说明的是：这里的假设并非子虚乌有，而是对现实中发生的不同资产业务情况的归类，即进行资产评估时必须对被评估资产所处的时间和空间状况做出合乎逻辑的假定和说明。

一、继续使用假设

继续使用假设是指资产将按照现行用途继续使用，或转换用途继续使用。现实中的表现主要有三种情况：①资产将按照现行用途原地继续使用，如甲某购买一住宅后继续作住宅使用；②资产将转换用途后在原地继续使用，如将一工业厂房改造成商场；③资产的地理位置发生迁移后继续使用，如将一条电视机生产流水线从甲地迁往乙地安装后，继续生产电视机。

对于可继续使用资产的评估与不可继续使用资产的评估，以及不同情况下的继续使用资产的评估，往往适宜于不同的资产业务，具体评估过程中考虑的细节因素不同，评估结果自然也不同。比如，一套石油化工设备，如果按照现行用途继续在原地使用，用成本法评估其价值，就是以该套设备的全新购买价或制造费、运输费以及安装调试费之和作为重置成本，然后从中扣除折旧费，其剩余额为该资产的价值。如果按照现行用途迁往其他场地继续使用，其价值就等于该套设备的全新购买价减去折旧费。如果不再继续使用，需要将其拆零出售，则需要评估其各零件的变现值，然后从中扣除拆零费，才能得到评估价值。三种不同情况下的资产评估价值依次由高到低。

在确定是否可以采用继续使用假设时，需要充分考虑的条件有：资产的产权是否明晰，产权不清的资产难以确认其价值；资产是否具有剩余经济寿命，已经没有剩余经济寿命的资产一般将不再有获利能力，因而没有价值；资产从经济上、法律上、技术上是否允许转变利用方式。

二、公开市场假设

公开市场，是指在该市场上，交易双方进行交易的目的在于最大限度地追求经济利益，并掌握必要的市场信息，有较充裕的时间进行交易，对交易对象具有必要的专业知识,交易条件公开且不具有排他性,即一个完全竞争的资产市场。公开市场假设是指待评估资产能够在完全竞争的市场上进行交易,从而实现其市场价值。不同类型的资产,其性能、用途不同,市场化程度也有差异。用途广泛、通用性比较强、市场化程度较高的资产如住宅、汽车等,比专用性较强的资产如化工生产用厂房、起重机、发电厂、码头、教堂等有更加活跃的交易市场,因而更适用于公开市场假设。专用性资产一般具有特殊的性质,有特定的用途或限于特定的使用者,在不作为企业经营活动的一部分时,很少能够在公开市场上出售。

在资产评估时,对于具备在公开市场上交易的资产,宜作公开市场假设,并根据资产的位置、特点、市场供求等因素确定其最佳利用方式,按照其最佳利用方式进行评估。

三、清算假设

清算(清偿)假设是指资产所有者在某种压力下,如破产、抵押权实施等,将被迫以协商或以拍卖方式,强制将其资产出售。由于卖方一般是非自愿地被迫出售资产,买方处于相对有利的地位,再加上此类交易是被限制在较短时间内完成,对有关买方的市场信息了解不充分,资产的交易价格明显低于继续使用或公开市场条件下的价格。因而评估价值往往也低于继续使用和公开市场假设下的评估价值。

第六节 资产评估的价值类型

根据我国资产评估协会颁布的《资产评估价值类型指导意见》,我国资产评估的价值类型包括市场价值和市场价值以外的价值。

一、市场价值

市场价值是指自愿交易的买卖双方在各自理性行事,且未受任何强迫的情况下,在评估基准日就评估对象进行正常公平交易的价值估计数额。市场价值包括资产按照最佳用途使用条件下的市场价值和按照当前用途使用条件下的市场价值。最佳用途下的市场价值主要适用于可以作公开市场假设或转化为最佳用途后继续使用假设的资产业务,如企业的多余资产、债券和股票、短期投资、现金等。当前用途下的市场价值主要适用于可以按原用途继续使用假设的资产业务,如编制财务报表、企业兼并或联营、股份化经营等。当前用途下的市场价值是假定资产可以在公开的市场按照当前用途出售的最可能价值,而不论当前用途是否为最佳用途。虽然当前用途下的市场价值不反映资产在最佳使用下的市场价值,但可以将它看作是一个特例,而不认为是偏离了市场价值概念。在特殊情况下,市场价值可能是负数,这些情况包括某些租用资产、一些特定资产、清理土地上废弃资产的费用超过土地价值、一些受环境影响而遭受破坏的资产及其他资产。

二、市场价值以外的价值

市场价值以外的价值(或称非市场价值)包括投资价值、在用价值、清算价值、残余价值等。投资价值是指评估对象对于具有明确投资目标的特定投资者或者某一类投资者所具有的价值估计数额,亦称特定投资者价值。在用价值是指将评估对象作为企业、资产组组成部分或者要素资产,按其正在使用方式和程度及其对所属企业、资产组的贡献的价值估计数额。清算价值是指在评估对象处于被迫出售、快速变现等非正常市场条件下的价值估计数额。残余价值是指机器设备、房屋建筑物或者其他有形资产等的拆零变现价值估计数额。

三、资产评估的价值类型选择

资产评估价值类型的选择和使用,要充分考虑评估目的、市场条件、评估对象自身条件,以及价值类型与评估假设的相关性。当评估目的、评估对象等资产评估基本要素满足市场价值定义的要求时,一般选择市场价值作为评估结论的价值类型。对于以抵(质)押为目的、以税收为目的、以保险为目的及以财务报告为目的的特定评估业务,其评估价值类型应当按照相关法律、法规或者契约等的规定进行选择,没有规定的则可以根据实际情况选择市场价值或者市场价值以外的价值类型。

资产评估的价值类型并不取决于所采用的具体评估方法,任何价值类型下的评估结论都可以通过一种或者多种评估方法实现。评估方法是估计和判断市场价值和市场价值以外的价值评估结论的技术手段。

(一) 以市场价值为基础的评估

市场价值反映了资产在公开市场上进行交易的市场行情,因而该标准要求评估目的即资产业务的性质,使得可以将该待评估资产视为公开市场上出售的资产。评估市场价值的最普遍方法有市场比较法、收益法、成本法,评估人员应当在综合考虑评估所需要的相关数据的可获取程度、有关的市场条件以及资产本身状况的基础上,选择适用的评估方法。各种评估方法既可以评估市场价值,也可以评估非市场价值,因而在评估市场价值时,评估所需要的相关数据应当来自公开市场。

(二) 以市场价值以外的价值为基础的评估

凡是不能够视为公开市场上出售资产的资产业务,其资产价值的评估就以非市场价值为标准。具体的资产业务即评估目的不同,则非市场价值类型也不同,进行评估所需要的相关要素也应当来自相应于该非市场价值类型的非公开市场。非市场价值标准适用于保险、税收、投资、清算等目的的资产评估,以及专用资产(包括特定所有者资产,如划拨土地使用权)价值或市场的公开竞争受到限制情况下的资产评估。

当评估业务针对的是特定投资者或者某一类投资者,并在评估过程中充分考虑和使用了仅适用于特定投资者或者某一类投资者的特定评估资料和经济技术参数时,价值类型通常选择投资价值。当评估对象是企业或者整体资产中的要素资产,并在评估过程中只考虑资产的当前使用方式和贡献程度,没有考虑资产作为独立资产所具有的效用及在公开市场上交易等情况时,通常选择在用价值。当评估对象面临被迫出售、快速变现,或者评估对象具有潜在被迫出售、快速变现等情况时,通常选择清算价值。当评估对象无法使用或者不宜整体使用时,通常考虑评估对象的拆零变现,并选择残余价值。

(三) 以财务报告及会计事项为目的的评估

为了财务报告及会计事项而进行的资产评估,可以将资产视为按照当前用途在公开市场上出售,无论资产的当前用途是否代表其最佳用途,资产评估都以当前用途继续使用下的市场价值为标准。不过,对企业的投资类资产和被董事会宣布为多余的资产,则应当以在最佳用途下的市场价值为标准进行评估;对只能作为经营活动或企业资产的一部分,而很少能够在市场上公开出售的专用资产,可以采用非市场价值标准,但需要在评估报告中予以说明。

(四) 贷款担保、抵押和债券的评估

贷款担保资产、抵押资产和债券类资产的评估一般以市场价值为标准。专用资产的市场是有限的,并且是企业整体资产的一部分,一般不适合单独进行抵押。在对专用资产作为抵押物进行评估时,应当假设资产处于最佳使用状态。整体资产的价值评估,除了企业的商誉资产外,通常根据会计数据或财务分析提供的收益来进行评估,但应当对抵押资产可能存在潜在的价格波动的情况加以说明。对可开发或再开发资产,需要考虑其现有的和潜在的开发及控制权,以及评估结果有效期内的资产开发状况,这就需要评估人员注意开发完成日期与评估结果有效期的不同,充分预测资产开发期内的市场变化、预测可开发资产的风险。由于抵押担保类资产的担保价值,取决于其所要担保的债权,而债权价值及抵押担保资产的价值都可能是不断变化的,因而可能需要对抵押担保物在整个担保期内各个阶段的市场价值进行评估。

第七节 本书的框架体系

本书共有 10 章,分别就资产评估的基本理论、资产评估的程序和基本方法、机器设备评估、房地产评估、无形资产评估、金融资产评估、流动资产和其他资产评估、企业价值评估、以财务报告为目的的评估、资产评估报告等内容,进行阐述。各章内容之间的关系,如图 1-2 所示。

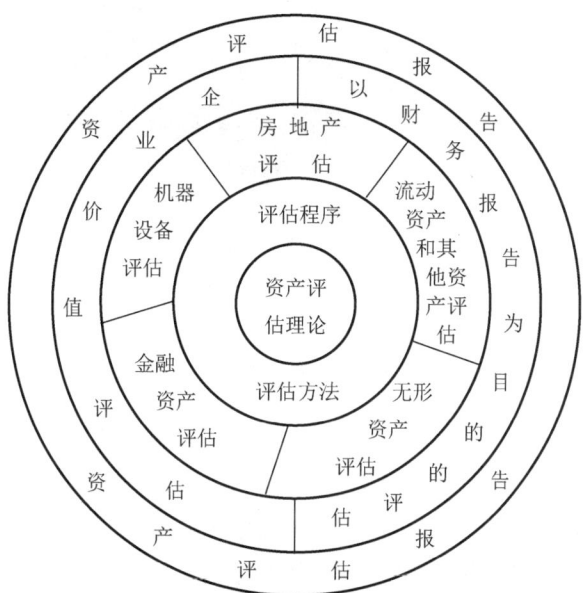

图 1-2 本书内容体系示意图

练 习 题

单项选择题

1. 对资产价值进行评定估算时,被评估资产实际状况的时间参照为(   )。

　　a. 评估日期　　　　　　　　　　b. 评估工作日期

　　c. 评估基准期　　　　　　　　　d. 过去、现在及未来

2. 不可辨认的资产是指(   )。

　　a. 没有物质形态因而无法确指的资产

　　b. 因不具有综合获利能力而无法单独出售的资产

　　c. 不能独立于有形资产而单独存在的资产

3. 资产评估价值取决于资产的(   )。

　　a. 原先的购买价格　　　　　　　b. 生产成本

　　c. 预期效用　　　　　　　　　　d. 评估基准期的利用现状

4. 正常情况下,一栋别墅在某一时点的市场价值,不会高于此时点重新开发一同等效用别墅的成本(包括利润)。这体现了资产评估的(   )。

　　a. 贡献原则　　　　　　　　　　b. 客观原则

　　c. 经济原则　　　　　　　　　　d. 替代原则

　　e. 预期原则

5. 在企业兼并时,目标企业(被兼并企业)价值评估的最适用假设是(   )。

　　a. 清算假设　　　　　　　　　　b. 公开市场假设

c. 继续使用假设　　　　　　　　　　d. 持续经营假设

6. 银行在因债务不能清偿而需要对其受押的抵押房地产进行处置时,该抵押房地产价值的评估适
   用于(　　)。

   a. 清算假设　　　　　　　　　　　　b. 公开市场假设

   c. 继续使用假设　　　　　　　　　　d. 持续经营假设

讨 论 题

1. 如何针对不同的资产评估目的,选择适用的资产价值类型?
2. 如何针对不同的资产评估目的,作出相适宜的资产评估假设?

第二章

资产评估的程序与基本方法

【本章学习目的】 通过本章的学习，你应该能够：

（1）阐述资产评估的程序。

（2）理解掌握比较法、成本法、收益法等三种资产评估方法的基本原理和参数的估算方法。

第一节　资产评估的程序

资产评估工作是指从接洽资产评估业务到提交资产评估报告的全过程,具体包括以下程序。

一、明确资产评估业务基本事项

资产评估机构应当明确的资产评估业务基本事项包括:①委托人、产权持有人和委托人以外的其他资产评估报告使用人;②评估目的;③评估对象和评估范围;④价值类型;⑤评估基准日;⑥资产评估项目所涉及的需要批准的经济行为的审批情况;⑦资产评估报告使用范围;⑧资产评估报告提交期限及方式;⑨评估服务费及支付方式;⑩委托人、其他相关当事人与资产评估机构及其资产评估专业人员工作配合和协助等需要明确的重要事项。资产评估机构还应当根据评估业务的具体情况,在对自身专业能力、独立性和业务风险进行综合分析和评价的基础上,决定是否受理资产评估业务。

二、订立资产评估委托合同

资产评估委托合同,是指评估机构与委托方订立的,明确评估业务基本事项,约定评估机构和委托方权利、义务、违约责任和争议解决等内容的书面合同。评估机构在决定承接评估业务后,应当与委托方签订资产评估委托合同。委托合同订立后,签约各方发现相关事项约定不明确,或者履行评估程序受到限制需要增加、调整约定事项的,可以协商对业务约定书相关条款进行变更,并订立补充协议或者重新订立委托合同。委托合同签订后,在评估目的、评估对象、评估基准日发生变化,或者评估范围发生重大变化时,评估机构应当与委托方签订补充协议或者重新订立委托合同。委托合同应当由评估机构的法定代表人或合伙人签字并加盖评估机构公章。

资产评估委托合同的基本内容有:①评估机构和委托方的名称、住所;②评估目的;③评估对象和评估范围;④评估基准日;⑤评估报告使用范围;⑥评估报告提交期限和方式;⑦评估服务费总额、支付时间和方式;⑧评估机构和委托方的其他权利和义务;⑨违约责任和争议解决;⑩签约时间、地点。

三、编制资产评估工作计划

资产评估的工作计划是指评估工作的总体思路和详细实施方案,评估工作计划的内容涵盖现场调查、收集评估资料、评定估算、编制和提交评估报告等评估业务实施全过程,主要包括评估的技术路线和方法、需要收集的资料及其收集渠道、预计所需要的时间和费用、工作步骤和人力资源及进度安排等。为保证评估工作在有限的时间及人力和财力条件下,达到委托人的要求,这一工作应按照科学的项目管理方法进行。资产评估师可以根据评估业务具体情况确定评估计划的繁简程度,在评估业务实施过程中可以根据具体情况的变化进行对计划进行必要调整。

四、进行资产评估现场调查

对资产状况的准确判断,依赖于对资产真实状况的全面了解,而现场调查是了解资产状况的重要方法。资产评估专业人员可以采用逐项或者抽样的方式进行现场调查,获取评估业务需要的相关资料和信息,现场调查手段通常包括询问、访谈、核对、监盘、勘查等。现场调查的基本内容有:①了解评估对象现状。核实评估对象是否真实存在,关注评估对象在实体上和功能上的完整性,调查评估对象价值影响因素。②关注评估对象法律权属。评估人员调查时应当取得评估对象的权属证明资料,并进行核查验证。

五、收集整理评估资料

资产评估业务需要的资料包括权属证明、财务会计信息和其他评估资料。这些资料可以直接从市场等渠道,从委托人、产权持有人等相关当事人、从政府部门、各类专业机构和其他相关部门获取。委托人或者其他相关当事人需要对其提供的资产评估明细表及其他重要资料进行确认,确认方式包括签字、盖章及法律允许的其他方式。

资产评估专业人员还应当依法对资产评估活动中使用的资料进行核查验证。核查验证的方式通常包括观察、询问、书面审查、实地调查、查询、函证、复核等。超出资产评估专业人员专业能力范畴的核查验证事项,资产评估机构应当委托或者要求委托人委托其他专业机构或者专家出具意见。因法律法规规定、客观条件限制无法实施核查验证的事项,资产评估专业人员应当在工作底稿中予以说明,分析其对评估结论的影响程度,并在资产评估报告中予以披露。如果上述事项对评估结论产生重大影响或者无法判断其影响程度,资产评估机构不得出具资产评估报告。

资产评估专业人员通过对所收集的评估资料进行分析、归纳和整理,形成评定估算和编制资产评估报告的依据。

六、评定估算形成结论

资产评估专业人员应当根据评估对象、价值类型、评估资料收集情况等相关条件,分析市场法、收益法和成本法等资产评估方法的适用性,恰当选择评估方法,并根据所采用的评估方法,选取相应的公式和参数进行分析、计算和判断,形成初步评估结论,再对形成的初步评估结论进行综合分析,形成最终评估结论。选择哪一种估价方法,需要综合考虑该项资产评估业务的评估目的、评估对象的特点、所能够收集到的资料情况。除依据评估准则只能选择一种评估方法的外,应当恰当选择两种以上评估方法,以便于消除因方法的局限性和所收集的数据的不确切性而产生的不良影响,确保评估结果的客观准确性。对运用不同方法估算出的结果,要进行比较分析、综合考虑,形成评估结论。参照交易物在功能如用途,市场条件如供求关系,竞争状况和交易条件等方面与待评估资产具有可比性。

七、编制出具资产评估报告

资产评估专业人员在完成受托的资产评估业务后,要向委托方出具包括评估过程、方法、结论、说明及各类备查文件内容的资产评估报告。资产评估报告的内容和格式应当遵循《资产评估准则——评估报告》,以及相关评估规范或标准涉及国有资产评估的,还要遵循《企业国有资产评估报告指南》。资产评估专业人员提交正式评估报告前,可以在不影响对最终评估结论进行独立判断的前提下,与委托方或者委托方许可的相关当事方就评估报告有关内容进行必要沟通,但委托人不得串通、唆使评估机构或评估专业人员出具虚假评估报告。评估机构应当对评估报告进行内部审核,最终审核合格后,应当由至少两名承办该业务的评估专业人员签名并加盖评估机构印章。

八、整理归集评估档案

资产评估专业人员应当对反映资产评估程序实施情况、支持评估结论的工作底稿、资产评估报告及其他相关资料进行整理,形成资产评估档案。工作底稿的整理和评估档案的归集应当符合法律、行政法规和资产评估准则的规定。根据《中华人民共和国资产评估法》的规定:一般评估业务的评估档案保存期限不少于 15 年,法定评估业务的评估档案保存期限不少于 30 年,评估档案的保存期限,自评估报告日起算。

第二节 比 较 法

一、比较法的概念

比较法也称市场比较法。它是指通过比较待评估资产与近期售出的类似资产(即可参照交易资产)的异同,并据此对类似资产的市场价格进行调整,从而确定待评估资产价值的评估方法。运用比较法的前提条件是:需要有一个比较成熟的资产交易市场;可以找到与待评估资产相似的可比较参照交易,要求可比较参照交易的交易价格确知,交易情况和交易时间与待评估资产相近,参照交易物在技术参数、功能等方面与待评估资产具有可比性。

比较法的基本计算公式如下:

$$评估价值 = \frac{市场参照}{交易价格} + \Sigma \frac{评估对象优于参照交易}{物因素引起的价格差额} - \Sigma \frac{评估对象劣于参照交易}{物因素引起的价格差额}$$

或 $$评估价值 = 参照交易价格 \times \prod 因素修正系数$$

二、比较法的评估程序

运用比较法评估资产时,一般按照下列步骤进行:①明确评估的对象及其范围。②进行市场调查,收集相同或相似资产的市场信息资料,寻找参照交易。③分析整理所收集的资料,并验证其准确性,判断分析其交易条件和背景,选择三个或三个以上可比较的参照交易。④将待评估资产与可比较参照交易物进行比较分析,判断它们之间在影响交易价格的各因素方面的差异程度。⑤分析各类差异对交易价格的影响程度,以待评估资产为标准,以参照交易价格为基准,调整差异,得到待评估资产的评估价值,也称为比准价格。

三、比较法的可比因素

需要对待评估资产与参照交易资产之间的差异,进行比较分析和调整的因素,主要包括以下三个方面。

(一) 时间因素

由于资产的价格可能随时间不同而变化,因而就需要对资产价值在不同时点的差异进行调整。时间因素调整就是指将可比较参照交易物在实际发生的交易时点的价格,调整为参照交易物的交易假设发生在与待评估资产的评估基准日相同时点情况下的价格。

(二) 地域因素

由于同类资产特别是房地产即使在不同地区的市场上出售,也会有明显的价格差异,因而如果待评估资产与参照交易资产会因处于不同地区市场上而产生价格差异,就需要对可参照交易价格进行地区差价调整。

(三) 功能因素

功能高低不同的两个同类资产,其价格也会有差异。一般情况下,功能的高低与资产价值的高低成正相关关系,这当然要以资产的功能在市场上能够得到充分利用为前提。

比较法是资产评估方法中最为简单和有效的方法,其评估结果能够较客观地反映资产在评估基准日的市场状况和价值。该方法通常被用于评估具有活跃公开市场且具有可比成交案例的资产,如二手机器设备、房地产等,但对于专用机器设备、大部分无形资产,以及受地区、环境等严格限制的一些资产的评估,比较法应用则会受到限制。此外,比较法可直接用于评估资产价值,还可用于其他评估方法中有关参数的求取。如重置成本求取中的价格指数调整法就是时间因素修正,生产能力比例法和规模经济效益指数法就是功能因素修正,收益法中有关净收益及折现率的估算也可以运用比较法原理。

第三节　成　本　法

一、成本法的概念

成本法是从待评估资产在评估基准日的复原重置成本(reproduction cost new,也称为重建成本)或更新重置成本(replacement cost new,也称为重置成本)中扣减其各项价值损耗,来确定资产价值的方法。

复原重置成本是指在评估基准日,用与估价对象同样的生产材料、生产及设计标准、工艺质量,重新生产一与估价对象全新状况同样的资产即复制品的成本。更新重置成本是指在评估基准日,运用现代生产材料、生产及设计标准、工艺质量,重新生产一与估价对象具有同等功能效用的全新资产的成本。成本估价结果接近复原重置成本还是接近更新重置成本,受成本估价方法的影响。总概括性的成本估价方法倾向于更新重置成本;注重估价对象的不同特征的详细成本估价方法(适于特殊用途资产)倾向于复原重置成本。更新重置成本通常小于复原重置成本,这是因为后者包括过时的设计及生产工艺、原材料的附加成本。在没有出现同类资产的生产材料、技术标准、生产工艺及资产功能的明显变化时,一般评估复原重置成本,此时也几乎不存在所谓的更新重置成本。

一项资产随着时间的变化,会产生自然形态的损耗、功能的落后或衰退、利用的充分程度降低等情况,从而导致其价值的降低。进行资产评估时,必须充分考虑这些使得资产价值下降的因素对价值产生的不利影响,并从复原或更新重置成本中予以扣减。我们可以将损耗的价值分为三类:①实体性贬值。实体性贬值是指资产投入使用后,由于使用磨损和自然力的作用,导致其物理性能不断下降而引起的价值减少。②功能性贬值。功能性贬值是指由于新技术的推广和应用,使得待评估资产与社会上普遍使用的资产相比,在技术上明显落后、性能降低,因而价值也相应减少。③经济性贬值。经济性贬值是指由于资产以外的外部环境因素的变化,如新政策或法规的发布和实施、战争、政治动荡、市场萧条等情况,限制了资产的充分有效利用,使得资产价值下降。例如,一栋住宅会因其附近的一座污染性化工厂的建成和生产运营而降低价值;一辆微型轿车会因当地政府限制其行走线路政策的出台而降低价值。这里需要特别注意的是:资产的价值损耗不同于会计上规定的折旧。这里的价值损耗是通过实地勘察确定的,反映资产价值的实际损失额,而会计上的折旧是对某类资产的价值损耗从会计处理上所作的统一规定,不一定能够准确反映资产价值变化的实际状况,不过在资产评估中,也常用"折旧"一词来表达与"损耗"或"贬值"相同的意思。

成本法的计算公式如下:

$$评估价值＝重置成本－实体性贬值－功能性贬值－经济性贬值$$

或
$$评估价值＝重置成本×成新率$$

二、成本法的评估程序

运用成本法评估资产一般按照下列程序进行:①确定待评估资产的范围,并估算复原重置成本或更新重置成本;②确定待评估资产的使用年限;③估算待评估资产的损耗或贬值额;④从复原重置成本或更新重置成本中扣减损耗,得出资产的评估价值。

三、重置成本的估算方法

重置成本的估算一般可采用下列方法。

(一)重置核算法

重置核算法是将资产的总成本分为直接成本和间接成本来估算重置成本的方法。直接成本是指直接构成资产生产成本支出的部分,如房屋建筑物的基础、墙体、屋面等建设成本项目,机器设备的购买价、安装调试费、运杂费等成本项目。直接成本应当按评估基准日的现时成本逐项加总。间接成本是指为建造、购买资产而发生的管理费、总体设计制图费等支出项目。间接成本一般按照人工成本的一定比例、直接成本的一定比例、单位工作量的间接成本价格等方法进行估算。其计算公式如下:

$$间接成本=人工成本总额×成本分配率$$

$$成本分配率=\frac{间接成本额}{人工成本额}×100\%$$

或 　　　间接成本=直接成本×间接成本相对于直接成本的比率

或 　　　间接成本=工作量(单位为工时或工日)×单位工作量的间接成本

【例 2-1】 某企业现有一台机器设备,其同类产品的市场价格为 60 000 元/台,运杂费为 1 000 元,直接安装成本为 900 元,其中包括原材料 400 元,人工成本 500 元,安装需要 50 个工时。根据以往的统计分析表明,安装成本中的间接成本相对于直接成本的比率一般为 50%。在继续利用条件下,该机器设备的重置成本如表 2-1 所示。

表 2-1　机器设备的成本　　　　　　　　　　　　单位:元

直接成本	61 900	
其中:购买价		60 000
运杂费		1 000
安装成本		900
其中:原材料		400
人工成本		500
间接成本	450	
重置成本	62 350	

在上例中我们还可以看出,成本分配率等于 90%,单位工作量的间接成本为 9 元/工时。

(二)物价指数法

物价指数法是通过对资产的原始(历史)成本进行物价指数调整而得到其重置成本的方法。这里的资产原始成本应当能够代表资产购建时的资产市场价值,或其代表的价值类型与所要评估的价值类型相同。其计算公式如下：

$$\text{资产重置成本} = \text{资产原始成本} \times \frac{\text{评估基准日的同类资产定基物价指数}}{\text{资产购建时的同类资产定基物价指数}}$$

或　　　　　资产重置成本＝资产原始成本×(1＋物价变动指数)

或　　　　　资产重置成本＝资产原始成本×环比价格指数$a_1 \times a_2 \times a_3 \times \cdots \times a_n$

【例2-2】 某项待评估资产购建于2015年10月，账面原始价值为15万元，现评估其2019年10月3日的价值。调查得知该类资产在2015年和2019年的资产定基物价指数分别为120％、160％，2016—2019年的环比价格指数分别为110％、105％、120％、96％，物价变动(上涨)指数约为33％。计算该资产的重置成本。

$$\text{资产重置成本} = 15 \times (160\% \div 120\%) = 20(万元)$$

或　　　　　$15 \times 110\% \times 105\% \times 120\% \times 96\% = 20(万元)$

或　　　　　$15 \times (1 + 33\%) = 20(万元)$

由于物价指数法估算的重置成本，是建立在不同时期的某一种或某类资产的物价变动水平上，仅考虑了价格变动因素，因而用该方法所确定的是资产的复原重置成本。而重置核算法建立在现时价格水平与购建成本费用的核算基础上，既可以考虑价格因素，也可以考虑生产技术标准和工艺的变化，因而该方法既可用于评估复原重置成本，也可用于评估更新重置成本。

(三) 生产能力比例法

生产能力与价值呈线性关系，首先找一个与待评估资产相同或类似的资产作为可比参照物，计算可比参照物的单位生产能力的价格，然后据以估算待评估资产的重置成本。其计算公式如下：

$$\text{待评估资产的重置成本} = \text{待评估资产的生产能力} \times \left(\frac{\text{参照物的}}{\text{重置成本}} \div \frac{\text{参照物的}}{\text{生产能力}}\right)$$

【例2-3】 某面粉加工生产线的重置成本为70万元，年生产能力为3 000吨面粉。待评估面粉生产线的年生产能力为4 500吨面粉。如果面粉生产线的生产能力和价格呈线性关系，计算待评估资产的重置成本。

$$\text{待评估资产的重置成本} = 4\ 500 \times (70 \div 3\ 000) = 105(万元)$$

(四) 规模经济效益指数法

实际调查表明，许多资产的生产能力与其价格之间的关系，呈非线性关系，生产能力越大，单位生产能力的价格越低，即价格性能比随生产能力提高而增大。这主要是由于在市场可行条件下，开发资产边际生产能力的生产成本下降。这时运用功能价值法就必然高估资产的价值。规模经济效益指数法就是假定资产的生产能力与其重置成本之间呈非线性关系。其计算公式如下：

$$\text{待评估资产}\atop\text{的重置成本} = {\text{参照物的}\atop\text{重置成本}} \times \left({\text{待评估资产}\atop\text{的生产能力}} \div {\text{参照物的}\atop\text{生产能力}}\right)^x$$

其中 x 是一个经验数据,称为规模经济效益指数。在美国,规模经济效益指数一般在 $0.4\sim1$ 之间,加工工业一般为 0.7,房地产行业一般为 0.9。规模经济效益指数为 1 时,该方法就变成了功能价值法,可以将功能价值法看作规模经济效益指数法的特例。

在运用上述四种方法进行资产的重置成本评估时,应当根据评估对象的具体性质和可以收集到的资料来确定可以选用的方法。

在运用成本法对企业整体资产或某一相同类型资产进行评估时,为了简化评估业务,节省评估时间,可以采用统计分析法确定某类资产的重置成本,具体的工作步骤是:①在核实资产数量的基础上,将全部资产按照适当的标准划分为若干类别,如机器设备按照有关规定划分为专用设备、通用设备、运输设备等,房屋按建筑结构划分为钢结构、钢筋混凝土结构、砖混结构等。②在各类资产中抽样选择适量具有代表性的资产,应用前述四种估算方法估算其重置成本。③依据分类抽样资产的重置成本与账面历史成本,计算分类资产的调整系数。调整系数等于某类抽样资产的重置成本除以账面历史成本。④根据调整系数估算待评估资产的重置成本。某类待评估资产的重置成本等于其账面历史总成本乘以调整系数。

【例 2-4】 现评估某企业某类通用设备,首先抽样选择具有代表性的通用设备 6 台,估算其总重置成本为 25 万元,从会计记录中查得这 6 台设备的历史总成本为 28 万元,该类通用设备的账面历史总成本为 400 万元,则调整系数为 25/28 等于 89.3%,计算该类通用设备的总重置成本。

$$总重置成本 = 400 \times (25 \div 28) = 357(万元)$$

四、实体性贬值的估算

由于使用和自然力作用而导致的资产实体性贬值,一般可以采用以下几种方法进行估算。

(一) 观察法

观察法是指具有专业知识和丰富经验的工程技术人员,对资产实体的各主要部位进行技术鉴定,并综合分析资产的设计制造、使用维护、磨损、修理、改造情况和物理寿命等因素,将评估对象与其全新状态相比较,考察由于使用磨损和自然损耗给资产价值带来的影响,据此判定资产的有形损耗率。其计算公式如下:

$$实体性贬值 = 重置成本 \times 有形损耗率$$

(二) 使用年限法

使用年限法即以资产的实际已经使用过的年限与总的可使用年限的比率来确定资产的有形损耗程度。其计算公式如下:

$$实体性贬值＝(重置成本－预计残值)\times\frac{实际已使用年限}{总使用年限}$$

其中:残值是指待评估资产在清理报废时可以收回的净值;总使用年限是指资产的物理(自然)寿命,即资产从使用到报废为止经历的时间;实际已使用年限是资产自开始使用到评估基准日为止,按照正常使用强度(负荷程度)标准确定的已经使用的年数,它与资产的实际使用强度和名义已使用年限有关。名义已使用年限是指资产在会计管理上已提取折旧的年限,可以通过会计记录、资产登记簿等资料来查询确定。资产的实际使用强度用资产利用率来表示。其计算公式如下:

$$资产利用率＝\frac{至评估基准日资产的累计实际利用时间}{至评估基准日资产的累计法定利用时间}\times100\%$$

当资产的利用率大于1时,表明资产超负荷使用,资产实际已使用年限比名义已使用年限要长。当资产的利用率等于1时,表明资产的使用符合正常使用强度标准,实际已使用年限等于名义已使用年限。当资产的利用率小于1时,表明资产没有被满负荷利用,实际已使用年限小于名义已使用年限。实际评估过程中,资产利用率的指标往往较难确定,需要评估人员对资产的使用状况诸如资产开工情况、大修间隔期、原材料供应情况、电力供应情况、是否季节性生产等各方面因素进行综合分析。

资产的实际已使用年限等于名义已使用年限乘以资产利用率。

【例2-5】 某机器设备购建于2016年10月,根据其技术经济指标,规定正常使用强度下每天的运转时间为8小时,由于其生产的产品自2016年年初至2020年年末期间在市场上供不应求,企业主在此期间一直超负荷使用该设备,每天实际运转时间为10小时,自2021年年初恢复正常使用,现以2022年10月5日为评估基准日,则该设备的名义已使用年限为6年,计算资产利用率。

$$资产利用率＝\frac{50\times30\times10+22\times30\times8}{6\times360\times8}\times100\%＝117\%$$

由此可以确定该资产的实际已使用年限为7年。

五、功能性贬值的估算

功能性贬值的额度,主要根据资产的效用、生产加工能力等技术经济效益的相对下降程度,以及在人、材、物的耗费等方面的成本相对增加程度来确定。同时,还要重视技术进步因素,考虑替代设备、替代技术、替代产品的影响,以及行业技术装备水平的现状和更新换代的速度。

(一) 功能性贬值的估算步骤

功能性贬值的估算步骤如下:①比较待评估资产的年运营成本与技术性能更好的同类资产的年运营成本之间的差异(包括工资支付、材料及能源耗费、产品质量等方面）。②确定净超额运营成本。虽然企业多支付的运营成本会引起利润额的下降，但由于企业支付的运营成本可以在所得税前扣除，使得应交纳的所得税额也同时下降，也就是说减轻了企业的所得税负担，因而企业多支付的运营成本低于其实际负担额。净超额运营成本等于超额运营成本扣除所得税后的余额。③估计待评估资产的剩余使用寿命。④以适当的折现率，将评估对象在剩余使用寿命内所有的净超额运营成本折算为评估基准日的现值，作为待评估资产的功能性贬值额。

（二）应用举例

【例 2-6】　某待评估的生产控制装置正常运行需要 6 名技术操作员，而目前的新式同类控制装置仅需要 4 名操作员。假定待评估装置与新装置的运营成本在其他方面相同，操作人员的人均年工资福利费为 12 000 元，待评估资产还可以使用三年，所得税税率为 25%，适用折现率为 10%。根据上述调查资料，待评估资产相对于同类新装置的功能性贬值测算过程如下：

估算待评估资产的年超额运营成本＝$(6-4) \times 12\,000 = 24\,000$（元）

测算待评估资产的年净超额运营成本＝$24\,000 \times (1-25\%) = 18\,000$（元）

将待评估资产在剩余使用年限内的净超额运营成本折算为现值 ＝$18\,000 \times \left(\dfrac{P}{A}, 10\%, 3\right)$

$= 18\,000 \times 2.486\,9 = 44\,764$（元）

对因功能过时而出现的功能性贬值，可以通过超额投资成本的估算进行，即将超额投资成本视同为功能性贬值的一部分。该部分功能性贬值的计算公式如下：

超额投资功能性贬值＝（复原重置成本－更新重置成本）×（1－实体性贬值率）

【例 2-7】　待评估资产为一栋层高为 4 米的住宅，其复原重置成本为 1 600 元/建筑平方米，而在评估基准日建造具有相同效用的层高为 3 米的住宅，更新重置成本为 1 500 元/建筑平方米，实体性贬值率为 10%，判断其单位建筑面积功能性贬值。

单位建筑面积功能性贬值＝$(1\,600-1\,500) \times (1-10\%) = 90$ 元/建筑平方米

当然，如果评估某资产时所用的重置成本为更新重置成本，则不必考虑因功能过时造成的功能性贬值。

六、经济性贬值的估算

经济性贬值的估算，主要是根据由于产品销售困难而导致开工不足、资产闲置而造成资产价值不能够实现的程度来确定其贬值额。评估人员应当充分估计评估基准日后因外部经济、社会等环境变化而造成的资产闲置或利用不足，当资产使用正常时，不考虑经济性贬值。经济性贬值额的估算有两种方式，一是估算由于经济性贬值而导致的资产年净收益损失，进而将预期未来若干年的损失进行折现求和，类似于超额运营功能性贬值的估算；二是估算经济性贬值率，其计算公式如下：

$$经济性贬值率 = 1 - \left(\frac{资产预计可利用生产能力}{资产设计生产能力}\right)^x$$

式中，x 为规模效益指数。

$$经济性贬值额 = (重置成本 - 实体性贬值额 - 功能性贬值额) \times 经济性贬值率$$

七、成新率的估算

成新率反映评估对象的现时价值与其全新状态重置价值的比率。在成新率分析计算过程中，应当充分注意资产的设计、制造、实际使用、维护、修理、改造情况，以及使用年限、物理寿命、现有性能、运行状态和技术进步等因素的影响。成新率的估算方法有以下几种。

(一) 观察法

即由具有专业知识和丰富经验的工程技术人员和经济分析师，对资产实体的各主要部位和功能进行技术性和经济性鉴定，并对该资产所提供的产品或服务的市场前景进行分析，在综合考虑资产的实体性贬值、功能性贬值和经济性贬值的基础上，判断确定资产的成新率。

(二) 经济使用年限法

即根据资产的剩余经济使用年限与其总经济使用年限的比率来确定成新率。其中，总经济使用年限是指从资产的开始使用到因经济上不合算而停止使用所经历的年限。总经济使用年限等于实际已使用年限与剩余经济使用年限之和。其计算公式如下：

$$成新率 = \frac{剩余经济使用年限}{实际已使用年限 + 剩余经济使用年限}$$

(三) 修复费用法

即首先通过估算将待评估资产恢复到全新功能状态下，所需要的修复费用占资产重置成本的比率来确定损耗率，再据此求出成新率。其计算公式如下：

$$成新率 = 1 - 损耗率 = 1 - \frac{修复费用}{重置成本}$$

此时应当注意资产的有些实体性损耗和功能性损耗是不可修复的，即修复成本超过修复所添加的价值，如过时的建筑设计、商业建筑物无足够的临街面、无可开发停车场空间的商业建筑物或高级公寓住宅区。对不可修复性损耗部分，只能以其对资产价值造成的损耗额来替代对其修复的费用。

成本法是资产评估中最为基础的评估方法。该方法充分考虑了资产的损耗，使得评估结果更能反映市场对于获得单项资产平均愿意付出的资金，有利于评估单项资产和具有特定用途的资产。在资产未来收益难以预测和市场交易不活跃的情形下，成本法也可提供比较客观和可行的评估思路。但是，成本法应用时会存在工作量较大、成本与收益没有必然联系、经济性贬值不易全面准确估算等缺点。

第四节　收　益　法

一、收益法的概念

收益法是通过估算待评估资产自评估基准日起未来的纯收益,并将其用适当的折现率折算为评估基准日的现值的方法。收益法的公式如下:

$$V = \sum_{i=1}^{n} \frac{A_i}{(1+r)^i}$$

在收益法公式中,V 表示所估算的收益价格即资产价值;A_i 表示第 i 年的资产净现金流;r 表示折现率;n 表示评估对象的收益年限。

采用收益法评估确定的资产价值,是为获得该项资产以取得预期收益的权利所支付的货币总额。资产价值与资产的效用即获利能力密切相关。运用收益法评估资产的前提条件,是待评估资产的预期收益及其风险都是可以量化的,且纯收益为正。但现实情况往往并非如此,实际的条件与模型假设的前提条件相距越远,收益法的运用就越困难。在某些情况下使用收益法进行估价甚至可能会遇到较大的困难,就必须对有关数据进行相应的调整。以企业整体资产评估为例,陷入财务拮据状态的公司、收益呈现周期性的公司、拥有未被利用资产的公司、正在进行重组的公司、涉及购并事项的公司等,其资产净现金流和折现率不能完全按照待评估资产的现实数据确定,应当根据市场的客观具体情况加以调整。[1]

二、收益法的评估程序

运用收益法进行资产评估时,一般按照如下步骤进行:①收集验证资产的有关经营、财务状况的信息资料;②计算和对比分析有关的收益、费用指标及其变化趋势;③预测资产的预期资产净现金流,确定适当的折现率;④估算待评估资产的收益价值。

三、收益法的常用计算公式

除了上述收益法基本公式,还经常用到以下公式。

(一) 在年资产净现金流不变时

$$V = \frac{A}{r} \times \left[1 - \frac{1}{(1+r)^n} \right]$$

如果评估对象的收益年限为无穷大,即收益是永久性的情况下:

---

[1]　阿斯瓦斯·达摩达兰:《投资估价》第 10～12 页,清华大学出版社 1999 年版。

$$V = \frac{A}{r}$$

(二) 在年资产净现金流等额递增时

$$V = \left(\frac{A_1}{r} + \frac{b}{r^2}\right)\left[1 - \frac{1}{(1+r)^n}\right] - \frac{b}{r} \times \frac{n}{(1+r)^n}$$

如果评估对象的收益年限为无穷大,即收益是永久性的情况下:

$$V = \frac{A_1}{r} + \frac{b}{r^2}$$

(三) 在年资产净现金流等比率递增时

$$V = \frac{A_1}{r-g} \times \left[1 - \frac{(1+g)^n}{(1+r)^n}\right]$$

如果评估对象的收益年限为无穷大,即收益是永久性的情况下:

$$V = \frac{A_1}{r-g}$$

(四) 预期资产将在评估基准日后第 j 年末以价格 V_j 出售时

$$V = \sum_{i=1}^{j} \frac{A_i}{(1+r)^i} + \frac{V_j}{(1+r)^j} \quad i = 1, 2, \cdots, j$$

$$V_j = \sum_{x=j+1}^{n} \frac{A_x}{(1+r)^{x-j}} \qquad x = j+1, \quad j+2, \cdots, n$$

在收益法公式中,V 表示所估算的收益价格,A_i 表示第 i 年的资产净现金流,在各年净现金流相等时以 A 表示,r 表示折现率,n 表示估价对象的收益年限,b 为净现金流等额递增时的年递增额(递减时将公式中的 b 换为"$-b$"),g 为净现金流等比率递增时的递增比率(递减时将 g 换为"$-g$")。

【例 2-8】 预计某企业未来 5 年的税后资产净现金流分别为 15 万元、13 万元、12 万元、14 万元、15 万元,假定该企业可以永续持续经营下去,且从第 6 年起以后各年收益均为 15 万元,折现率为 10%,确定该企业持续经营下的价值。

持续经营下的价值＝15×0.9091＋13×0.8264＋12×0.7513＋14×0.6830＋15×0.6209

＋0.6209×15÷0.1＝145.4(万元)

四、预期资产净现金流的估算

对评估对象的预期资产净现金流的估算,一般需要考虑资产在社会平均经营管理水平状况下的预期资产净现金流水平,而不是在资产的某个使用者经营管理下的预期资产净现金流,或者说需要估算的是资产的客观资产净现金流。预期资产净现金流等于资产的潜在毛收入减去预计经营管理成本。经营管理成本包括维修费、销售及管理费、保险费、税费、销售成本、原材料费及工资等成本费用。折旧费、筹资成本等不作为经营管理成本从收入中扣除,因为折旧费是收入的一部分,它不会支付给任何人,而筹资成本也在对预期资产净现金流进行折现时即从货币时间价值的角度考虑了。

五、折现率的估算

收益法中的折现率实质上是投资的期望回报率,我们可以将它看作是投资于估价对象的机会成本,或者说是资本成本,正确的折现率是投资者能够从一项"相似的"投资中得到的回报率。折现率的估算方法主要有以下几种。

(一) 市场比较法

即通过对市场上相似资产的投资收益率的调查和比较分析,来确定待评估资产的投资期望回报率。例如,有一台待评估机器设备,通过在资产交易市场上调查,得到三个与待评估机器设备同类的资产交易事例,分析得到它们的投资收益回报率分别为 9%、9.5%、10.2%,求它们的平均数为 9.6%,以 9.6% 作为待评估资产的预期净现金流折现率。

(二) 资本资产定价模型法

资本资产定价模型法是通过比较一项资本投资的回报率与投资于整个资本市场的回报率,来衡量该投资的风险补偿。一项投资的风险包括可分散风险和不可分散风险。可分散风险是由与该项投资的相关的特殊事件引起的,它对资产的价值有正面或负面影响,如未曾预料到的公司开发出了新产品、实际盈利比预计盈利高等正面影响,以及暂时影响资产生产能力的事故发生、对企业不利的法律诉讼等负面影响。可分散风险可以通过投资多样化(组合)来降低或消除。不可分散风险是由那些对整个经济而不只是对某一项投资产生影响的事件带来的,如经济增长率的变化、通货膨胀率的变化、利率的变化、政治和社会环境的变化等,会影响到整个投资市场。不可分散风险无法通过投资多样化降低或消除。因为可分散风险能够通过多样化来消除,所以投资市场不会给予它回报,投资市场只对无法避免的风险即不可分散风险予以补偿。

美国 1926—1995 年期间普通股、公司债券、政府债券、国库券的回报率,如表 2-2 所示。

表 2-2　投资回报率

投 资 种 类	年回报率	资产风险补偿	
		相对于国库券	相对于政府债券
普通股票	12.2%	8.5%	7.0%
公司债券	5.7%	2.0%	0.5%
政府债券	5.2%	1.5%	0
国库券	3.7%	0	—

由于不同类型资产的风险不同,因而其回报率也不同。美国在 1926—1995 年期间发行的普通股票、公司债券、政府债券、国库券的回报率之所以不同,是因为它们的风险

不同：股票的风险最大，因此，回报率最高；而国库券是最安全的投资方式，其回报率可以当作无风险利率。资产的回报率、无风险利率、资产风险补偿之间的关系如下：

$$资产风险补偿＝期望回报率－无风险利率$$

或

$$期望回报率＝无风险利率＋资产风险补偿$$

资产风险补偿等于资产市场（平均）风险补偿乘以资产的贝塔系数（β），因而可以将资产的期望回报率表示为：

$$资产期望回报率＝无风险利率＋资产市场风险补偿×\beta$$
$$＝无风险利率＋（资产平均回报率－无风险利率）×\beta$$

这种将资产的期望回报率同它的不可分散风险联系起来的模型，称为资本资产定价模型，其含义是说资产的回报率由两部分组成：①无风险利率，即衡量无风险投资的回报；②投资者因承担风险而要求的期望回报率，等于市场风险补偿乘以 β。由此可见，资产的期望回报率与风险呈线性关系，如图 2-1 所示。

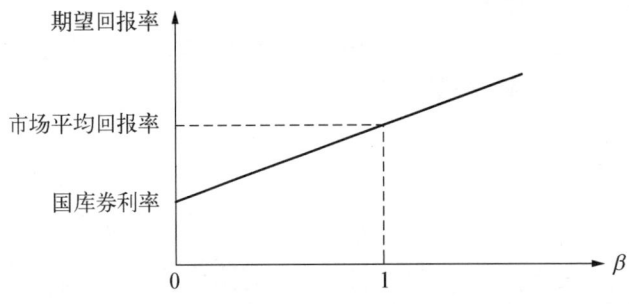

图 2-1　资本资产定价模型

假如电子业的 β 系数为 1.52，无风险利率为 6%，市场风险补偿为 7%，则电子类企业整体资产的投资回报率为（6%＋7%×1.52）等于 16.6%；再如旅店行业的 β 为 0.4，则旅店类企业的回报率为 8.8%。这里要说明的是：利用该模型确定的折现率是资产的权益成本而非资本成本。

（三）加权平均资本成本法

加权平均资本成本法，既考虑权益资本的成本，也考虑负债资本的成本。公式表示如下：

$$加权资本成本（折现率）＝权益成本×权益比＋负债成本×负债比$$

如果将利息避税考虑进去，则负债成本应为税后负债成本，公式表示如下：

$$加权资本成本＝权益成本×权益比＋税前负债成本×（1－所得税边际税率）×负债比$$

这里的负债比和权益比是按照它们的市场价值而不是会计价值或账面价值来计

算的。

【例 2-9】 某类企业的目标财务结构是 40％负债,60％权益,税前负债成本是 7％,权益成本是 14％,所得税税率为 33％,计算加权平均资本成本(折现率)。

加权平均资本成本(折现率)＝7％×(1－33％)×40％＋14％×60％＝10.28％

六、收益期限的确定

收益期限是指资产能够产生资产净现金流的年限。收益期限由评估人员根据未来的获利情况、资产损耗情况、法律规定等因素确定。

收益法从资产获利能力的角度评估资产的价值,与投资决策相结合,易被买卖双方接受。该方法较适宜于那些形成资产的成本费用与其获利能力不对称,成本费用无法准确计算,以及具有收益能力的资产,如企业价值、无形资产、资源性资产等价值的评估。但是,收益法存在预期收益预测难度较大、评估适用范围较小等缺点。

练 习 题

单项选择题

1. 被评估宾馆因市场原因,在未来 3 年内每年收益净损失额约为 5 万元,假定折现率为 10％,该宾馆的经济性贬值最接近于(　　)万元。

　　a. 15　　　　　b. 12.6　　　　　c. 10　　　　　d. 50

2. 用物价指数法估算的资产成本是资产的(　　)。

　　a. 复原重置成本

　　b. 既可以是复原重置成本,也可以是更新重置成本

　　c. 更新重置成本

　　d. 既不是复原重置成本,也不是更新重置成本

3. 某项资产 2019 年购建,账面原值 100 000 元,2022 年进行评估,若以购建时物价指数为 100％,则三年间同类资产物价环比价格指数分别为 110％、120％、115％,则该项资产的重置成本应为(　　)元。

　　a. 145 000　　　　　b. 115 000　　　　　c. 152 000　　　　　d. 151 800

4. 某被评估资产 2010 年购建账面价值为 50 万元,2019 年进行评估,2010 年、2019 年该类资产的定基物价指数分别为 120％、170％,则被评估资产的重置成本为(　　)万元。

　　a. 50　　　　　b. 70.8　　　　　c. 35.3　　　　　d. 85

5. 某设备的年收益额为 50 万元,适用本金化率为 20％,则该设备的收益现值为(　　)万元。

　　a. 200　　　　　b. 250　　　　　c. 300　　　　　d. 350

6. 教堂、学校、专用机器设备、大部分无形资产等资产的价值评估,一般不适宜选用(　　)。

　　a. 成本法　　　　　b. 收益法　　　　　c. 市场比较法

7. 复原重置成本与更新重置成本的相同之处在于运用(　　)。

　　a. 相同的原材料　　　　　　　　　b. 相同的建造技术标准

　　c. 资产的现时价格　　　　　　　　d. 相同的设计

8. 运用成本法评估一项资产时,若分别选用复原重置成本与更新重置成本,则应当考虑不同重置成本情况下,具有不同的(   )。

a. 实体性贬值   b. 经济性贬值   c. 功能性贬值   d. 资产利用率

9. 估算资产的实体性贬值时所用的总使用年限是资产的(   )。

a. 总经济使用年限   b. 总技术使用年限

c. 总物理寿命   d. 以上三个都可以

10. 某机器设备购建于2016年10月,根据其技术经济指标,规定正常使用强度下每天的运转时间为8小时,由于其生产的产品自1994年年初至1998年年末期间在市场上供不应求,企业主在此期间一直超负荷使用该设备,每天实际运转时间为10小时,自2021年年初恢复正常使用,现以2022年10月5日为评估基准日,则该设备的实际已使用年限为(   )年。

a. 6   b. 7   c. 8   d. 7.5

11. 待评估资产为一栋层高为4米、面积100建筑平方米的住宅,其复原重置成本为1600元/建筑平方米,而在评估基准日建造具有相同效用的层高为3米的住宅,更新重置成本为1500元/建筑平方米,该住宅的实体性贬值率为20%,则其超额投资功能性贬值为(   )元。

a. 128 000   b. 120 000   c. 8 000   d. 32 000

12. 现评估某企业某类通用设备,首先抽样选择具有代表性的通用设备6台,估算其总重置成本为25万元,从会计记录中查得这6台设备的历史总成本为28万元,该类通用设备的账面历史总成本为400万元,则该类通用设备的总重置成本为(   )万元。

a. 357   b. 448   c. 400   d. 420

13. 预计某企业未来五年的税后资产净现金流分别为15万元、13万元、12万元、14万元、15万元,假定该企业资产可以永续经营下去,且从第六年起以后各年收益均为15万元,折现率为10%,确定该企业继续使用假设下的价值为(   )万元。

a. 136   b. 219   c. 127   d. 150

14. 某类设备的价值和生产能力之间成非线性关系,市场上年加工1 600件产品的该类全新设备价值为10万元,现已八成新的年加工900件产品的被评估设备的价值为(   )万元。规模效益指数为0.5。

a. 5.6   b. 4.5   c. 7.5   d. 6

15. 某评估参照物价格为10万元,成新率为0.5,被评估资产的成新率为0.75,两者在新旧程度方面的差异为(   )万元。

a. 2.5   b. 5   c. 7.5   d. 10

计算题

某待评估的生产控制装置正常运行需要6名技术操作员,而目前的新式同类控制装置仅需要4名操作员。假定待评估装置与新装置的运营成本在其他方面相同,操作人员的人均年工资福利费为12 000元,待评估资产还可以使用三年,所得税税率为33%,适用折现率为10%。根据上述调查资料,求待评估资产相对于同类新装置的功能性贬值。

讨 论 题

1. 各种估价方法相互之间有什么联系? 价格评估结果的高低是否与估价方法有一定的联系?

2. 运用不同估价方法对同一资产进行评估,评估结果之间是否趋于一致性?

第三章
机器设备评估

【本章学习目的】 通过本章的学习,你应该能够:

(1) 阐释机器设备的特点、类型、评估特点。

(2) 运用成本法和市场比较法评估机器设备的价值。

第一节　机器设备评估概述

一、机器设备的含义及其特点

(一) 机器设备的含义

机器设备是指一台(辆)、一套或一组由金属及其他材料制成,由若干零部件装配起来的,在一种或几种动力驱动下,能够完成生产、加工、化学反应、运行等功能或效用的装置。《资产评估执业准则——机器设备》中所称机器设备,是指人类利用机械原理以及其他科学原理制造的、特定主体拥有或者控制的有形资产,包括机器、仪器、器械、装置、附属的特殊建筑物等。机器设备作为评估对象,在整个资产价值评估中,与房地产一样占有相当大的比重。

不同的机器设备,组成其构造的零部件各不相同,功能、性能也不同。但就其组成部分来看,一般都必须有外界输入的能量动力部分,履行机器功能的执行部分,介于原动部分和工作部分之间的传动部分以及控制部分构成。

(二) 机器设备的特点

通过对机器设备的一般了解,可以看出机器设备有以下特点:①机器设备属于固定资产,是一种劳动手段,具有单位价值高、使用年限长的特点。②机器设备属于动产类资产,相对于固定资产中的房地产来说,它又具有可移动性的特点。基于这一点,在评估前清点资产数量和范围时,应该特别仔细,防止遗漏和重复。③机器设备属于有形资产,相对于无形资产来说,它具有有形的特点。但是,无形资产的价值常常寓于有形资产价值之中。评估人员如能时刻把握这一特点,考虑问题会更全面,评出的结果会更准确。

二、机器设备的分类

企业生产中所用的机器设备,由于其形状、大小、性能、用途等方面各不相同,种类极其繁多。为了设计制造、管理及工作方便,我们按不同的需要、不同的目的对设备进行分类。常用的分类方法有以下几种。

(一) 按其在再生产中的作用分类

1. 生产工艺类设备

生产工艺类设备是生产加工类企业的主力设备。它直接改变产品原材料的物理状况或化学性能,使其成为半成品或产成品。例如,机械加工设备中的车、铣、锻、镗、刨、磨、拉床等;纺织机械中的梳棉、粗纺、细纺、织布等机床;化工设备中的各种换热器、蒸发器、结晶器、结晶罐、洗涤器等。

2. 辅助生产设备

辅助生产设备是保护生产工艺设备完成生产任务的二线设备。例如,空气压缩机、蒸汽锅炉、水泵、变压器等供风、供热、供水、供电设备;车辆、船舶、装卸机、吊车等交通运输装卸设备。

3. 服务设备

服务设备主要包括通信设备、计算机、测试用仪器、仪表等。

(二) 按其适用范围分类

1. 通用设备

通用设备是指没有专门用途,产品或加工对象不确定,具有综合加工能力的设备。例如,普通车床、万能铣床、磨床等。

2. 专用设备

专用设备是指专门对一种或一类产品具有生产、加工能力的设备。例如,纺织、造纸、焊接、通信等设备。

3. 非标准设备

非标准设备是指国家不予定型的自制设备。

(三) 按国家固定资产分类标准分类

国家质量监督检验检疫总局、国家标准化管理委员会于 2011 年 1 月 10 日颁布了《固定资产分类与代码》(GB/T 14885—2010)。根据该标准可将机器设备分为以下六种:

(1) 土地、房屋和构筑物。

(2) 公用设备。

(3) 专用设备。

(4) 文物及陈列品。

(5) 图书、档案。

(6) 家具、用具、装具及动植物。

(四) 按现行会计制度规定分类

1. 生产用机器设备

生产用机器设备是指直接生产经营服务的机器设备,包括生产工艺设备、辅助生产设备、动力能源设备等。

2. 非生产用机器设备

非生产用机器设备是指在企业所属的福利部门、教育部门等非生产部门使用的设备。

3. 租出机器设备

租出机器设备是指企业出租给其他单位使用的机器设备。

4. 未使用机器设备

未使用机器设备是指企业尚未投入使用的新设备、库存的正常周转所用设备、正在修理改造尚未投入使用的机器设备等。

5. 不需用机器设备

不需用机器设备是指已不适合本单位使用的待处理机器设备。

6. 融资租入机器设备

融资租入机器设备是指企业以融资租赁方式租入使用的机器设备。

为了资产评估工作的顺利进行，作为一个过硬的资产评估人员，应该了解机器设备分类的有关知识，以便能够针对不同对象的所属类别，迅速收集、查询有关资料和信息。

三、机器设备的评估特点

《资产评估执业准则——机器设备》中所称机器设备评估，是指资产评估机构及其资产评估专业人员遵守法律、行政法规和资产评估准则，根据委托对评估基准日特定目的下单独的机器设备、资产组合或者作为企业资产组成部分的机器设备价值进行评定和估算，并出具资产评估报告的专业服务行为。机器设备评估具有以下特点。

（一）性能用途各不相同

由于机器设备种类繁多，单位价值量较大，性能用途各不相同，所以，评估应根据评估目的和要求，分门别类、逐项逐件逐台地进行核实和评估，以保证评估的真实性和准确性。

（二）技术情况千差万别

由于机器设备分布在各行各业，情况千差万别，技术性较强，因此，评估应以技术检测为基础，正确确定机器设备的使用寿命、技术寿命、经济寿命及其损耗程度。

（三）价值特点必须把握

必须把握机器设备的价值特点，包括对机器设备的价值构成要素及其变化规律的认识和了解。

四、机器设备评估的程序

机器设备评估作为一个重要的专业评估领域，情况复杂、作业量大，在进行评估时，应分步骤、分阶段实施。一般而言，机器设备评估大致经历以下几个阶段。

（一）明确评估基本事项阶段

进行机器设备评估，首先要了解评估结论的用途，明确评估目的。其次，要根据机器设备的预期用途，明确评估假设。机器设备评估的一般假设包括继续使用或者变现、原地使用或者移地使用、现行用途使用或者改变用途使用。对需要改变使用地点，按原来的用途继续使用，或者改变用途继续使用的机器设备进行评估时，应当考虑机器设备移位或者改变用途对其价值产生的影响。最后，要根据评估目的、评估假设等条件，明确评估范围是否包括设备的安装、基础、附属设施，是否包括软件、技术服务、技术资料等无形资产。对于附属于不动产的机器设备,还需要合理划分不动产与机器设备的评估范围,避免重复或者遗漏。

(二) 评估准备阶段

评估准备阶段的主要任务是收集整理有关资料和数据。具体包括:①指导委托方填写和准备与评估事项有关的资料及文件。如反映待评估资产情况的资料(包括机器设备的原价、净值、使用年限、规格型号等),以及证明待评估资产产权状况的证明文件等。②收集与评估活动相关的价格资料,包括待评机器设备的现行市价,可比资产或参照物的现行价格资料,以及国家公布的有关物价指数,评估人员自己收集整理的物价指数等。③制定评估方案,落实人员安排,设计评估技术路线。

(三) 现场调查阶段

现场工作是机器设备评估中的一个非常重要的工作步骤,评估人员应当根据评估对象的具体情况,合理确定现场调查内容。

(1) 机器设备的现场核实。评估人员应当对机器设备进行现场逐项调查或者抽样调查,确定机器设备是否存在、明确机器设备存在状态并关注其权属。如果采用抽样的方法进行现场调查,则要充分考虑抽样风险。对于机器设备的权属,应当要求委托方或者相关当事方对机器设备的权属做出承诺,并就权属相关资料进行必要的查验。因客观原因等因素限制而无法实施现场调查的,应当采取适当措施加以判断,并予以恰当披露。

(2) 对待评设备进行必要的分类。根据评估目的、评估报告的要求,以及评估的工程技术特点,一般按设备重要性划分为 A、B、C 三类,把单位价值大的重要设备作为 A 类;把单位价值小且数量较多的设备作为 C 类;把介于 A 类与 C 类之间的设备作为 B 类。也有按设备性质分为通用设备和专用设备进行分类,以便有效地收集数据资料,合理地配备评估人员。

(3) 机器设备技术状态的判断。评估人员通常可以通过现场观察,利用机器设备使用单位所提供的技术档案、检测报告、运行记录等历史资料,利用专业机构的检测结果,对机器设备的技术状态做出判断。必要时,可以聘请专业机构对机器设备进行技术鉴定。

(四) 确定设备评估经济技术参数阶段

根据评估的目的和评估项目对评估价值类型的要求,以及评估所选择的途径和方法,科学合理地确定评估所需要的各类经济技术参数。

(五) 评定估算阶段

做完上述基础工作后,评估人员应根据评估目的、评估价值类型的要求以及评估对象的具体情况,科学地选用评估计算方法进行评定估算。

(六) 撰写评估报告及评估说明阶段

在评定估算过程结束后,应对评估结果进行分析评价,及时撰写评估报告书及评估说明。

（七）评估报告的审核和报出阶段

评估报告完成以后，要有必要的审核，包括复核人的审核、项目负责人的审核和评估机构负责人的审核。在三级审核确认评估报告无重大纰漏后，再将评估报告送达委托方及有关部门。

第二节 机器设备的成本法评估

机器设备的成本法评估，是指通过估算全新机器设备的重置成本，减去机器设备的各种贬值，即实体性贬值、功能性贬值和经济性贬值以后所确定的机器设备价值的一种方法。其计算公式如下：

$$评估值＝重置成本－实体性贬值－功能性贬值－经济性贬值$$

一、机器设备重置成本的测算

机器设备的重置成本有两种：①复原重置成本；②更新重置成本。复制一个与被评估设备一模一样的全新设备所需现时成本，叫作设备的复原重置成本。而在效用上与被评估设备最接近的类似新设备的现行购置成本，就是设备的更新重置成本。

机器设备的重置成本包括购置或者购建设备所发生的必要的、合理的成本、利润和相关税费等，具体包括：设备的购置成本、运杂费、安装调试费等直接费用，以及购置或建造设备而发生的各种管理费用、总体设计制图费用、资金成本等间接费用。

在评估实践中，重置成本的测算可根据被评估机器设备的具体情况，选用重置核算法、指数调整法、功能价值法等具体方法。

（一）重置核算法

重置核算法是指按现行市价标准，核算机器设备重置的直接成本和间接成本，从而确定机器设备的重置成本的一种方法。一般而言，非标准设备和自制设备多采用此法。

1. 按复原重置成本评估

如果设备的购建成本资料保存完整，可直接将其直接费用与间接费用，调整为现时价格或费用标准来确定其重置成本。如果没有设备的购建成本资料，就要对设备成本项目先行分解，然后按现时价格计算所费的材料及人工费用来确定其重置成本。

【例3-1】 某机床按现行市价购置，每台为 50 000 元，运杂费为 800 元，安装调试费中原材料 400 元，人工费 600 元。按同类设备安装调试的间接费用分配，间接费用为每天人工费用的 75％。试计算该机床的重置成本。

$$重置成本＝重置直接费用＋重置间接费用$$

直接费用：机床重置购价   50 000 元

运杂费   800 元

安装调试费　　　　　　　　　　　　　　　1 000 元

直接费用总额　　　　　　　　　　　　　　51 800 元

间接费用：　　　　　　　　　　600×0.75＝450 元

该机床的重置成本＝51 800＋450＝52 250(元)

2. 按更新重置成本评估

对于经过重大技术改革的设备,或者结合大修理采用新型材料、零部件、元器件,几经更新使设备技术性能有较大提高,接近或基本接近先进技术水平的设备,应按更新重置成本计算。设备更新重置成本的总额,等于将更新重置的各种直接消耗量按照现行价格或费用标准计算,加上按现行价格计算的间接费用之和。

【例 3-2】 某企业一台自制设备成本为 30 万元,其中钢材占 40%,铸铁占 20%,人工费占 30%,管理费占 10%。按现行技术条件更新自制设备,钢材和铸铁均可节约 20%,人工节省 10%。通过市场调查得知,自制设备自制造以来,钢材价格上升 80%,铸铁价格上升 50%,工时成本上涨 100%,管理费按工时分摊的额度上升 40%。试计算该自制设备的重置成本。

钢材 30×40%×(1−20%)×(1+80%)＝17.28(万元)

铸铁 30×20%×(1−20%)×(1+50%)＝7.2(万元)

材料成本 17.28+7.2＝24.48(万元)

人工成本 30×30%×(1−10%)×(1+100%)＝16.2(万元)

管理费用 30×10%×(1−10%)×(1+40%)＝3.78(万元)

该自制设备的更新重置成本＝24.48+16.2+3.78＝44.46(万元)

3. 综合估价法

综合估价法以主要材料费为基础,根据其与成本费用的关系指标估算出相应的成本,再考虑一定的利润、税金和设计费,从而求得设备的重置成本。其计算公式如下:

$$RCN＝(C_1÷K_m+C_2)×(1+K_p)×(1+K_d÷N)×(1+K_t)$$

式中：RCN 为非标准设备的重置成本;

　　　　C_1 为主材费;

　　　　K_m 为成本主材费率;

　　　　C_2 为主要外购件费;

　　　　K_p 为成本利润率;

　　　　K_d 为非标准设备设计费率;

　　　　N 为非标准设备生产量;

　　　　K_t 为综合税率。

(1) 主材费。主材费是由工艺设备专业人员提出或按图纸估算出的主要材料净消耗量,根据各种主要材料的利用率求出各种材料的总消耗量,然后按照评估基准日的材料市场价格(不含税价)计算主要材料费用。其计算公式如下:

$$C_1 = \sum[(某主材净消耗量 \div 该主材利用率) \times 含税市场价 \div (1 + 增值税税率)]$$

（2）主要外购件费。主要外购件价值所占比重很小时，可在成本主材费率 K_m 中予以综合考虑，不再单列为主要外购件。外购件价格按照不含税的市场价格计算。其计算公式如下：

$$C_2 = \sum[某主要外购件数量 \times 含税市场价 \div (1 + 增值税税率)]$$

（3）综合税率。综合税率包括增值税税率、城市维护建设税税率和教育附加费率。

【例3-3】 某非标准自制设备的主材净消耗量为 3.8 吨，该主材评估基准日的不含税市场价格为 3 800 元/吨，设备制造所需主要外购件的不含税费用为 21 470 元。其主材利用率为 90%，成本主材费率为 47%，成本利润率为 16%，设计费率为 15%，同样设备的产量 2 台。现行增值税税率 17%，城市维护建设税税率 7%，教育附加费率 3%。求该设备的重置成本。

主材费 $= 3.8 \div 90\% \times 3\,800 = 16\,044$（元）

综合税率 $= 17\% \times (1 + 7\% + 3\%) = 18.7\%$

重置成本 $= (16\,044 \div 47\% + 21\,470) \times (1 + 16\%) \times (1 + 15\% \div 2) \times (1 + 18.7\%)$

$\qquad = 82\,307$（元）

（二）指数调整法

指数调整法是指以机器设备原始购买价格为基础，考虑同类机器设备的价格上涨指数，予以确定机器设备重置成本的一种方法。其计算公式如下：

$$重置成本 = 设备原始成本 \times \frac{设备评估基准日定基物价指数}{设备购建时定基物价指数}$$

【例3-4】 某机器设备 1978 年购建，账面原值为 10 万元，当时该类设备定基物价指数为 120%。1990 年对该设备进行评估，当年定基物价指数为 180%。试评估该台设备的重置全价。

设备重置成本 $= 10 \times 180\% \div 120\% = 15$（万元）

运用指数调整法计算机器设备的重置成本简便易行，因而是评估中常采用的一种方法。具体运用时评估人员应注意：①慎重选取切合实际的分类产品价格指数，避免使用综合物价指数。②用指数调整法估测进口设备重置成本时，应将受设备生产国物价指数变动影响部分与受国内价格变动影响部分分开，分别运用设备生产国的价格变动指数与国内价格变动指数。③指数调整法通常只适用于技术进步速度不快、技术进步因素对设备价格影响不大的设备的重置成本估测。

（三）功能价值法

功能价值法运用的前提条件，是机器设备的生产能力与其成本之间呈线性关系，即生产能力越大，成本越高，且呈正比关系。其计算公式如下：

$$被评估设备的重置成本 = 参照物重置成本 \times \frac{被评估设备的生产能力}{参照物的生产能力}$$

【例 3-5】　重置全新机器设备一台其价值为 5 万元,年产量为 500 件,现知被评估机器设备年产量为 400 件。试计算该机器设备的重置成本。

$$被评估机器设备重置全价 = 5 \times 400 \div 500 = 4(万元)$$

(四)规模经济效益指数法

当机器设备的生产能力与其成本之间呈非线性关系时,不能直接选用功能价值法进行计算,而必须应用规模效益指数进行调整。其计算公式如下:

$$被评估设备的重置成本 = 参照物重置成本 \times \left(\frac{被评估设备的生产能力}{参照物的生产能力}\right)^{x}$$

式中,x 为规模经济效益指数。

【例 3-6】　重置全新机器设备一台其价值为 6 万元,年产量为 600 件,现知被评估机器设备年产量为 400 件,设 x 值为 0.8。试计算该机器设备的重置成本。

$$被评估机器设备重置成本 = (400 \div 600)^{0.8} \times 6 = 4.3(万元)$$

二、机器设备实体性贬值的估算

机器设备的实体性贬值也就是有形损耗。它是由于使用磨损或受自然力侵蚀而产生的损耗。有形损耗属一般意义上的损耗。它用有形损耗率来表示,可以理解为机器设备实体损耗状况与全新状态的比率。

机器设备实体性贬值率的估测通常采用三种方法:使用年限法、观察法、修复费用法。

(一)运用使用年限法估测设备的实体性贬值率

该方法假设机器设备在整个使用寿命期间,实体性损耗是随时间线性递增的,设备价值的降低与其损耗大小成正比。其计算公式如下:

$$实体性贬值率 = \frac{设备的已使用年限}{设备的已使用年限 + 设备的尚可使用年限} \times 100\%$$

或

$$= \frac{设备的总使用年限 - 设备的尚可使用年限}{设备的总使用年限} \times 100\%$$

公式中涉及三个基本参数:设备的总使用年限、设备的尚可使用年限和设备的已使用年限。正确理解和确定这三个参数是运用使用年限法估测设备的实体性贬值率的关键。

1. 机器设备的总使用年限

机器设备的总使用年限也就是机器设备的使用寿命。一般来说,机器设备的使用寿命可分为物理寿命、技术寿命和经济寿命。设备的物理寿命是指机器设备从开始使用到报废为止所经历的时间,其大小取决于机器设备本身的质量、使用状况、保养和正常维修情况。设备的技术寿命是指机器设备从开始使用到技术过时所经历的时间。其大小取决于社会技术进步及更新的速度和周期。设备的经济寿命是指机器设备从开始使用到因经济上不合算而停止使用所经历的时间。评估中使用最多的是资产的经济寿命,它取决于维持机器设备继续使用所需费用与机器设备继续使用所带来的收益间的关系。

2. 机器设备的已使用年限

机器设备的已使用年限是指机器设备从开始使用到评估基准日所经历的时间。考虑机器设备在使用中负荷程度的影响,可以分为名义已使用年限和实际已使用年限。名义已使用年限是指从被评估资产投入使用之日起到评估基准日所经历的年限,实际已使用年限是考虑了资产利用率后的使用年限。在运用使用年限法估测设备的实体性贬值率时,应特别注意机器设备的使用班次、使用强度和维修保养水平等因素的影响,据实估测其实际已使用年限。

$$实际已使用年限 = 名义已使用年限 \times 资产利用率$$

$$资产利用率 = \frac{截至资产评估基准日资产累计实际使用时间}{截至资产评估基准日资产累计法定工作时间}$$

3. 机器设备的尚可使用年限

机器设备的尚可使用年限,也可称为机器设备的剩余使用寿命,它是根据机器设备的有形损耗和可预见的各项无形损耗因素,预计机器设备继续使用的年限。机器设备的尚可使用年限是通过技术检测和专业技术鉴定来确定的。事实上,实际评估中难以对每一台机器设备进行技术检测和专业技术鉴定,故一般采用替代法计算,亦即尚可使用年限等于总使用年限减去实际已使用年限,但必须注意的是上述替代法有一定的局限性,它只适用于较新的机器设备的估算,对于使用时间过长或超期服役的老设备,应根据设备的实际状态和评估人员的专业经验,直接估算其尚可使用年限。对于国家明文规定限期淘汰、禁止超期使用的设备,不论设备的现时技术状态如何,其尚可使用年限不能超过国家规定禁止使用的日期。对于经过大修理、技术更新改造或追加投资的机器设备,应考虑计算其加权投资年限来确定其实体性贬值率。其计算公式如下:

$$实体性贬值率 = \frac{加权投资年限}{加权投资年限 + 尚可使用年限}$$

$$加权投资年限 = \sum (已投资年限 \times 权重)$$

$$= \sum 已投资年限 \times \frac{原始投资的更新成本}{\sum 更新成本}$$

【例3-7】 某企业 2012 年购入一台设备,账面原值为 30 000 元,2017 年和 2019 年进行两次更新改造,当年投资分别为 3 000 元和 2 000 元,2022 年对该设备进行评估,假定:从 2012 年至 2022 年年通货膨胀率为 10%,该设备的尚可使用年限经检测和鉴定为 7 年。试估算设备的实体性贬值率。

第一步，调整计算更新成本，如表 3-1 所示。

表 3-1　原始投资的更新成本

投资日期	原始投资额（元）	已投资年限（年）	价格变动系数	原始投资的更新成本（元）
2012	30 000	10	$(1+10\%)^{10}=2.60$	78 000
2017	3 000	5	$(1+10\%)^{5}=1.61$	4 830
2019	2 000	3	$(1+10\%)^{3}=1.33$	2 660
∑更新成本				85 490

第二步，计算加权投资年限。

$$加权投资年限 = 10 \times \frac{78\,000}{85\,490} + 5 \times \frac{4\,830}{85\,490} + 3 \times \frac{2\,660}{85\,490}$$

$$\approx 9.5（年）$$

第三步，计算实体性贬值率。

$$实体性贬值率 = \frac{9.5}{9.5+7} = 57.58\%$$

（二）运用观察法估测设备的实体性贬值率

观察法是评估人员到评估现场对被评估机器设备进行现场观察和现场技术检测，并结合设备的实际使用情况，如使用时间、使用强度、技术状况、制造质量等经济技术参数，经综合分析估测设备的实体性贬值率的一种方法。

运用观测法应观测分析的主要指标。它包括：设备的现时技术状态；设备的实际已使用时间；设备的正常负荷率及原始制造质量；设备的维修保养及技改情况；设备重大故障（事故）经历；设备的工作环境和条件；设备的外观和完整性等，如表 3-2 所示。

表 3-2　机器设备实体性贬值率评估参考表

类别	新旧情况	实体性贬值率	技术参数标准参考说明
1	新设备及使用不久设备	0～10%	全新或刚使用不久的设备。在用状态良好，能按设计要求正常使用，无异常现象
2	较新设备	11%～35%	已使用一年以上或经过第一次大修恢复原设计性能使用不久的设备，在用状态良好，能满足设计要求，未出现过较大故障
3	半新设备	36%～60%	已使用两年以上或大修后已使用一段时间的设备，在用状态良好，基本上能达到设备设计要求，满足工艺要求，需经常维修以保证正常使用

（续表）

类别	新旧情况	实体性贬值率	技术参数标准参考说明
4	旧设备	61%～85%	已使用较长时间或几经大修,目前仍能维持使用的设备。在用状态一般,性能明显下降,使用中故障较多,经维护仍能满足工艺要求,可以安全使用。
5	报废待处理设备	86%～100%	已超过规定使用年限或性能严重劣化,目前已不能正常使用或停用,即将报废待更新。

上述机器设备实体性贬值率评估参考表中所给定的标准实为经验数据,在实际评估活动中只能作为参考,不可作为唯一的标准生搬硬套。评估人员进行评估时,还应广泛听取各专家组及一线人员的介绍和评判,并进行综合分析后判断设备的实体性贬值率。

（三）运用修复费用法估算设备的实体性贬值率

修复费用法是指按修复磨损部件所需的开支,来确定机器设备有形损耗的一种方法。资产的有形磨损可分为可修复磨损和不可修复磨损。修复费用法只适用于可修复的有形损耗的确定。这是因为可修复的有形损耗不仅在技术上具有修复的可行性,并且这种修复在经济上也是合算的。不可修复的有形损耗在技术上可以修复,但在经济上是不划算的,如机器设备原始尺寸、形状发生变化,精确度降低等,可采用观察法或使用年限法确定其贬值。实体性贬值率计算公式如下:

$$实体性贬值率 = \frac{可修复有形损耗 + 不可修复有形损耗}{设备重置成本}$$

【例 3-8】 一台数控折边机的重置成本为 100 万元,已使用 5 年,经济使用寿命为 20 年。现在该设备数控系统损坏,其他部分工作正常,假设修复数控系统所需修复费用为 10 万元,且该修复在经济上是合算的,试计算实体性贬值率。

可修复性损耗引起的贬值 = 10(万元)

不可修复性损耗引起的贬值 = $(100 - 10) \times \frac{5}{20} \times 100\% = 22.5$(万元)

实体性贬值 = $10 + 22.5 = 32.5$(万元)

实体性贬值率 = $\frac{32.5}{100} \times 100\% = 32.5\%$(万元)

在运用修复费用法估测机器设备的实体性贬值率时,必须注意该修复费用是否包括被评估机器设备的技术更新或改造支出,以便在考虑设备功能性贬值时,避免重复计算或漏评。

三、机器设备功能性贬值的估算

机器设备的功能性贬值主要是由于技术进步引起的。它具体存在两种表现形式:由超额投资成本所致的功能性贬值;由超额运营成本所致的功能性贬值。

(一) 由超额投资成本所致的功能性贬值的估算

超额投资成本的产生是因为技术进步引起劳动生产率提高,使得重置与原设备同样功能设备所需成本降低,从而造成原有设备的价值贬值。从理论上讲,设备的超额投资成本应等于该设备的复原重置成本与其更新重置成本的差额,超额投资功能贬值计算公式为:

设备超额投资功能贬值=(设备复原重置成本-设备更新重置成本)×(1-实体性贬值率)

【例 3-9】 某设备复原重置成本为 10 000 元,更新重置成本为 8 000 元,实体性贬值率为 10%,计算功能性贬值。

功能性贬值=(10 000-8 000)×(1-10%)=1 800(元)

在实际评估中,因设备的复原重置成本难以直接获取,故评估直接采用设备的更新重置成本,就不必再刻意考虑设备超额投资成本的估算,以免重复计算。另外,对于现已停产的机器设备,评估时只能参照其替代设备,而这些替代设备的性能通常要比被评估设备更好,其价格也会高于被评估设备。对此,也不应机械地套用上述公式,而应利用参照物设备的价格,采用类比法估测被评估设备的更新重置成本。

(二) 由超额运营成本所致的功能性贬值的估算

超额运营成本的产生是由于技术进步出现了新的、性能更优的设备,使原有设备相对于新设备来说,在功能、性能方面落后,从而引起在能源、动力、人力、原材料等方面的消耗增加,即产生了一部分超额运营成本。估算由超额运营成本所致的功能性贬值的关键是必须找到一技术先进的现代化设备作为参照物,并考虑因超额运营成本而抵减的所得税,从而得出被评估设备的年超额运营成本净额。

【例 3-10】 某被评估对象是一生产控制装置,其正常运行需 5 名操作人员。目前同类新式控制装置所需操作人员定额为 3 名。现假设新、旧控制装置在运营成本的其他项目支出大致相同,操作人员人均年收入为 12 000 元,被评估控制装置尚可使用三年,所得税率为 25%,适用的折现率为 10%。试测算被评估控制装置的功能性贬值额。

根据上述资料,被评估控制装置的功能性贬值测算过程如下。

(1) 计算被评估控制装置的年超额运营成本=(5-3)×12 000=24 000(元)

(2) 计算被评估控制装置的年净超额运营成本=24 000×(1-25%)

=18 000(元)

(3) 将被评估控制装置的年净超额运营成本,在其剩余使用年限内折现求和,确定其功能性贬值额$=18\,000\times\left(\dfrac{P}{A},10\%,3\right)=18\,000\times2.486\,9=44\,764$(元)

四、机器设备经济性贬值的估算

机器设备的经济性贬值,是由于设备自身以外的外部因素的影响,而造成的设备在价值上的贬值。引起经济性贬值的原因很多,主要有:①市场竞争对手增加,对产品需求量减少;②原材料价格上升,工资或管理费用增加;③通货膨胀;④利率上升;⑤国家相关法规政策的变化;⑥经济紧缩等。其最终表现为设备利用率下降,收益额减少。

设备的经济性损耗并不是设备本身所固有的,而是外部环境带来的。因此,很难量化到设备内部的某一具体构成部分。对设备经济性损耗的估测通常采用以下两种方法:通过计算设备利用率下降带来的损失,间接计算设备的经济性贬值额;通过计算因外部因素变化造成的收益减少额来直接测算。

(一)由于设备利用率下降造成的经济性贬值

因设备利用率下降,使得设备相对闲置而产生的最终收益减少,由此所导致经济性贬值。其计算公式如下:

$$经济性贬值率=\left[1-\left(\dfrac{设备预计可被利用的生产能力}{设备原设计生产能力}\right)^{x}\right]\times100\%$$

X 为规模效益指数,实践中多为经验数据。对机器设备,X 一般取 $0.6\sim0.7$ 之间。经济性贬值额为:

$$(重置成本-实体性贬值-功能性贬值)\times经济性贬值率$$

【例3-11】 某企业电视机生产线,原设计年生产能力为 10 万台,由于市场疲软,市场对电视机的需求减少,该企业不得不将生产量减至年产量 7 万台(假设销售价格和其他条件不变)。试估测该生产线的经济性贬值率。

$$经济性贬值率=[1-(70\,000\div100\,000)^{0.6}]\times100\%=19\%$$

(二)由于外界因素变化造成设备收益额减少所致经济性贬值的测算

因收益额减少所致经济性贬值额的计算,可直接按设备继续使用期间每年收益损失额扣除因此所抵减的所得税以后得到的余额部分,按适当的折现率折现累加求得。其计算公式如下:

$$经济性贬值额=设备年收益损失额\times(1-所得税税率)\times\left(\dfrac{P}{A},r,n\right)$$

式中:$\left(\dfrac{P}{A},r,n\right)$ 为年金现值系数。

【例3-12】 承上例,如企业不是通过降低生产量来顺应市场变化,而是通过降低其电视机价格。假设原销售价为 2 000 元/台,要使 10 万台电视机能够卖掉,其销售价格需降至 1 900 元/台。又经估测,该生产线还可继续使用三年,企业所在行业投资报酬率为 10%。试估算该生产线的经济性贬值额。

根据上述有关资料得出:

$$该生产线每年收益损失额 = (2\,000 - 1\,900) \times 10 = 1\,000(万元)$$

$$经济性贬值额 = 1\,000 \times (1 - 33\%) \times \left(\frac{P}{A}, r, n\right)$$

$$= 670 \times 2.4869 = 1\,666.22(万元)$$

第三节　机器设备的市场比较法评估

机器设备评估的市场比较法评估,是指通过寻找市场上与待评估设备相类似的参照物设备,分析比较待估设备和参照物设备之间的差异,以其作为价格差异的基础,并在参照物交易价格基础上进行价格调整,求得待评估设备价值的一种方法。

一、市场比较法评估机器设备价值的步骤

(一) 鉴定被评估对象

通过对待评估设备的性能结构、现时技术状况、预估尚可使用年限、新旧程度等进行必要的技术鉴定,并收集有关待评估设备的规格型号、生产厂家、出厂日期、安装情况等资料,为市场数据资料的收集及参照物的选择提供依据。

(二) 选择参照物

参照物与评估对象具有相似性和可比性是运用市场法的基础。在市场中选择参照物,最重要的是要具有可比性。机器设备的可比性因素具体包括:设备的规格型号;设备的生产厂家;设备的制造质量;设备的附件、配件情况;设备的实际使用年限;设备的实际技术状况;设备的出售目的和出售方式;设备的成交数量和成交时间;设备交易时的市场状况;设备的存放和使用地点。要认真分析上述可比因素,确认其成交价具有代表性和合理性,才可以将其作为参照物。在条件允许的情况下,参照物最好能有多个。

(三) 对可比因素进行比较分析

通过对待评估设备与参照物之间,在各种可比因素方面的差异分析,判断其对价值的影响程度,确定价值差异的调整量。它们之间的差异调整因素主要表现为销售时间、结构及性能、新旧程度、付款方式等方面。此外,还需要明确拆除、运输、安装、调试等因素对评估结论的影响。

(四) 计算确定评估结果

在分析比较的基础上,对参照物的市场交易价格进行调整,确定评估值。评估时

所选择的参照物一般不只一个,因而就会出现若干个评估价值。这就需要估价师结合每个比准价值及其参照物的情况,分析给出最终评估结论。

二、市场比较法评估案例

【例 3-13】 有一组 5 台刨床(设为 A)需评估其价值,经市场调查有基本相同的一组 10 台刨床(设为 B),在近期已出售,全部售价(收货即付)为 20 万元。试运用市价法评估 A 的价值。

(1) 调查 B 组刨床销售情况,得知平均每年只能销售 2.5 台。这里,卖主为获得 10 台刨床价款,作了降价处理,否则,这 10 台刨床将分 4 次,即到第三年末才能售完。

(2) 现时零售价(即把 20 万元分 4 次收取,每次应收取的价格)为 X。

$$20=X+\frac{x}{(1+r)^1}+\frac{x}{(1+r)^2}+\frac{x}{(1+r)^3}$$

取折现率 r 为 10%,则:

$$20=X+\frac{X}{1.1}+\frac{X}{1.21}+\frac{X}{1.331}$$

$$X=5.74(万元)$$

(3) 计算 A 评估值:$5.74+\frac{5.74}{1.1}=5.74+5.22=10.96(万元)$

【例 3-14】 被评估对象为生产一种化工原料的设备,经市场调查,参照物选定为生产相同产品的另一设备。该类设备的生产规模效益指数为 0.65。参照物购置时间为 2 个月前,可视为全新设备,但经分析,评估时价格上升了 5%,其他因素比较如表 3-3 所示。

表 3-3 参照物其他因素

比较因素	参照物	被评估对象
市场价格(万元)	75	
生产工人定员(人)	40	35
生产工人平均工资(万元/年)	0.48	0.48
尚可使用年限(年)	20	15
生产量(万吨/年)	2	2.5
成新率	100%	80%

根据上述资料,计算如下:

(1) 生产能力差异修正系数=$(2.5\div2)^{0.65}=1.1561$

(2) 成新率差异修正系数=$80\%\div100\%=0.8$

（3）自动化程度差异修正系数 $=\dfrac{2.5 \div 35}{2 \div 40}=1.4286$

（4）时间修正系数 $=1+5\%=1.05$

（5）评估值 $=75 \times 1.1561 \times 0.8 \times 1.4286 \times 1.05 = 104.05$（万元）

练　习　题

1. 某被评估的生产控制装置购建于 2012 年，原始价值 1 000 000 元，2017 年和 2020 年分别投资 50 000 元和 20 000 元进行了两次更新改造，1995 年对该资产进行评估。调查表明，该类设备及相关零部件的定基价格指数在 2012 年、2017 年、2020 年、2022 年分别为 110%、125%、130%、150%。该设备尚可使用年限为六年。另外，该生产控制装置正常运行需要 5 名技术操作员，而目前的新式同类控制装置仅需要 4 名操作员。假定待评估装置与新装置的运营成本在其他方面相同，操作人员的人均年工资福利费为 12 000 元，所得税税率为 33%，适用折现率为 10%。根据上述调查资料，试求待评估资产的价值。

2. 某被评估设备购建于 2017 年 6 月，账面原值 100 万元，2021 年 6 月对该设备进行了技术改造，以使用某种专利技术，改造费用为 10 万元，2022 年 6 月对该设备进行评估，评估基准日为 2022 年 6 月 30 日。现得到以下数据：①2017 年至 2022 年该类设备的定基价格指数分别为 105%、110%、110%、115%、120%；②被评估设备的月人工成本比同类设备节约 1 000 元；③被评估设备所在企业的正常投资报酬率为 10%，规模效益指数为 0.7，该企业为正常纳税企业；④经过了解，得知该设备在评估使用期间因技术改造等原因，其实际利用率为正常利用率的 60%，经过评估人员鉴定分析认为，被评估设备尚可使用 6 年，预计评估基准日后其利用率可以达到设计标准的 80%。根据上述条件，估算该设备的有关技术经济参数和评估价值。

讨　论　题

参考现有的资产评估教材，你会发现在许多资产评估学教科书上，有成新率和综合成新率两个概念，它们有什么区别？在运用使用年限法进行计算时，它们的值是否相等？计算它们时所用的"使用年限"的含义有何不同？

第四章

房地产评估

【本章学习目的】 通过本章的学习,你应该能够:

(1) 了解房地产的概念、特点、分类。

(2) 阐明房地产评估的基本理论。

(3) 阐述房地产价格体系。

(4) 分析影响房地产价格的因素。

(5) 熟练运用收益法、市场法、成本法、剩余法进行房地产价格的评估。

(6) 理解在建工程的特点和评估方法。

第一节　房地产评估概述

一、房地产的概念

要阐释房地产的概念，我们首先必须从最基本的土地、地产等概念谈起。

(一) 土地的概念

土地(land)是处于地球的陆地(包括内陆水域、海涂)表层范围内，以土壤、砂砾、岩石、矿物、水、空气生物等为基本物质要素，处于不同地质、地貌、水文、气候状态，而且受到人类活动持续影响的自然-经济综合体。[①]

土地按照自然形态可以分为山地、丘陵地、台地、平原等。按照土地的用途，《中华人民共和国土地管理法》将土地划分为农用地、建设用地、未利用土地三大类；我国《土地利用现状分类(GB/T 21010—2017)》将土地分为耕地、园地、林地、草地、商服用地、工矿仓储用地、住宅用地、公共管理与公共服务用地、特殊用地、交通运输用地、水域及水利设施用地、其他土地等 12 个一级类。按照土地的开发程度可分为生地、毛地、熟地。所谓生地是指无改良物、建筑物、基础设施的土地，通常指将用于房地产开发的农地；熟地是指对生地进行改造如进行基础设施建设、道路修建，从而增加了效用及价值后的土地；毛地是指将要进行再开发改造的旧城区土地。

(二) 地产的概念

地产(estate in land)是土地财产或土地资产的简称。财产既指实物又指权利，因而，地产是指土地及其相关的财产权利。由于许多人把土地上的建筑改良物等也归属于土地，因而相应地地产一词也常被用于泛指房地产。[②]

(三) 房地产的概念

在许多文献中，将房地产(real estate)定义为房产与地产的合称或总称。这种说法是不够准确的，因为并非所有的地产都与房产有关，如耕地，不宜称为房地产。确切地讲，房地产是指房屋及其附属物(与房屋相关的建筑物如小区设施、建筑附着物、相关林木等)和承载房屋及其附属物的土地，以及与它们相应的各种财产权利。房地产由于其位置固定和不可移动，导致房地产区位的优劣直接关系到房地产价值的大小。因此，房地产概念应从实物、权益和区位状况综合去理解。

[①] 周诚:《土地经济研究》(续集)，中国人民大学出版社 2000 年版，第 43 页。
[②] 这一用法在中国香港非常普遍。

（四）不动产的概念

在民法中，将财产分为不动产和动产两大类。[1] 不动产（real estate or immovable）是指不能移动或移动后会引起性质、形状改变，损失其经济价值的物及其财产权利，它包括土地、土地改良物（建筑物及建筑附着物、生长着的树木及农作物、已经播撒于土地中的种子等）、与土地及其改良物有关的财产权利。建筑附着物主要指已经附着于建筑物上的建筑装饰材料、电梯，以及各种给排水、采暖、电气照明等与建筑物的使用密切相关的物。建筑附着物在没有附着于建筑物前是动产，而一旦附着于建筑物上，就成为不动产的一部分。判断是否属于建筑附着物，取决于附着程度和是否适用于不动产的经营和使用。如果一件物品的拆除或移动，会损坏建筑物或严重影响到建筑物的使用，则该物品属于建筑附着物。把建筑附着物归属于不动产，也可以表述为动产的不动产化，其法律效果在于：抵押权可以扩大适用于建筑附着物；在不动产的买卖、赠与、借贷或共有物分割时，如果权利证书对具体范围未作明确规定时，应包括建筑附着物。[2]

通过以上阐述，可以看出土地、地产、房地产、不动产之间是既有区别又有联系。它们之间的关系如图 4-1 所示。

图 4-1　土地、地产、房地产、不动产之间的关系

二、房地产的特征

房地产与其他经济物品或财产相比，具有不同的特征，主要表现如下。

（一）不可移动性（位置固定性）

房地产属于不动产，它的空间位置是固定的。构成某一房地产的土地的位置显然是不可能移动的，而移动建筑物特别是长距离移动，通常情况下也是不切实际的。因此，不可能像其他商品那样，通过运输来供给一个地区的房地产需求，或调剂不同地区之间余缺。不可移动性使区位环境条件在房地产质量、功能及交易价格的分析中格外重要。

---

[1] 历史上各国法律对不动产和动产的划分主要是依据两个因素：一是物能否移动这一物理标准；二是物的价值大小，比如在法国、德国等国家，价值巨大的船舶、飞机也适用不动产法律规则。也有学者认为这种划分只是基于商品交换的需要。（马俊驹等：《不动产制度与物权法的理论和立法构造》，《中国法学》1999 年第 4 期）。

[2] 尹田：《法国物权法》，法律出版社 1998 年版，第 78～79 页。

(二) 耐用(耗)性

土地具有不可毁灭性,在正常使用条件下可以永久使用。房屋一经建成,也可以使用至少数十年。可以说,房地产是最具有耐耗性的物品。当然,也许会发生地震、山崩、火灾等自然或人为灾害,可能使某一宗土地消失,但以这些偶然事件来否认其正常状态,则是荒谬的。

(三) 异质性(差异性、个别性)

两宗房地产可能由于位置的不同、建筑面积不等、建筑风格差异、新旧程度不同、产权性质不同等原因而不同。在房地产市场上不可能有两宗完全一样的房地产,即使它们可能在外形上一模一样,但也肯定存在朝向、层位等方面的差异。但不要因此而否认不同房地产之间的市场可替代性。

(四) 高价值性

无论从个人家庭还是从一个国家来看,房地产价值都高于一般商品或财产的价值。在市场经济条件下,一套面积、位置适中的住房的合理价格,大约是一个中等家庭年收入的 3～6 倍,即使发达国家的大多数家庭,也要靠长期贷款来购买住房。到目前为止,房地产仍然是普通家庭中价值比重最大的财产,如法国现代家庭的财产价值中,房地产价值所占比例仍高达 62.5%。[1] 在 1919 年美国的城市房地产总价值占国内物质财富总额的 30.8%,城乡不动产总价值占国内物质财富总额的 51.9%。[2] 在 1990 年美国不动产总价值大约为 8.8 万亿美元,占国内物质总财富的 56%。[3]

(五) 供给有限性

虽然房屋可以建造、高楼大厦可以高耸入云,但是可供建筑房屋的土地面积是有限的。

(六) 投资与消费双重性

房地产既可以用于居住、使用,产生消费性,也可以用于投资以达到保值、增值的目的。[4] 几个世纪以来,房地产一直是一种有吸引力的、令人欣赏的投资对象。房地产的投资性和消费性不易区分,在房地产价格长期上涨的情况下,常被视为投资工具,反之则更具有消费性。房地产不可能像其他物品一样被窃取,因而还是一种相对安全的投资品。

(七) 房地产实体构成的二元性

房地产实体是由纯自然土地、土地中人类劳动的结果、房屋建筑物构成,因而它

---

① 尹田:《法国物权法》,法律出版社 1998 年版,第 88 页。

② 伊利、莫尔豪斯:《土地经济学原理》,商务印书馆 1982 年版,第 221 页。

③ Denise Dipasquale, William C. Wheaton: Urban Economics and Real Estate Markets, Prentice-Hall, Inc. 1996, p.5.

④ 为保值、增值而投资房地产,往往是在通货膨胀或房地产价格长期上涨时期。但要注意的是,房地产也会贬值。房地产的增值主要是因为地价的上涨。

是由非劳动产品和劳动产品构成的。

三、房地产的分类

房地产按照用途,可以划分为以下几类。

(一)居住类房地产

居住类房地产是指专供人们生活居住的房地产,包括普通住宅、高级公寓、别墅等。

(二)商业类房地产

商业类房地产是指用于商业经营活动的房地产,包括写字楼、商店、旅馆及酒店等。写字楼可以按照规模大小、内部装修及服务设施档次等因素分为普通写字楼和高档写字楼;商店可以分为专卖店、商场、批发商店、超级市场、购物中心、地下商业街、展览中心等;旅馆及酒店可以分为宾馆、饭店、酒店、招待所、会务中心等。

(三)休闲类房地产

休闲类房地产是指娱乐、健身类活动用房地产,包括体育馆、娱乐中心等。

(四)公共事业类房地产

公共事业类房地产是指文教卫生、行政、社会福利、交通邮政等用途的房地产,包括校舍、教堂、医院、博物馆、公园及风景区管理用建筑物、政府办公楼、养老院、客货运站点及邮局用建筑物等。

(五)工业类房地产

工业类房地产是指生产活动用房地产,包括生产用工业厂房、仓库等。

对将用于上述用途房地产开发的土地,可以分别归属于不同用途房地产。

四、房地产的描述

对一宗房地产,主要从以下几个方面进行描述。

(1)位置(坐落)、四至、形状。位置是指房地产所处的区域和具体地点,可以按国家、地区、城市、邻里、地点、楼房号、门牌号这样的顺序来表述;四至是指土地的四至界限范围;形状以宗地图来表示。

(2)面积大小。此为房地产产权产籍行政管理部门依法确认的面积,包括土地面积、建筑物的建筑面积和使用面积、居住面积或营业面积。

(3)建筑物层数和高度。房屋建筑按照层数和高度分为低层建筑、多层建筑、中高层建筑、高层建筑、超高层建筑。住宅 1~3 层为低层建筑,4~6 层为多层建筑,7~9 层为中高层建筑,10 层以上为高层建筑,30 层以上为超高层建筑。公共建筑大于24 米为高层建筑,所有房屋建筑檐高超过 100 米的均为超高层建筑。

（4）建筑结构。建筑结构是指建筑物中由基础、墙、柱、梁、屋架、支撑、屋面板等承重构件组成的体系。按照建筑物的主要承重构件所用的建筑材料，可以将建筑结构划分为：钢结构、钢筋混凝土结构、砖混结构、砖木结构及其他结构类型。

钢结构是指建筑物的梁柱、房架等承重构件用钢材制作，楼板用钢筋混凝土制成，墙体用砖或其他材料制成。钢筋混凝土结构是指建筑物的梁柱、屋面板、楼板均以钢筋混凝土制作，墙体用砖或其他材料制作。砖混结构是指主要由砖墙承重，部分是钢筋混凝土屋面板和梁承重。砖木结构是指建筑物的墙、柱用砖砌筑，楼层、屋架采用木材建造。其他结构主要包括竹结构、木结构、竹木混合结构、简易建筑物等。

（5）建筑装修、附属设备。建筑装修包括装修的标准、程度、所用材料、质量等；附属设备包括给排水、照明、卫生、通风、供暖、供气、空调、电梯、消防、通信等设备。

（6）建筑物的建成年月、建筑质量、维护保养状况、采光、通风、隔音、隔热等。

（7）建筑外观及平面格局，以外观图、平面图等形式表述。

（8）利用现状及规划设计要求，包括用途、建筑容积率、建筑覆盖率等要素的现状和规划要求。容积率是指建设项目规划用地范围内总建筑面积与总用地面积之比。建筑覆盖率是指项目用地范围内所有建筑基底总面积与规划建设用地面积之比。

（9）房地产产权状况，包括产权归属、土地使用权类型、房屋产权状况、是否设定有抵押权等限制。土地使用权是土地使用者依法对土地进行使用或依法对其使用权进行出租、转让、抵押、投资的权利。

（10）土地的地质基础状况、地上基础设施改良状况等。

五、房地产评估的理论基础

（一）地租理论

1. 地租的概念

地租是土地承租人为了得到使用自己资本的生产经营场所（土地），要在一定期限内按契约规定，支付给他所使用土地的所有者一个货币额。不管这个货币额是为耕地、建筑地段，还是为矿山、渔场、森林等支付，通称为地租。土地承租人要支付地租，但并不因此而减少他的平均利润。地租是土地所有权得以实现的经济形式，是社会生产关系的反映。

2. 地租的形成

投入土地的资本和劳动是由陆续使用的等剂量构成的。在陆续投入的过程中，陆续使用的各个等剂量所产生的报酬会出现递增（aef）、递减（$a'e$，fg）或者增减交替（$a'e-ef-fg-gh-hc$）的过程。我们把所产生的报酬刚好与耕作者的生产费用（一个剂量加上平均利润）相等的这一剂量，称为边际剂（Δd）。使用这一剂刚好使耕作者的资本和劳动获得一般报酬（dc），而没有剩余。它所产生的报酬称为边际报酬

(dc)。投入土地的总剂量数(od)乘以边际报酬,得到所投入资本和劳动的一般总报酬$(odcbo)$。所投入资本和劳动产生的总报酬$[odchgfea'(a)bo]$超过一般总报酬的部分$[bchgfea'(a)b]$就是土地的剩余生产物,在一定的条件下转变为地租。如图4-2所示。

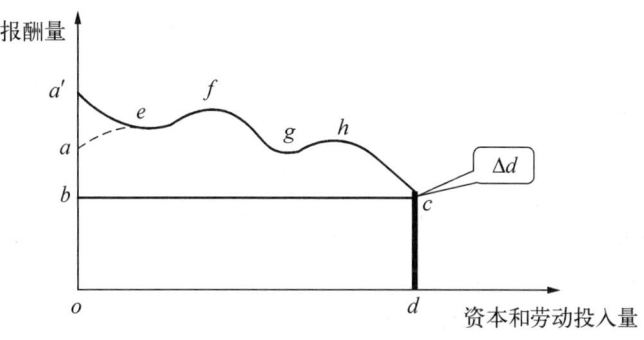

图4-2 地租的形成

3. 区位地租(位置地租)

假定在单一中心城市,土地质量及利用效用是匀质的。现在有一个家庭(代表该城市一般家庭),年收入为20 000元,其中10 000元用于支付除居住外的基本消费,另外10 000元用于支付房屋消费。如果该家庭选择居住在城市中心,家庭人员工作、上学、购物等均在市中心,则该家庭支付市中心房屋(100平方米)租金的能力为10 000元/年,扣除房屋折旧、保险费、维修管理费等费用5 000元后,属于支付地租的为5 000元/年。如果他们选择居住在距离市中心10公里处,则每年因到市中心上班、上学、购物花费交通费2 000元,花费的时间成本、心神疲劳补贴为1 500元,那么他们支付10公里处房屋租金的能力(意愿)为6 500元/年,其中属于支付地租的为1 500元/年。如图4-3所示,ab反映了该城市居民对距城市中心不同距离位置土地的地租支付能力(意愿),我们把它称为居住用地地租支付能力曲线,简称为居住竞租能力曲线。城市土地可以作住宅、商业、工业等不同用途使用,不同用途具有不同的竞租能力曲线,如图4-4中ab(住宅)、cd(商业)、ef(工业)的所示。不同位置的土地的用途,取决于不同用途的地租支付能力。

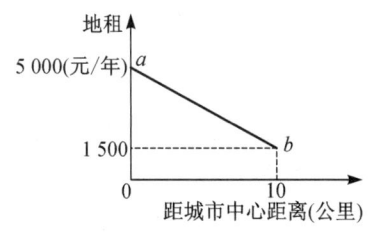

图4-3 区位地租

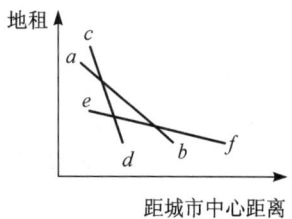

图4-4 土地不同用途的竞租能力

(二) 土地价格理论

1. 土地价格的内涵

土地的买卖必然产生土地价格。从卖方来讲,土地价格是所出租或出售土地的地租资本化的收入;从买方来讲,土地价格是资本化的因而是提前支付的地租。也就是说,它等于若干年期间(一定年限土地使用权交易时)或无限年期间(土地所有权交易时)的地租的折现值。用公式表示就是:

$$V = \sum \frac{a_i}{(1+r)^i}$$

式中:V 表示土地价格;

a_i 表示第 i 年的地租;

r 表示折现率(假定折现率不变)。

土地价格不是土地的购买价格,而是土地所提供的地租的购买价格。也就是说,地租的存在是土地价格的前提。是土地的地租收入决定土地的价格,而不是相反。[①]

土地所有者的地租收入中,包括真正的地租和部分土地资本(即土地租约签订前已经存在的土地开发投资)的利息及折旧,因而土地价格中,也包括真正地租的资本化和土地资本价格两部分。人类社会的发展,已经经历了一个相当长的历史时期,在土地上投入了相当多的资本和劳动,纯粹的自然土地已是极为罕见的。因而差不多所有的土地收入中,都包含有土地资本利息及折旧的成分。应该注意的是,并非土地的全部价格都来源于人类的劳动或资本投入。虽然历史上可能在某一块土地上曾经投入大量的资本,但这种资本的累积是有限的。因为大多数的土地资本(土地平整、劈山填海等除外)都会发生损耗,有些早已经陈旧不堪,不仅不能增加土地的价格,反而使土地的价格减少。当然,土地所有权(或使用权)所可能提供的社会地位,以及其他能够令占有者满足(如居住)的货币等价,也许并不表现为土地的货币收入,但一定也列入土地的价格。

纯自然的土地不是劳动产品,其中没有任何物化劳动,从而也没有任何价值(指劳动价值),因而它的价格也不是其价值的货币表现。这种价格只不过是资本化的地租。

2. 土地价格的形成

土地的价格是由需求决定的。土地同其他商品一样,其价格是由供求相互作用形成的。纯自然土地是非人类劳动创造的,因而没有生产成本。假定土地是匀质的,也就是说不存在差别,这样,从土地供给方来讲,只要付给他一点点货币,他就会出售。另外,陆地面积的固定性,决定了纯自然土地的供给是固定的(om)。虽然可以

---

① 伊利、莫尔豪斯:《土地经济学原理》,商务印书馆 1982 年版,第 225 页。

通过填海造地来扩大陆地面积,但在量上是微不足道的。纯自然土地的无成本和供给固定,使土地的价格完全取决于需求。如图 4-5 所示,在需求为 d 时,土地价格为 p;在需求为 d' 时,土地价格为 p'。

　　一块土地或许可以有多种用途,因而对某一用途的土地来讲,其供给并非固定的。如图 4-6 所示,某种用途土地的初始需求为 d,初始供给为 s_m,土地均衡价格为 p。当土地的需求上移为 d_1 时,土地供给不可能很快随之增加,仍为 s_m,价格由 p 上升到 p_1。由于价格上升,其他用途土地转变为该种用途,随着时间的变化,该用途土地供给逐渐增加到 s_s,再增加到 s_l。土地价格也随之由 p_1 下降到 p_2 再到 p_3。

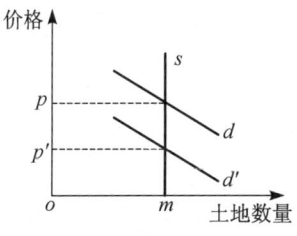

图 4-5　土地供给固定条件
下地价的决定

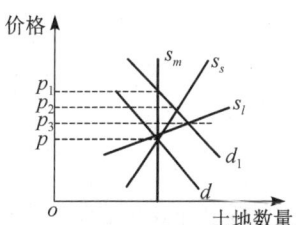

图 4-6　土地供给随时间变化
条件下地价的决定

六、房地产价格的构成

　　房地产价格是建筑物连同其所占用土地的价格。对于同一宗房地产来讲,房地产价格等于建筑物价格加土地价格,这里的前提条件是该建筑物和它所占用土地的组合是相称的。如果建筑物和土地的组合不相称,房地产价格中的土地价格就必然降低,甚至可能会出现房地产价格低于建筑物成本的情况。如果拆除建筑物后重新建筑一个性质不同的建筑物,相对于目前的房地产来讲是更好的选择,那么该房地产的价格就等于(也可能小于)拆除建筑物后的土地价格加该建筑物的净残值。

(一) 土地价格的构成

　　(1) 土地价格是由土地的原始价值、公共投资与环境改良价值、私人投资改良价值、未来价值四项因素在地理空间上的组合,而表现出来的土地交易货币额。[①]

　　土地的原始价值,不是人力所能够创造的,对该部分价值的估计很困难。在新古典城市经济学中,往往将城市边缘土地的农业利用价值,作为其用于城市建设用地时的机会成本,称之为城市土地的原始价值。

　　公共投资与环境改良价值,包括政府部门进行的各种公共建设,以及私人部门在土地上进行的各种经济活动,对城市环境(包括社会、文化、政治、经济、建筑实体等多

---

　　① 这里的价值不同于劳动价值,可以理解为最可能价格(the most probable price)。

因素)的改良所形成的土地价值。

私人投资改良价值是指个人投资于某块土地上,使该土地的价值增加的部分。私人在城市某块土地上进行投资,不仅增加这块土地的价值,而且影响到比邻土地的价值,也就是说产生了外溢效果或称外部性。可以说,私人投资改良与政府公共投资共同创造了社会环境价值,之所以将土地价值区分为私人部分和公共部分,是为了对土地收益进行公平合理的分配。

未来价值是尚未实现的、潜在的价值。比如,农地在转化为建设用地前,价值较低,转化后价值增加,用途转化前的预期价值增加就是未来价值。土地利用强度较低时,所实现的价值也较低,预期土地利用强度提高所引起的土地价值增加部分,也是未来价值。未来价值预期实现的速度与城市化速度极为相关,从货币时间价值的角度考虑,这种速度越慢,土地未来价值的现值越小。未来价值还与土地上的土地资本累积量及其新旧程度有关,累积量越大、越新,未来价值量相对越小,而社会环境价值越大,两者具有此消彼长的关系。未来价值是土地投机的真正对象。

(2)土地价格由纯农地价格、土地用途转换成本、土地价格的预期增值(也可能减值,即可能为负数)、不确定性的风险补偿费、可达性(区位或位置)价值构成。

如图4-7、图4-8所示,城市地租由农地地租、位置地租、土地资本租金(即转换土地用途的资本的机会成本)、不确定性风险年补偿费构成。农地转化为市地后,可能会由于市地供过于求等原因,出现地租下降到农地地租以下的情况,但从市地转换为农地是很困难的(土地用途转换的不可逆性),不确定性风险年补偿费就是对所承担的这种(系统性)风险的补偿。与地租相对应,城市地价分别由纯农地价格、位置价格、转换土地用途所需要的土地开发成本、不确定性风险补偿费、预期增值构成。要注意的是,在地租构成中,没有预期增值的对应项,这是由于地价是地租的资本化,因而必然要考虑未来若干(或无限)年期内地租增减的变化,对地租却不必考虑这一点。农地价格由农地发展权价值和与农地地租相对应的纯农地价格构成。农地发展权价值是土地由农业利用开发(转换)为非农业利用时,土地开发权益的价值,也可以称为开发选择权(option to develop)价值。

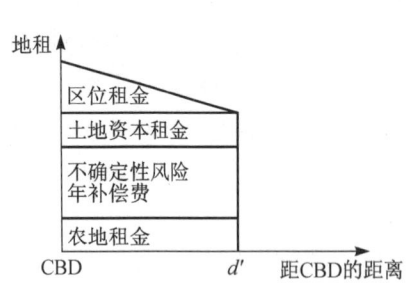

图4-7 城市土地租金

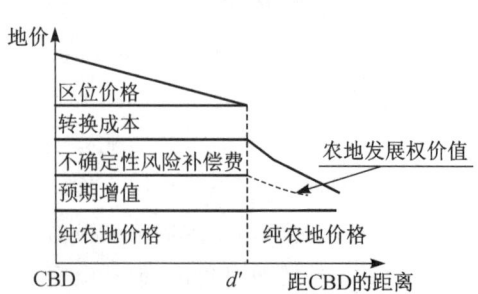

图4-8 城市土地及农地价格比较

（二）建筑物价格的构成

这里所说的建筑物价格，是指建成后建筑物的价格，不包括土地价格。对房地产来讲，建筑物价格主要是指房屋建筑及其附属物的价格。附属物的具体范围视具体的建筑情况而定。建筑物的价格和一般产品价格一样，是由建筑生产费用加一定的利润形成的，具体包括专业费用、建筑安装工程费、管理费用、销售费用、合理开发利润、资金成本、销售税费。

如果建筑物是一个已经使用若干年的建筑物，那么该建筑物的价格，就是用该建筑物的全新重置价格（replacement cost new or reproduction cost new）减去价值损耗。造成建筑物损耗且贬值的因素有自然的、功能的、经济的，由此而造成的价值损耗或称为贬值，可以分为自然性贬值、功能性贬值、经济性贬值。自然性贬值是由于正常的使用、长期磨损、管理疏忽、虫蛀、潮湿、自然灾害而发生的破损、自然老化、损坏，从而引起的贬值。功能性贬值是由于建筑物所提供的服务功能不足、过时、超规格（如过高的居住空间，所提供的效用，可能不足以补偿其成本）等原因造成的贬值。经济性贬值是由于建筑物以外因素的变化，比如经济衰退、环境污染、交通拥挤、战争的发生、政府政策转变所导致的贬值，当然这些因素也同时导致地价的下降。

在建筑物到达其经济使用寿命结束时，它的价格相当于报废价格。从经济的角度讲，建筑物需要拆除，因而它的价值就是所拆除的残余物废料价值减去拆除费后的剩余价值，也称净残值或残值。

七、房地产价格的种类

（一）商品房价格、经济适用住房价格

商品房价格就是房地产的市场价格，由完整的土地价格和建筑物价格构成。商品房价格是向高收入阶层出售住房的市场价格。以商品房价格购买的房地产，包括建筑物所有权和若干年的土地使用权。

经济适用住房价格是向中、低收入阶层出售的（经济适用）住房价格，它由建筑物价格和不完全土地价格构成。具体包括：①征地及拆迁补偿安置费；②勘察设计及前期工程费；③住宅建筑及设备安装工程费；④小区内基础设施和非经营性公用配套设施建设费；⑤贷款利息；⑥税金；⑦以①至④项费用之和为基数计算的1%～3%的管理费；⑧3%以内的利润。以经济适用房价格购买的房地产，包括建筑物所有权和划拨土地使用权。

（二）土地所有权价格、土地（建设用地）使用权价格、楼面地价

土地所有权价格是买卖土地所有权的价格，它是无限年期地租的折现值。土地使用权价格是一定年期使用土地的权利的价格，它是若干年期地租的折现值。土地使用权价格可以是一次付清，也可以是按年支付，按年支付时称为年地租。在国

家(我国)出售土地使用权时,土地使用权价格又可以称为土地出让金。① 同一块土地的使用权价格,会因土地的用途、容积率、使用权年限的变化而不同。土地所有权价格和土地使用权价格在数量上的差异,随土地使用权年限的增加而缩小。假定地租为10元/平方米·年,折现率为10%,土地使用权价格和土地所有权价格差异,随土地使用权年限的变化状况如图4-9所示。

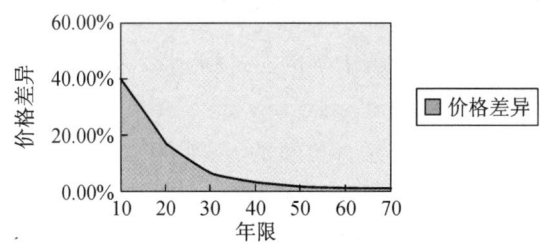

图4-9　土地使用权价格与土地所有权价格差异随使用权年限的变化

楼面地价是单位建筑面积地价,它等于土地总价格除以建筑总面积,或等于土地单价除以容积率。比如,有面积均为1 000平方米的甲、乙两宗土地,土地单价均为700元/平方米。甲的容积率为3,可以建设3 000平方米的建筑物,每平方米建筑物售价为1 200元;乙的容积率为2,可以建设2 000平方米的建筑物,每平方米建筑物售价为1 250元。甲、乙的楼面地价分别为233.3元/建筑平方米、350元/建筑平方米,甲的每平方米建筑物价格1 200元中有233.3元是地价,乙的每平方米建筑物价格1 250元中有350元是地价。

(三)基准地价、标定地价

基准地价是指在土地利用总体规则确定的城镇建设用地范围内,对平均开发利用条件下,不同级别或不同均质地域的建设用地,按照商服、住宅、工业等用途分别评估,并由政府确定的,某一价值时点法定最高年期土地权利的区域平均价格。标定地价是指政府为管理需要确定的,标准宗地现状开发利用,正常市场条件下,于某一价值时点法定最高年期土地权利的区域平均价格。基准地价和标定地价都是由政府部门评估并向社会公布的,借用台湾地区的称谓,它们都是"公告地价"。

(四)课税价格、征收价格、抵押价格

课税价格是政府课征与土地价值有关的税(比如国外的地价税)时,所确定的土地价格。征收价格是政府征用农村集体所有的土地、用地人合法占有的土地时,向土地所有者或土地使用者支付的货币额(或等量价值物)。抵押价格是以土地为抵押担保物借款时,贷款人确定的土地抵押物价值,一般为市场价值的6~8成。

---

① 有的把基准地价或标定地价称为土地出让金,也有的把土地出让金当作基准地价的一个构成部分(如"北京市出让国有土地使用权基准地价表"),这些用法都是不正确的。

八、影响房地产价格的因素

影响房地产价格的因素多种多样,它们对房地产价格的影响纷繁复杂。下面从影响城市土地价格的因素和影响建筑物价格的因素两方面分别阐述。

(一)影响城市土地价格的因素

1. 一般因素

一般因素是指对整个社会和地区的地价水平具有决定性影响的宏观因素。不同国家、不同地区、不同城市之间的地价差异,就主要是由于一般因素的差异导致的。一般因素包括社会因素、经济因素、制度政策因素。

1)社会因素

(1)社会稳定状况。社会稳定,人们乐于生产投资、购地置业,人民的生活能够持续稳定的改善,经济发展带动地价的上涨;政局动荡、社会治安混乱,人心惶惶,甚至于可能为活命而四处逃难,无心生产发展经济,更不要说购地置业了,整个经济崩溃,地价必然下跌。

(2)人口状况。人口密度较大的国家和地区,地价一般都较高;人口增长,对土地的需求必然增加,地价上涨;人口素质提高,对社会稳定、经济发展等都具有良好的促进作用,带动地价上涨。

(3)城市化。随着城市化水平的提高,人口及各种经济活动向城市集聚,对城市土地需求增加,地价提高,城市边缘的农地也转化为土地利用强度较高、地价较高的非农业用地。但如果城市过于扩张,或城市衰落,也都会导致地价的下降。

2)经济因素

(1)国民经济水平和发展趋势。从世界发达国家和发展中国家的比较,以及国内不同地区、不同城市的比较,就可以看出,经济水平较高的国家和地区地价较高,经济发展趋向于繁荣的国家和地区地价上涨。

(2)金融环境。在金融环境比较良好、利率较低、贷款容易取得的地区和时期,土地价格较高;而在金融危机、利率较高、贷款困难的地区和时期,地价都相对较低。金融环境的变化必然引起地价的变动。[①]

(3)税负。在税负较重的地区,人们不愿意去投资,因为苛捐杂税会将投资所获得的经营利润盘剥得所剩无几。这样一来,对土地的投资性需求就较少,地价也较低。

3)制度及政策因素

(1)土地制度及政策。不同的土地制度及政策对地价产生不同的影响。比如,

---

① 美国学者研究认为,真实利率-需求价格弹性为 -1.207,通货膨胀对现有住房的价格有正影响。John M. Clapp, Stephen D. Messner: Real Estate Market Analysis Methods and Applications, Praeger Publishers, 1988, p271。

在城市土地归政府所有的地区,政府每年的土地供给计划,会影响到土地市场上的土地供给量,因而影响到地价的变化。土地利用计划管理、土地用途管制、开征土地增值税、土地行政管理体制的改革等都会影响到地价的变动。

(2)住房制度及政策。以 20 世纪 90 年代中后期的北京、上海为例,从家庭收入水平来看,上海高于北京,但住房价格是北京高于上海,从而住宅用地价格也是北京高于上海。一个主要的原因是两地的住房制度改革进程不同。当时,上海的住房制度改革进程较快,市场上住房的个人购买比例达 70% 以上;而北京的住房制度改革进程较慢,市场上住房的个人购买比例不到 25%,大多住房为国有集团购买。由于国有集团的财政预算约束性极弱,所以在购买住房时,注重住房的位置,而不在意价格的高低,拉动了北京住房价格的高涨。

2. 区域因素

所谓区域因素是指影响一个城市内部不同功能分区地价的因素。这些因素一方面取决于城市不同分区的地理环境;另一方面取决于实现分区功能对地理环境要素的要求。这里从后一角度阐述区域因素。

1) 商业区

影响不同商业区地价水平的主要因素有:①商业区经营规模、经营种类、聚集程度、竞争状况、繁华程度;②商业区腹地(吸引顾客的空间范围)大小、顾客的来源及购买力;③商业区内经营者的经营资力、资信、开拓精神;④商业区与外界的交通通达程度;⑤区内环境、街道规划设计对顾客购物(附带娱乐)的方便、舒适程度;⑥土地利用控制(如容积率、建筑密度等)状况。

2) 住宅区

影响不同住宅区地价水平的主要影响因素有:①自然景观优美程度、环境清洁程度;②距商业中心的远近、与外界的交通通达程度;③水、电、燃气、邮政、电讯、防火、垃圾处理等基础设施的配置状况;④学校、医疗、公园娱乐等公益设施的配置状况,如美国学者曾经对 1990 年波士顿地区的住房价格与附近学校的学生成绩之间的关系进行了研究,表明两者呈正相关关系;[①]⑤区内百货商店、粮店、洗理等服务状况;⑥区内街道、绿化等规划设计状况;⑦居民的人口构成、文化素养、治安状况;⑧土地利用控制状况。

3) 工业区

影响不同工业区地价水平的主要影响因素有:①与原料供应及产品外销有关的交通通达程度;②雇佣劳动力的成本;③水、电、燃气、电讯、防火等基础设施的配置状况;④相关产业的集聚程度;⑤环境污染及管制状况;⑥土地利用控制状况。

---

① Denise Dipasquale, William C. Wheaton: Urban Economics and Real Estate Markets, Prentice-Hall, Inc. 1996, p.27-28.

4）个别因素

所谓个别因素是指影响同一功能分区内不同具体地块价格差异的微观因素。

（1）宗地的位置、面积、形状、小地貌、地势、地质基础。

宗地的位置（包括是否临近街道、商服设施、通风、日照等）对地价的影响，主要表现在居住是否舒适、安全、方便，对商业来讲则为是否可以吸引更多的顾客（如街角地）。

不同的土地利用方式对面积大小有不同的要求，面积过大或过小，都会降低地价。

土地形状规则有利于土地的高效利用，地价也高，三角形、菱形、细长形、短宽形等不规则形状土地的可利用效用都较低，地价也较低。

土地高低起伏，与平坦的土地相比，提高了土地开发的成本，相对地价较低。不过，高低起伏对独户住宅或许具有较高的美学价值。

与相邻土地相比，地势较低，雨水容易漫灌，地价较低，但用于设计有地下室的大厦时，则对地价无影响。地势较高对住宅来讲，没有大的影响，但对商业来讲，会降低地价。

土质疏松、地下水位过高，会增加开发成本，因而地价较低。地质基础不稳定，容易造成建筑物变形、倒塌等损害，地价则很低。

（2）临近道路的宽窄、铺设、交通管制状况，以及给排水状况。

（3）土地利用控制状况，特别是对建筑高度和容积率的控制。地价对容积率特别敏感，如日本东京 1951—1961 年，地价对容积率的弹性为 2。

（4）建筑物与土地的组合是否得当。

（5）土地使用权年限的长短。出让土地使用权的最高年限因用途不同而异，居住用地 70 年，工业用地 50 年，教育、科技、文化卫生、体育用地 50 年，商业、旅游、娱乐用地 40 年，综合或其他用地 50 年。以转让方式取得的出让土地使用权的使用年限，为土地使用权出让合同规定的使用年限减去原土地使用者已使用年限后的剩余年限。划拨土地使用权是指以政府行政划拨方式取得的土地使用权，是以支付征地拆迁补偿费为代价或无偿取得的，没有使用年限的限制。

（二）影响建筑物价格的因素

影响建筑物价格的因素大体有以下几点。

（1）建筑构造、装修、设备。建筑物主体结构分为木结构、钢筋混凝土结构、钢筋结构等不同类别。建筑物按其所属类别的不同，价格水平有差异。不仅仅是主体部分，就是装修和设备的不同也产生价格差异。

（2）规模及高度。建筑物的规模影响单位价格，规模小则单位造价高；高层建筑由于结构、设备、地基等因素，也将引起造价上升。

（3）用途。住宅、办公楼、商厦、校舍、工业厂房等，由于建筑用途不同，价格水平各异。

（4）地区。不同地区建筑物价格水平的差异，是由于地质、气候、习俗等原因带来建筑物价格的差异。此外，生活水平的不同和生产因素的差异，也直接影响到建筑费的高低。

（5）物价水平。另外，还有建筑设计、施工质量、建筑物与环境的协调性、建筑物的新旧程度、建筑面积及建筑功能等因素也影响到建筑物价格。

九、房地产评估的原则

（一）供需原则

房地产价格是由房地产市场的供给和需求状况决定的。房地产的位置固定性决定了房地产市场是地区性市场，评估时应具体把握待评估房地产所在地区的房地产市场供需状况及发展趋势。

（二）合法原则

房地产评估应符合国家的法律法规及房地产所在地政府的有关规定。合法原则必须以估价对象的合法产权、合法使用、合法处置为估价前提的。根据《资产评估执业准则——不动产》第七条的规定，房地产评估应当在评估对象符合用途管制要求的情况下进行。对于不动产使用的限制条件，应当以有关部门依法规定的用途、面积、高度、建筑密度、容积率、年限等技术指标为依据。

（三）替代原则

在同一市场上效用相同或相似的房地产，具有较强的替代性，可替代的房地产之间在市场竞争作用下价格趋向一致。实际评估中，很难找到完全相同的交易实例，但可找到效用相同或相似、具有一定替代性的房地产作为参照物，并对其进行因素修正。

（四）最高最佳使用原则

根据《资产评估执业准则——不动产》第八条的规定，当房地产存在多种利用方式时，应当在合法的前提下，结合经济行为、评估目的、价值类型等情况，选择和使用最优利用方式进行评估。最优利用方式即房地产的最高最佳使用原则，一般指在法律允许、技术可能、经济可行的前提下，使评估对象价值达到最大的一种最可能的使用方式或用途。

（五）贡献原则

贡献原则是指房地产的某一部分（土地或建筑物）对房地产整体收益的贡献程度。贡献原则是收益法和剩余法应用的基础。收益法评估房地产价值时，应注意土地折现率、建筑物折现率和综合折现率的区别。依据房地产整体价值与其构成部分的价值，采用剩余法估算土地或建筑物的价值。

十、房地产评估的程序

自接受估价委托,到完成估价报告,房地产估价工作应按照下述程序进行。

(一) 明确估价基本事项

明确估价基本事项主要包括下列内容:①明确委托方所提出的估价目的。②明确估价对象,包括明确估价对象的物质实体状况及权益状况。估价对象的物质实体状况主要有土地面积、形状、临路状况、土地平整程度、地势、地质水文状况,以及建筑物面积、结构、平面布置、工程质量、新旧程度、装修、设施设备、楼层、朝向等。权益状况主要有土地产权性质、权属、土地使用权年限,以及建筑物的产权性质、权属,包括在估价对象上设定的抵押权等负担。估价对象的具体范围和内容,应根据估价目的,依据有关法律法规,并征得委托人认可后综合确定。③根据估价目的,确定估价时点。④明确委托人所要求的估价任务完成期限。

(二) 拟订估价项目的工作方案

拟订估价项目的工作方案主要包括:①拟采用的估价技术路线和方法;②需要调查搜集的资料及其搜集渠道;③预计所需要的时间、人力、经费等资源;④拟订工作步骤和进度计划。为保证估价项目在有限的时间及物力财力条件下,达到委托人的要求,这一步最好按照项目管理中的计划管理方法和模式进行。

(三) 搜集估价所需资料

估价所需资料包括:①对房地产价格有普遍影响的资料,以及对估价对象所在地区房地产价格有影响的资料,如国家的政策法规、国际国内政治经济发展形势、地区或地方社会及经济发展趋势、地区人口、消费、工资水平、储蓄、物价水平、建筑成本、税费、融资、城市规划、环境保护、市政交通等。②相关房地产的交易、开发成本、租售收益,及其数量、时间、区位环境、买卖动机、买卖合同条款、买卖前后的利用方式变化等实例资料。③反映估价对象状况的资料。估价人员在平时也应注意搜集所需资料,并进行核实、分析、整理。搜集资料的渠道有委托人提供、实地勘察、到政府有关部门查询、查阅有关报刊通讯、向有关咨询公司索购、同行之间相互(有偿或无偿)提供。

(四) 实地查勘估价对象

估价人员必须到估价对象现场,查勘估价对象的位置、环境、外观、结构、装修、设备等状况,并核实事先收集的有关估价对象的坐落、四至、面积、产权等资料,对估价对象及其环境和临路状况进行拍照。

(五) 进行最佳利用分析

进行最佳利用分析包括对估价对象的利用方式、利用时间、未来的市场状况作出综合分析,确定估价对象的最佳利用方式。

（六）选定估价方法并进行估算

由于各种估价方法的局限性，以及所搜集采用的各种数据资料的不确切性，因而需要综合考虑估价目的、估价对象的特点、所搜集到的资料情况，选定估价方法。一般应尽可能同时采用多种（至少两种）估价方法，以利于各种方法之间的相互印证和补充，从而尽可能消除因方法的局限性和所搜集数据资料的不确切性可能产生的不良影响，尽可能确保评估结论的客观准确性。估价方法选择的一般原则是：①有条件选用市场比较法进行估价的，应将市场比较法作为主要估价方法；②对收益性房地产如饭店、宾馆、商场、写字楼、仓库、工业厂房等，应选用收益法作为对其进行估价的方法之一；③对具有开发或再开发潜力的房地产，应选用假设开发法作为对其进行估价的方法之一；④在无市场依据或市场依据不充分，而不宜采用市场比较法、收益法、假设开发法进行估价的情况下，可采用成本法作为主要估价方法。

（七）确定估价结果

对采用不同方法评估出的结果，要进行比较分析。当各种方法评估出的结果之间差异较大时，应分析排除出现较大差异的原因。如果评估结果之间的较大差异是由于采用了某种不适宜的估价方法造成的，则应剔除该方法的评估结果。对各种方法的估算结果，从以下几个方面检查可能存在的错误：①选用的估价方法是否适宜估价对象和估价目的；②公式选用是否恰当；③参数选择是否合理；④基础数据是否准确；⑤计算过程是否有误；⑥是否符合估价原则。在对不同方法的估算结果的有效性确认之后，对有效估算结果采用简单算术平均数、加权算术平均数、中位数等数学方法计算，或根据估价目的、估价对象的特点和所搜集资料的准确程度，确定以某一种最合适的评估结果为主，并参考其他方法的评估结果，在充分考虑影响房地产价格的其他不可数量化因素的基础上，调整确定最终的估价结论。

（八）撰写估价报告

（九）估价资料归档

第二节　房地产的成本法评估

一、成本法理论

（一）基本原理

成本法（cost approach）也称累积法（summation approach）或承包商法（contractors method）。其理论基础是：一宗改良地块（improved parcel）的价格为土地价格和改良物残余价值之和。即：

$$MV = LV + IV$$

式中：MV 为市场价格；

　　　LV 为土地价格；

　　　IV 为改良物残余价值。

IV 可分成重置成本 RCN（replacement cost new）即建一同等功能建筑物的成本和折旧 D（depreciation）两部分。公式可写为：

$$MV = LV + (RCN - D)$$

成本法要求对土地价格、折旧以及建筑改良物在估价时点的现时成本进行评估。从现时成本中减去折旧得到改良物的评估价格，然后将土地价格加到改良物价格中就得到房地产价格。

替代原则在成本法中体现为，一个房地产买主所付出的价格，绝不会高于他购买一块空地，并在没有造成严重损失的延误工期的情况下，建筑一具有同等功能的替代建筑物的总代价。价格的确定遵循合理利润最大化原则，以便包括直接和间接成本。市场竞争将利润率限制到合理的水平，这样，当市场处于均衡状态时，新建筑物价格就等于建筑成本（包括相当于资本投资机会成本的合理利润）。

成本法最适用于折旧较少和建筑成本易于评估的新建筑物评估，它也适用于折旧额能够准确估计的旧建筑物评估，以及市场交易数据资料缺乏的房地产类型评估。比如，工业房地产，以及特殊用途房地产就较适宜用此方法。房屋保险价值也适宜用成本法评估。成本法还可用来验证其他评估方法的评估结果。

除了建筑物成本和市场资料，成本法还要求搜集有关拟评估改良物的描述性资料，这些资料应从房地产的物质调查中收集。一个典型的调查记录应包括：设计用途、空间范围和面积、层数和高度、地基、地下室、结构、围墙、屋顶、内部装饰和环境、水管装置和沐浴设施、冷暖装置、通电设施、停车处、其他附属改良物、建筑年代和实际已使用年限。从这些资料中，估价师能判断建筑物的整体质量和房地产条件。估价师也应当具有判定功能的效用，即判定评估标的物满足市场标准和要求的能力。功能的效用受建筑设计、环境、外观的影响。不适当的设计、较差的自然采光、不当的房间面积大小、暖气和冷却装置的不足等都是对价格损失有较重要影响的因素。这些状况应在折旧估计中予以注意。

（二）成本法估价步骤

成本法的估价步骤为：①搜集有关估价对象的邻里环境、宗地特征、建筑改良物成本、税费、开发利润等资料；②估算土地价格；③估算建筑改良物在全新状态下的重置成本或重建成本；④估算建筑改良物的折旧；⑤估算附属改良物的重置成本及折旧；⑥求出房地产价格。

二、重置成本估算

（一）建筑物重置成本的构成

在估价中，成本由完成建筑改良物并把它交到买主手中的所有必要花费组成。成本包括直接成本和间接成本。直接成本有原材料、劳动力、管理、设备租金、公共事业费用。间接成本有设计和工程咨询费、建筑审批费、权利转让和法律费、保险费、股份和有关建筑贷款利息、各项税费、广告和销售费用，以及合理的营业费用和开发商利润。建筑改良物的重置成本构成项目划分如图4-10所示。当编制成本表时，评估者应对所有成本都予以说明。所用成本估计资料应反映当地的市场现状。

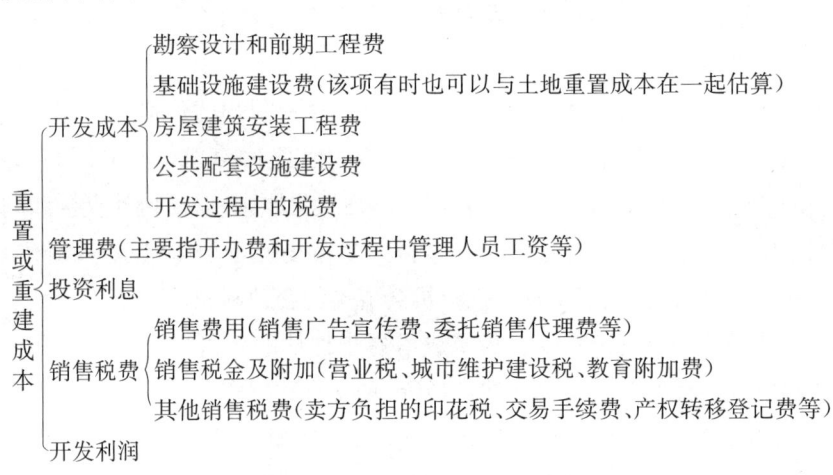

图 4-10　建筑物重置或重建成本构成项目

（二）建筑物重置成本估算

《房地产估价规范》（GB/T 50291—2015）中规定，建筑物的重置成本可以采用分部分项法、工料测量法、单位比较法进行估算。前两种方法都可归属于重置成本的重置核算法，单位比较法则属于市场法在重置成本估算中的应用。

1. 重置核算法

以分部分项法为例，建筑物的重置成本包括以下内容。

（1）专业费用。专业费用包括市场调研、规划设计、可行性研究、工程设计、工程招投标等费用，通常按照建筑安装工程费的一定比率来估算。

（2）建筑安装工程费。建筑安装工程费是向建筑承包商支付的费用，按照工程造价形成分为分部分项工程费、措施项目费、其他项目费、规费、税金。分部分项工程费由各分部分项工程量与其相应综合单价乘积之和来计算。房屋建筑与装饰工程的分部分项工程包括土石方工程、地基处理与桩基工程、砌筑工程、钢筋及钢筋混凝土工程。综合单价包括人工费、材料费、施工机具使用费、企业管理费和利润，以及一定范围的风险费用。措施项目费是发生于施工前和施工过程中的技术、生活、安全、环境保护等方面的费用。其他项目费包括暂列金额、计日工、总承包服务费。规费包括社会保险费、住房公积金、工程排污费。税金(这里指建筑承包商缴纳的税金)指应计入工程造价的增值税、城市维护建设税、教育费附加,以前述几项费用之和乘以税率计算。实际评估工作中,也可以先将评估对象建筑物分成数个分部或分项工程,然后利用建筑工程概算定额查出各分部或分项工程的单位成本,分别乘以各分部分项工程的工程量,得到各分部分项工程的成本,累加求得建筑总成本,再加上间接费、利润等估算出建筑安装工程重置造价,如表4-1所示。

(3) 管理费用。以专业费用和建筑安装工程费用之和的一定比例估算。

(4) 销售费用。按待求建筑总价格的一定比例估算。

(5) 资金成本。假定上述四项总和开发资金在建设起均匀投入的情况下,可以额定或正常开发工期的1/2的时间和适当的贷款利率来估算。

(6) 销售税费。按待求建筑总价格的一定比例估算。

(7) 合理开发利润。利润估算以上述的(1)(2)项之和,或(1)至(4)项之和,或(1)至(5)项之和,或待求建筑总价格为基数,乘以相应的利润率求得。利润率按照计算基数的不同有直接成本利润率、投资利润率、成比利润率、销售利润率。

表 4-1　某建筑分部分项法建筑安装工程重置造价估算　　　　单位:元

土石挖方	129 600(5 400×24)
楼地板	400 400(5 200×77)
外墙壁	240 000(3 000×80)
屋架	780 000(5 200×150)
内墙	20 000(1 000×20)
天花板	70 000(1 750×40)
门窗	10 000
管道	15 000
电力系统	12 000
冷暖及通风系统	20 000
五金及其他成本	8 000
直接成本合计	1 705 000
间接成本(10%)	170 500
利润(10%)	187 600
建筑安装工程重置造价	2 063 000

2. 单位比较法

单位比较法是一种简便、迅速、应用广泛的成本估价法。它将所有直接成本和间接成本相加,然后用一恰当的单位数量(平方米或立方米)去除,即得到每单位成本。比较单位成本可从成本服务机构或从标准及相似建筑的实际成本分析中得到。这些成本按类型和建筑特性、规模、形状等特征列表,作为评估参照基准。同其他成本估价法一样,其准确度取决于分析所用资料的质量。比较单位的选择根据不同房地产类型标准而定。通常,对住宅和商业建筑,选用每平方米成本作为比较单位。仓库和工业建筑物用单位立方米成本作为比较单位。由于单位成本会因建筑规模、建筑质量的不同而有差异,所以一般还要根据估价对象建筑物的具体特征情况,对所估算成本作调整。如表 4-2 所示,单位比较法虽然不如工料测量法和分部分项法准确,但对有丰富的建筑工程知识和实际经验的估价师来说,也能确保重置成本评估价的可信性。

表 4-2 某独户式住宅重置成本的单位比较法评估

可比较单位重置成本(参照基准)	800 元/建筑平方米
规模及形状修正系数	1.05
基本总成本	400×1.05×800=33.6(万元)
加其他修正项目(空调、厨房设备)	1.2 万元
加车库及院落开发成本	2 万元
总重置成本	35.8 万元

3. 指数调整法

指数调整法是用一适当的建筑物成本指数作为趋势因子,对估价对象建筑物的历史成本加以调整,以得到建筑物的重置成本。这种方法用来评估不能得到可与比较的成本数据资料情况下的建筑物评估。评估大宗工业房地产时,若用工料测量法和分部分项法准确估算,需花费很长的时间,此时就可以采用指数调整法作概略估算。指数调整法也可用来印证用其他成本估价法得到的结论,它特别适用于建成使用不久的房地产。比如:一座 200 床位的普通医院,9 年前花费 7 853 000 元建成(不包括土地、动产、场地改良的成本)。该类房地产建筑成本指数表明,自 9 年前至今医院建筑成本已增长 68.3%,指数调整法评估的重置成本为,7 853 000 元×1.683=1 321.66(万元)。该方法的准确程度取决于对建筑成本指数和历史成本估计的准确性。

(三) 土地(重置)价格估算

土地价格的估算可以用市场比较法、类似房地产价格的建筑成本扣除法、基准地价修正法、土地重置(取得)成本估算法等求得。估算地价时要注意修正土地剩余使用权年限对地价的影响(详见比较法)。该部分成本既可能是一般意义上的土地价格,也可能是包括了场地范围内基础设施建设费的土地价格,具体构成内容视情况而定,但注意不可漏估或重复估算。

在我国房地产市场交易的只是土地使用权,因而评估业务中只涉及土地使用权价格的评估。就土地使用权评估而言,成本法一般适用于新开发土地的估价。特别适用于土地市场不发达,土地成交实例不多,或无收益等无法利用市场法和收益法等方法进行评估的土地的估价,如学校公园、教堂等用地的评估。但由于土地的价格大部分取决于它的效用,并非仅仅是它所花费的成本,也就是说,由于土地成本的增加并不一定会增加它的使用价值,所以成本法在土地估价中的应用范围受到一定限制。也有学者认为成本法不适用于评估地价。

1. 土地使用权价格的成本构成

用成本法评估地价必须分析地价中的成本因素。土地作为一种稀缺的自然物,即使未经开发,但由于土地所有权的垄断,使用土地也必须支付地租。同时,由于开发土地投入的资本及利息也构成地价的一部分,再加上一定的利润和土地增值收益,就构成了土地价格。成本法的基本公式为:

土地价格＝土地取得费＋土地开发费＋利息＋利润＋土地增值收益①

2. 各项指标的估算

1) 计算土地取得费

土地取得费是为取得土地而向原土地使用者支付的费用和向国家支付的有关税费。向原土地使用者所支付的费用分为两种情况:

(1) 国家征用集体土地而支付给农村集体经济组织的费用包括土地补偿费、地上附着物和青苗补偿费及安置补助费等。关于征地费用各项标准,《中华人民共和国土地管理法》第 47 条明确规定:征用耕地的补偿费用包括土地补偿费、安置补助费以及地上附着物和青苗的补偿费。征用耕地的土地补偿费,为该耕地被征用前 3 年平均产值的 6～10 倍;征用耕地的安置补助费,按照需要安置的农业人口数计算。需要安置的农业人口数,按照被征用的耕地数量除以征地前被征用单位平均每人占有耕地的数量计算。每一个需要安置的农业人口的安置补助费标准,为该耕地被征前 3 年平均年产值的 4～6 倍。但是,每公顷被征用耕地的安置补助费,最高不得超过被征用前 3 年平均年产值的 15 倍。征用其他土地的土地补偿费和安置补助费标准,由各省、自治区、直辖市参照征用耕地的土地的土地补偿费和安置补助费的标准规定。被征用土地上的附着物和青苗的补偿标准,由省、自治区、直辖市规定。征用城市郊区的菜地,用地单位应当按照国家有关规定缴纳新菜地开发建设基金。按照以上规定支付土地补偿费和安置补助费,尚不能使需要安置的农民保持原有生活水平的,经省、自治区、直辖市人民政府批准,可以增加安置补助费。但是,土地补偿费和安置补助费标准的总和不得超过土地被征用前 3 年平均产值的 30 倍。在特殊情况下,国务院根据社会经济发展水平,可以提高被征用耕地的土地补偿费和安置补助费标准。

---

① 这里的税费已经分别在土地取得费和土地开发费中计算。

（2）为取得已利用城市土地而向原土地使用者支付的拆迁费用，这是对原城市土地使用者在土地上投资未收回部分的补偿，补偿标准各地均有具体规定。

2）计算土地开发费用

一般来说，土地开发费用涉及：基础设施配套费、公共事业建设配套费、小区开发配套费、与土地开发有关的税费。

（1）基础设施配套费。对于基础设施配套常常概括为"三通一平"和"七通一平"。"三通一平"指：通水、通路、通电、平整地面。"七通一平"指：通上水、通下水、通电、通讯、通气、通热、通路，平整地面。作为工业用地，"三通一平"只是最基本的条件，还不能立即上工业项目，只有搞好"七通一平"，项目才能正常运行。因此，作为基础设施配套费用应以"七通一平"为标准计算。

（2）公共事业建设配套费用。主要指邮电、图书馆、学校、公园、绿地等设施的费用。这与项目大小、用地规模有关，各地情况不一，视实际情况而定。

（3）小区开发配套费。同公共事业建设配套费类似，各地根据用地情况确定合理项目标准。

（4）有关税费。

3）计算投资利息

在土地评估中，投资者贷款需要向银行偿还贷款利息，利息应计入成本；投资者利用自有资金投入，也可以看作损失了利息，属于投资机会成本，也应计入成本。

在用成本法评估土地价格时，投资包括土地取得费和土地开发费两大部分。由于两部分资金的投入时间和占用时间不同，土地取得费在土地开发动工前即要全部付清，在开发完成销售后方能收回，因此，计息期应为整个开发期和销售期。土地开发费在开发过程中逐步投入，销售后收回，若土地开发费是均匀投入，则计息期为开发期的一半。若土地开发费是非均匀投入，则计息期为各年投入的年中到销售期末。

4）计算投资利润

该利润计算的关键是确定利润率或投资回报率。利润率计算的基数可以是土地取得费和土地开发费，也可以是开发后土地的地价。计算时，要注意所用利润率的内涵。

5）土地增值收益确定

土地增值收益主要是由于土地的用途改变或土地功能变化而引起的。由于农地转变为建设用地，新用途的土地收益将远高于原用途土地，必然会带来土地增值收益。由于这种增值是土地所有权人允许改变土地用途带来的，应归整个社会拥有。根据计算公式，前四项之和为成本价格，成本价格乘以土地增值收益率即为土地所有权收益。目前，土地增值收益率通常为 10%～25%。

3. 应用举例

【例 4-1】 待估对象为一新开发土地，因无收益记录和市场参照物，只得用成本法进行评估,有关数据资料如下:土地取得费(含拆迁补偿、安置费和耕地占用税等)为 120 元/平方米,土地开发费 1.5 亿元/平方千米,当地银行 1 年期贷款利率 9%,2 年期贷款利率 10%,土地开发周期为 2 年,第一年投资占总投资的 3/4,利润率为 10%,当地土地出让增值收益率为 10%,试估算该地产的市场价值。

(1) 土地取得费＝120(元/平方米)

(2) 土地开发费＝1.5 亿元/平方千米＝150(元/平方米)

(3) 土地取得费的计息期为 2 年,土地开发费为分段均匀投入,则:

土地取得费利息 $= 120 \times 10\% \times 2 = 24$(元/平方米)

土地开发费利息 $= 150 \times \dfrac{3}{4} \times 10\% \times 1.5 + 150 \times \dfrac{1}{4} \times 9\% \times 0.5 = 19$(元/平方米)

(4) 开发利润＝[(1)＋(2)]×10%＝(120＋150)×10%＝27(元/平方米)

(5) 土地价格＝[(1)＋(2)＋(3)＋(4)]×(1＋10%)
　　　　　＝(120＋150＋24＋19＋27)×(1＋10%)
　　　　　＝374(元/平方米)

因而,被评估地产的公平市场单价为 374 元/平方米。

三、建筑物贬值(折旧)的估算

(一) 建筑物贬值的原因

建筑物贬值有三个主要原因(或方面):实体性损耗(physical deterioration)、功能性衰退(functional obsolescence)、经济性贬值(economic obsolescence)。

1. 实体性损耗

实体损耗是由于磨损和自然力等造成的价值损失。实体损耗的原因有:正常的使用、长期磨损、管理疏忽、虫蛀、朽腐、潮湿、自然力。保养得好可以减缓实体损耗,但不能完全避免。实体损耗可分为可修复的和不可修复的两类。对损耗进行维修所增加的价值等于或超过维修成本,则是可修复的实体损耗。精明的房地产业主经常会作这种维修,以改善维修对象从而延缓实体损耗。不可修复的实体损耗是指在估价时点,进行维修所增加的价值小于维修费用。有些不易观察到的实体构成如建筑物结构、地下室和天花板结构等,更可能遭受到不可修复性实体损耗。

2. 功能性衰退

功能性衰退是指,建筑物所应该具有的功能,在估价时点却已经丧失,从而产生经济损失。它是由于需求、设计、工艺技术的改变,通常以不完善的设备(如只有一个卫生间)、不符合现代需求(如过时的厨房)或超规格(如过高的天花板)等形式出现。有时,建筑物某一组成部分的缺点也可影响整个建筑物的效用。例如,装配在一旧房屋中的电力管线,不能满足现代家庭对电力负荷的需求。功能性衰退依据在估价时点修复是否经济,分为可修复和不可修复两类。可修复性功能性衰退包括冷暖设备的不足、过时的浴室或厨房装置、太小的热水器、每个房间太少的电源插座、商业或工业建筑中悬置太低的管道、缺乏通风设备等。在这些例子中,对这些问题的改善所增加的价值通常超过成本。对这些可修复性功能衰退,以将所预期的项目添置到现有建筑物上的修复成本,与安装到新建筑物上的成本差,作为在估价时点对功能性衰退的度量。例如,在现有建筑物上安装一通风设备成本 12 000 元,在新建筑物上安装同样的设备成本 9 000 元,过多的修复成本是 3 000 元。一般来讲,过多的修复成本反映了在现有建筑物上安装组件的劳动成本。当改善条件的成本超过所增加的价值时,为不可修复性功能衰退,例如,过时的设计、较差的室内布置、无汽车房(无建筑空间)、仓库无足够的专用空间、商业建筑中无足够的临街面。有时,完整的建筑物却因所处区位而产生功能性衰退,如在邻里中心的一大型商业建筑物,或城市商业中心的小型低质量建筑物。

3. 经济性贬值

经济性贬值也称区位或外在衰退,是由于房地产的外在因素导致效用和价值降低,造成经济损失。经济性贬值通常是由市场变化或政府行为导致房地产最佳用途改变而引起的。如不足的公共设施,零售商业区缺少足够的停车场所,居住区狭窄的街道和拥挤的交通,或接近不适宜的工业土地利用。

(二)贬值的估算

贬值估算的方法有市场提取法、分解法、年龄-寿命法。

市场提取法是选取不少于三个与评估对象建筑物具有类似贬值状况的可比实例,从可比实例成交价格中减去土地重置成本得到贬值后的建筑物价值,比较建筑物重置成本与贬值后价值得到贬值额,用贬值额除以可比实例的实际已使用年限(有效年龄)得到年贬值率。

分解法是分别测算实体性贬值、功能性贬值、经济性贬值。

年龄-寿命法通常按照直线贬值法,建筑物贬值额为 $\dfrac{(c-s)t}{n}$。其中,c 为建筑物重置价格或重建价格,s 为预计建筑物在经济耐用年限末的净残值,t 为建筑物实际已使用年限,n 为建筑物的总经济耐用年限。

建筑物的实际已使用年限是根据建筑物的施工、使用、维护和更新改造等状况,在建筑物的"房龄"基础上适当加减调整得出。建筑物的经济耐用年限从建筑物竣工验收合格之日起计算。非住宅建筑物的经济耐用年限长于土地使用权年限,且土地出让合同约定土地使用期限届满无偿收回土地使用权及地上建筑物的,建筑物经济耐用年限截止到土地使用权期限届满。各种房屋的经济耐用年限和残值率的参考值,如表4-3所示。

表 4-3　房屋的经济耐用年限和残值率参考值

房屋结构类型	结 构 描 述	经济耐用年限(年)			残值率
		生产用房	受腐蚀生产用房	非生产用房	
钢结构	承重部分为钢结构	70	50	80	
钢筋混凝土结构(框架、剪力墙、筒体结构)	全部或承重部分为钢筋混凝土结构,包括框架大板与框架轻板结构等。该类房屋一般设备齐全,内外装修良好	50	35	60	0
砖混一等	部分钢筋混凝土,主要是砖墙承重的结构。外墙部分砌砖、水刷石、水泥抹面或涂料粉刷,有阳台,内外设备齐全的单元式住宅或非住宅房屋	40	30	50	2%
砖混二等	外墙是清水墙,无阳台,内部设备不全的非单元式住宅或其他房屋	40	30	50	2%
砖木一等	材料上等、标准较高的砖木(石料)结构。外部一般有装修,内部设备完善的庭园式或花园洋房等高级房屋	30	20	40	6%
砖木二等	结构正规,材料较好,外部一般无装修,室内有专用上下水道等设备的普通砖木结构房屋	30	20	40	4%
砖木三等	结构简单,材料较差,室内无专用上下水道等设备的低级砖木结构房屋	30	20	40	3%
简易	简易楼、平房、木板房、土草房等	10	0		

四、成本法应用举例

【例 4-2】　某厂房的建设用地使用权于 2012 年 9 月 30 日以出让方式取得,不可续期(到期建筑物不予补偿);建筑物为钢筋混凝土结构(经济耐用年限 60 年,残值率 0),于 2013 年 9 月 30 日建成,建筑面积 10 000 平方米,容积率为 1.25。经调查,2022 年 9 月 30 日,类似工业用途 50 年建设用地使用权的取得价格为 1 500 元/平方米,取得税费为取得价格的 4.5%。该建筑物重置成本为 2 376 元/平方米。房屋门窗、屋顶破损修复需要 30 万元。因设计原因导致空调系统比正常每年多耗电 0.5 万元,企业所得税率为 25%。土地报酬率为 7%,房地产(综合)报酬率为 8%。以 2022 年 9 月 30 日为价值时点,计算(1)建设用地使用权的市场价值;(2)建筑物的市场价值;(3)该房地产的总价值。

（1）在评估基准日的建设用地使用权剩余年限为 40 年。

$$土地单价 = 1\,500 \times (1+4.5\%) \times \frac{1-\dfrac{1}{(1+7\%)^{40}}}{1-\dfrac{1}{(1+7\%)^{50}}} = 1\,514(元／平方米)$$

$$土地总价 = 1\,514 \times 10\,000 \div 1.25 = 1\,211.20(万元)$$

（2）建筑物的重置成本 = $2\,376 \times 10\,000 = 2\,376$(万元)。

评估基准日建筑物已经使用 9 年,因土地到期不可续期且建筑物不予补偿,因而剩余经济耐用年限为 40 年。

$$建筑物的实体性贬值 = (2\,376-30) \times (9 \div 49) + 30 = 460.90(万元)$$

$$建筑物的功能性贬值 = 0.5 \times (1-25\%) \times \frac{1}{8\%} \times \left[1 - \frac{1}{(1+8\%)^{40}}\right] = 4.47(万元)$$

$$建筑物的市场价值 = 2\,376 - 460.9 - 4.47 = 1\,910.63(万元)$$

（3）房地产总价值 = $1\,211.20 + 1\,910.63 = 3\,121.83$(万元)

第三节　房地产的比较法评估

一、比较法基本原理

比较法又称交易实例比较法、现行市价比较法等,它是将估价对象房地产与在估价时点近期已经发生的类似房地产交易实例进行比较,通过对交易实例的价格进行适当修正,以此估算出估价对象的市场价值的方法。类似房地产是指与估价对象在同一供求圈内,并在用途、规模、档次、建筑结构等方面,与估价对象相同或相近的房地产。市场比较法的理论依据是经济学中的替代原理,即相同效用的房地产价格相同,效用低的房地产价格也较低。

比较法适用于房地产市场发育程度较好、有较多交易实例发生的地区或房地产类型。像教堂、寺庙、学校、古建筑等很少有交易发生的特殊类型房地产,就不适用于比较法。比较法要求在与估价对象具有替代关系、价格会相互影响的适当空间范围内(或称同一供求圈),有较多的类似房地产交易实例,以便于获得较充分的市场交易信息,通过市场比较,评估出尽可能符合市场行情的估价对象房地产价格。

在房地产市场比较发育,交易实例资料比较丰富的地区,市场比较法除了可直接用于评估房地产价格外,还可用于其他评估方法中有关参数的求取。例如,可以用市场比较法先求取在估价对象上拟开发房屋的未来市场租售价,再采用假设开发法估算其土地价格;可用市场比较法求取估价对象房地产的租金或净收益,再用收益法估算房屋或土地的价格。国外也有用比较法求取成本法中的应扣除折旧额的。

二、比较法估价步骤

(一) 搜集交易实例

运用市场比较法进行估价,需要搜集并拥有大量翔实的交易实例,以利于掌握市场价格行情,保证估价结果的客观准确性。搜集的交易实例内容包括以下几点。

(1) 交易双方的情况及交易目的。交易双方情况包括交易者的名称、性质、法人代表、住址等基本情况,特别是还要说明交易双方是否是在公开市场条件下,进行公平自愿的交易,即属于正常交易还是非正常交易。交易目的是指交易双方为什么而交易,一般包括买卖、入股、抵债、置换等目的。

(2) 交易实例房地产状况。一般包括:①坐落位置、形状、面积;②地质条件及周围的社会文化环境条件;③购物及交通等基础设施和公共设施条件;④土地利用现状与规划条件;⑤有关建筑物的基本情况;⑥产权状况。

(3) 成交价格及成交日期。成交价格包括房地产总价格、房屋总价格、土地总价格、单价、单位面积租金等内容,以及价格类型、价格水平、货币种类及货币单位等情况。有时在成交价格中可能包括家具、营业设备等非房地产财产的价格,需要从中剔除。

(4) 付款方式。付款方式包括一次付清、分期付款、抵押贷款、租金支付等方式,对各种方式的付款期限、利率条件、折扣等影响真实价格的因素,都要作尽可能详细的调查记录。搜集房地产交易实例时,估价人员最好针对不同类型房地产,事先制作统一的交易实例调查表格,如表4-4所示,既避免遗漏重要事项的调查,又利于数据库的建立。

表4-4　交易实例调查表

名　称					
坐落		(规划)用途		产权状况	
卖方					
买方					
成交价格		货币种类		成交日期	
付款方式					
个别因素说明	面积				
	形状				
	地貌				
	……				

(续表)

区域因素说明	商服繁华度	
	交通通达度	
	景观	
	……	
交易情况说明		
坐落位置简图	建筑平面简图	

资料来源		调查日期		调查人	

搜集房地产交易实例的主要途径有:①查阅政府有关部门关于房地产交易的申报登记资料;②查阅各种报刊上关于房地产租售的信息;③"假冒"房地产购买者,与房地产经办人和交易当事人洽谈,了解各种信息;④通过各类房地产交易展示会,索取资料、掌握信息;⑤同行之间相互提供信息资料;⑥其他途径获取资料。所有渠道获取的交易实例资料,都要进行核实,以保证评估结果的可信性。

(二)选取可比交易实例

可比交易实例即可用作比较参照的交易实例,选取可比实例就是从已搜集和积累的大量交易实例中,选取与估价对象房地产条件相同或相似的、成交日期与估价时点相近的、成交价格为正常价格或可修正为正常价格的交易实例。运用市场比较法估价,应根据估价对象状况和估价目的,从搜集的交易实例中选取3个以上的可比实例。如果可比实例少于3个,则其代表性较差,难以客观地反映市场状况,可能造成估价结果出现偏差。

所选取的可比交易实例,应符合下列要求。

(1)是与估价对象类似的房地产。具体是指:①与估价对象房地产的用途应相同。用途是指房地产的具体利用方式,可按大类和小类划分。大类用途如:商店、办公楼(写字楼)、酒店、旅馆、住宅、工业厂房、仓库等。小类是在大类用途的基础上进一步细分。例如,住宅,可细分为普通住宅、高档公寓、豪华别墅等。②与估价对象房地产的建筑结构应相同。这里主要指钢结构、钢筋混凝土结构、砖混结构、砖木结构、简易结构等大类结构。如果能在大类建筑结构下再细分出的小类建筑结构也相同则更好,如砖木结构,进一步可分为砖木一等、二等,等等。③与估价对象房地产所处地段应相同。即可比实例与估价对象房地产应处于具有相同经济、社会、环境特征的同一区域或邻近地区,或处于同一供求圈内或同一级别土地范围内。

(2)成交日期与估价对象房地产的估价时点相近。所选择的可比实例房地产的成交日期距估价时点的间隔越短,在进行交易日期修正时准确性越高。因此最好选择距估价时点一年内成交的房地产买卖作为可比实例。

（3）成交价格为正常价格，或可修正为正常价格。所谓正常价格是指在公开的房地产交易市场上，交易双方均了解市场信息，以平等自愿的方式达成的交易价格。如果市场上正常的交易实例较少，不得不选择非正常交易实例作为可比实例时，则也可选取交易情况明了且可修正为正常价格的交易实例作为可比实例。

非正常交易是由于交易行为中的某些特殊因素造成的，概括起来有：①有利害关系人之间的交易。如父子之间、亲友之间、有利害关系的公司之间、公司与其职员之间的房地产交易价格，通常都低于市场价值。②急于出售或者急于购买情况下的交易。前者易造成价格偏低，后者则往往偏高。③受债权债务关系影响的交易。一般交易价格偏低。④交易双方或者一方获取的市场信息不全。如果买方不了解市场行情，盲目购买，则交易价格往往偏高；如果卖方不了解市场行情，盲目出售，则交易价格往往偏低。⑤交易双方或者一方有特别动机或特别偏好的交易。⑥相邻房地产的合并交易。假如买方在购买相邻房地产后，与其原有房地产（面积过小）合并，将增加原有房地产的效用时，相邻房地产拥有者会因此抬高价格，迫使买方以高于正常价格购买。⑦特殊方式的交易。如以拍卖方式成交的价格，一般多高于市场正常价格；政府以招标方式出让土地使用权时，因注重投标方案的整体效用，故招标的成交价格可能偏高，也可能偏低。在拍卖或招标的公告期过短或公告影响范围过小时，成交价格可能会偏低。⑧交易税费非正常负担的交易。如土地增值税本应由卖方负担，但双方却私下协议由买方缴纳；交易手续费本应由双方各负担一部分，而实际上却由买方负担；契税本应由买方负担，却协议由卖方缴纳等等，这些都会造成交易价格的不正常。

（三）建立价格可比基础

选取可比交易实例后，应对可比实例成交价格的表达方式和内涵进行统一，以便进行交易情况、交易日期、区域因素、个别因素的修正。所选取的若干个可比实例之间及其与估价对象之间，可能在付款方式、成交单价、货币种类、货币单位、面积内涵和面积单位等方面存在不一致，从而无法进行直接的比较修正，因此，需要对它们的表达方式和内涵进行统一，以便进行比较修正。具体内容包括统一付款方式、统一采用单价、统一货币种类和货币单位、统一面积内涵和面积单位。不同货币种类之间的换算，按照成交时中国人民银行公布的市场汇率中间价计算。

（四）进行多方面差异因素修正

1. 进行交易情况修正

进行交易情况修正，是为了排除可比实例交易行为中的某些特殊因素所造成的成交价格偏差，将其成交价格修正为正常价格。进行交易情况修正的一般步骤为：①测定各特殊因素对房地产交易价格的影响程度，分析比较相对于正常交易情况而言，特殊情况下的房地产交易价格可能产生的偏差大小。测定方法可以利用已掌握的同类型房地产交易资料分析计算,确定修正比例或系数。也可以由估价人员根据长期的实践经验,判断确定修正比例或系数。②利用修正系数,修正求得可比实例的正常价格。

2. 进行交易日期修正

即将可比实例在其成交日期时的价格修正到估价时点价格。交易日期修正的方法一般有:①采用房地产价格变动率进行修正;②利用房地产价格指数进行修正;③在无法取得房地产价格指数或变动率的情况下,估价人员可以根据当地房地产价格变动情况和发展趋势,以及自己的经验积累进行判断,加以修正。此外,房地产价格还可以通过分析房地产价格随时间而变动的规律,采用时间序列分析方法,建立房地产价格-时间模型来求取。

3. 进行区域因素修正

区域因素修正,是将可比实例在其外部区域环境下的价格,调整为估价对象的外部区域环境下价格,即将可比实例与估价对象的区域因素进行比较,找出由于区域因素优劣所造成的价格差异,进行调整。区域因素修正的方法主要有两种:①直接比较修正法,即以估价对象房地产的各项区域因素状况为基准,与可比实例相对应的区域因素逐项比较,然后确定修正比率。②间接比较修正法,即以设定的某标准房地产的各项区域因素为基准,将估价对象和可比实例的区域因素与其相比较,并根据比较结果逐项打分,然后再将分值转化为修正比率。用修正比率乘以可比实例交易价格,即可得到可比实例在估价对象区域环境下的修正价格。

房地产价格区域因素修正的方面主要包括:①繁华程度,是指城市中某些职能在空间上的集聚,对企业单位和居民产生吸引力,从而影响房地产收益和利润的程度。商业繁华程度可以从商业的集聚规模和服务等级两方面进行分析。②交通便捷程度,是指在空间地域上人们上下班、上学、走亲访友或购物等等往来的可达及便利程度。反映交通便捷程度的因素主要包括道路功能及宽度、道路网密度、公交便捷程度和对外交通设施的分布状况。③环境,主要包括自然和人文环境条件及环境质量。环境质量是指区域大气、水、噪声的污染程度。④景观,包括人文景观和自然风景。⑤公共设施配套完备程度,包括城市基础设施和社会(生活)服务设施两部分。反映其完备程度的指标主要有设施水平、设施的保证率和齐备程度。

4. 进行个别因素修正

个别因素主要是指房地产的实物状况和权益状况。修正的方法是将可比实例的个别因素状况下的价格,调整为估价对象的个别因素状况下价格,即将可比实例与估价对象的个别因素进行比较,找出由于个别因素优劣所造成的价格差异,进行调整。修正的方法与区域因素修正方法一样,可以直接比较修正,也可以间接比较修正。个别因素修正的内容主要包括:①土地个别因素修正,包括面积大小、形状、临路状况、土地平整程度、宗地内的基础设施完备程度、地势、地质水文状况、规划管制条件、土地使用权年限等因素修正;②建筑物个别因素修正,包括新旧程度、装修、设施设备、平面布局、工程质量、建筑结构、楼层、朝向等因素修正。年限修正系数为：

$$\left[1-\left(\frac{1}{1+r}\right)^m\right]\div\left[1-\left(\frac{1}{1+r}\right)^n\right]$$

式中：r 为折现率；

m 为估价对象剩余使用年限；

n 为可比交易实例在成交日期的剩余使用年限。

在交易情况修正方面，我们往往把评估对象的交易情况作为标准，因而通常会把交易情况修正系数写作 100/（　　）。100 表示评估对象交易情况为 100，（　　）填写交易实例的交易情况所导致的交易价格偏高或偏低的比例，如偏高且偏高 5% 则为 105，偏低且偏低 5% 则为 95。譬如说有买卖双方在合同中约定，交易价格为 300 万元，卖方应负担的税费为交易价格 8%，约定全部由买方负担。显然合同中的 300 万元交易价格不是正常交易即买卖双方各自负担税费情况下的正常交易价格，交易价格相对正常价格偏低 8%，因而将 300 万元修正为正常交易价格，因税非正常负担导致的交易情况修正系数为 100/92。正常价格等于 300 乘以 100/92 即 326 万元。

在交易日期修正方面，我们往往习惯于把交易案例的交易时间当作标准时间，研究从标准时间到价值时点同类房地产的价格水平的变化，价格变化的比率等。因而，通常就会把时间修正系数写作（　　）/100。100 表示以交易案例交易时间的价格水平为标准 100，（　　）是在价值时点相比于交易标准时间的价格水平。当已有市场公认的同类房地产定基价格指数时，时间修正系数就是（　　）/（　　），分子分母分别代表价值时点和实例交易时间的定基价格指数。

在区域因素和个别因素修正方面，往往把评估对象的区域因素及个别因素状况作为标准，因而这两方面的因素修正系数也写作 100/（　　）。而实际上，这两方面因素里面又细分为多个子因素，有些子因素修正是交易实例和评估对象在子因素方面的直接比较，通常修正系数为 100/（　　）；而有些子因素评价可以有相对统一客观的评价标准，是两者之间在某个子因素方面的间接比较，修正系数就是（　　）/（　　）。进行因素修正时，各单项因素修正幅度一般不宜超过 20%。

（五）确定比较价值

在对各交易实例分别进行多方面差异因素修正，得到修正后的价值结果。每一修正结果的综合修正幅度一般不宜超过 30%；可比实例价格修正后得到结果的最高价与最低价之比不宜大于 1.2。将修正后的结果进行算术平均或加权平均，得到市场法评估结果。

1. 简单算术平均法

例如，可比实例 A、B、C 经比较修正后的估价时点价格分别为 1 000 元/平方米、1 078 元/平方米、1 100 元/平方米，如果认为这三个价格具有同等重要性，则可求得一个综合结果，即综合结果为 $\frac{1\,000+1\,078+1\,100}{3}$ 等于 1 059 元/平方米。

2. 加权算术平均法

上例中,若认为可比实例 C 与估价对象房地产的情况最为接近,A 次之,B 最差,则相应赋予权数为 45%、35%、20%,则可求得一综合结果为(1 000×35%+1 078×20%+1 100×45%)等于 1 061(元/平方米)。

三、基准地价修正法

基准地价修正法是将基准地价作为比较法中的"可比实例",然后对基准地价进行交易日期、区域因素、个别因素修正,得到某一宗地价格的评估方法。基准地价水平和基准地价修正系数,应以当地政府公布的标准作为估价依据。比如,某城市的一宗土地,城市规划批准为住宅用地,该宗地的基本情况和修正系数及计算过程如表 4-5 所示。

表 4-5　某宗地地价(2022.12.22)的基准地价修正法评估计算表

修正因素			修正因素状况	修正系数	计算过程及结果(元)
基准地价 7 800 元/平方米(70 年)					7 800
基准地价(2019.6.30)的估价时点修正			年上涨 3%	110%	7 800×110%=8 580
区域因素	繁华程度	距离城市商业服务中心	3 000 米	0.73%	8 580×1.067 1=9 156
		距离区级商业服务中心	400 米	1.45%	
		距离小区级商业服务中心	220 米	0.73%	
	交通条件	距离公共交通站点	90	0.87%	
		附近公共交通车流量	25 次/小时	0.58%	
		距离主次干道	90 米	1.16%	
	生活及文体设施	距离医院	1 000 米	0	
		距离邮局	1 100 米	−0.44%	
		距离中学	800 米	−1.02%	
		距离小学、幼儿园	250 米	1.06%	
		距离影剧院	900 米	0	
		距离图书馆、文化馆	1 600 米	−0.44%	
	环境条件	距离公园	900 米	0.29%	
		环境污染	轻度	0	
	基础设施条件		良	1.74%	
	小计			6.71%	

（续表）

修正因素		修正因素状况	修正系数	计算过程及结果（元）
宗地个别条件	宗地形状及面积	不限制开发	0	9 156×1.008 6＝9 235
	容积率	1.09	0.87%	
	土地使用权年限（折现率10%）	55	−0.01%	
	小计		0.86%	

该宗地2022年12月22日单价为9 235元/平方米，总地价为（9 235元/平方米×24 000平方米）等于22 164万元

四、比较法应用举例

【例4-3】　估价对象是某城市的一块空地，城市规划为住宅用地，总面积500平方米。现要评估其在2022年6月28日的市场价值。该类土地交易实例近期在邻近地区发生较多，因而拟选用比较法评估地价。首先搜集交易实例，经过分析选出三个可比交易实例，其情况如表4-6所示。

表4-6　估价对象及可比实例资料

项目		估价对象	可比实例1	可比实例2	可比实例3	备注
坐落		略	略	略	略	
所处地区		4～3	相同	临近	临近	
类型		空地	空地	空地	有地上建筑物	
单价（元/平方米）		待求	1 300	1 250	1 170	
交易日期		2022.6.28	2021.10.25	2022.2.4	2021.12.20	月均上涨1%
估价时点修正系数			108/100	104/100	106/100	
交易情况		正常	拍卖出让	正常	正常	
交易情况修正系数			100/110	100/100	100/100	
个别因素	面积	500	450	430	300	
	形状	规则	规则	规则	规则	
	地质水文	一般	一般	水位稍高	一般	
	地势	平坦	平坦	平坦	平坦	
	上下水道	可满足使用	可满足使用	可满足使用	可满足使用	
	临路状况	次干道	次干道	次干道	支路	
	规划限制（容积率）	4	4	4	3.8	
	个别因素修正系数		100/100	100/95	100/90	

(续表)

	项目	估价对象	可比实例1	可比实例2	可比实例3	备注
区域因素	距大商业服务网点(千米)	2.5	2.2	2.4	2.4	
	社会环境	一般	一般	一般	一般	
	交通便捷程度	好	好	一般	一般	
	环境质量	一般	一般	一般	一般	
	公共基础设施配套	齐全	齐全	齐全	齐全	
	景观	好	一般	一般	一般	
	区域因素修正系数		100/100	100/99	100/99	
总修正系数			98.2/100	110.6/100	118.9/100	
修正价格(元/平方米)			1 276.6	1 382.5	1 391	
总修正幅度			1.8%	10.6%	18.2%	
权重			80%	13%	7%	

评估单价结果=(1 276.6×80%+1 382.5×13%+1 391×7%)

  =1 298.4(元/平方米)

总地价=64.9(万元)

【例4-4】 估价对象为一面积140平方米的三室一厅住宅,位于北京市某花园小区内。现运用比较法评估该住宅价格,估价对象及可比交易实例的具体情况,如表4-7所示。

表4-7 估价对象及可比交易实例的具体情况

项目	估价对象	可比实例1	可比实例2	可比实例3	可比实例4	可比实例5
出售价	待求	670 000	750 000	560 000	669 000	532 000
交易情况	正常	分期付款	分期付款	正常	正常	正常
交易情况修正额		−10 000	−10 000	0	0	0
修正后价格		660 000	740 000	560 000	700 000	532 000
成交日期(估价时点)	2022.6.30	2022.6.15	2022.5.20	2021.5.17	2021.12.19	2021.6.5
修正系数		1	1	1.179	1.08	1.165
修正后价格		660 000	740 000	660 240	722 620	619 780
区位及环境		相似	相似	相似	相似	相似
修正系数		1	1	1	1	1

（续表）

项目	估价对象	可比实例 1	可比实例 2	可比实例 3	可比实例 4	可比实例 5
剩余年限（折现率 10%）	60	60	65	60	60	55
修正系数		1	0.998 8	1	1	1.002
调整后价格		660 000	739 070	660 240	722 620	621 020
建筑面积（平方米）	140	140	160	140	160	140
面积影响修正额		0	−79 070	0	−79 070	0
修正后价格		660 000	660 000	660 240	643 550	621 020
固定的停车位	无	有	有	有	无	无
停车位修正额		−16 690	−16 690	−16 690	0	0
修正后价格		643 310	643 310	643 550	643 550	621 020
楼层（无电梯）	多层 3	多层 3	多层 3	多层 3	多层 3	多层 6
楼层修正系数		1	1	1	1	1.06
修正后价格（元）		643 310	643 310	643 550	643 550	658 281
总修正额		26 680	106 690	83 550	25 450	126 281
修正额占售价的百分率		4%	14%	15%	4%	24%
权重		35%	12%	12%	35%	6%

总价格＝（643 310×0.35＋643 310×0.12＋643 550×0.12＋643 550×0.35＋658 281×0.06）
＝64.4（万元）

　　估算过程说明：①可比实例 1 和 2 的合同总价款是分期付款,按照市场利率统一折算到成交日期,实际价格应分别扣减 10 000 元。②分析对比交易情况修正后的可比实例 1 和可比实例 3（这时只存在成交时间差异）,可以看出两者的价格差 100 000 元,主要是因为成交时间（相差 13 个月）的不同,可以断定月均价格上涨（660 000−560 000）÷（13×560 000）,即月均上涨 1.374%,据此可以估算出交易时间修正系数。③年限修正运用前面的年限修正系数公式计算。④年限修正后的可比实例 1 和可比实例 2（这时只存在面积差异）比较可以看出,140 平方米和 160 平方米的价格差为 79 070 元。⑤面积修正后的可比实例 3 和可比实例 4（这时只存在有无停车位差异）比较可以看出,有无停车位的价格差为 16 690 元。⑥楼层修正系数参照相关经验数据确定。

第四节　房地产的收益法评估

一、收益法基本理论

（一）原理及适用范围

收益法（income approach）又可称为收益资本化法（income capitalization）、投资法（investment method）。它是将估价对象在估价时点后的所有正常纯收益，用适当的折现率（也称资本化率）折算到估价时点价值的方法。收益法运用了预期收益原理，即某宗房地产的市场价值，为该房地产自估价时点后能够产生的各项净收益现值之和。收益法的关键是准确估算估价对象所产生的预期净收益及其发生时间，以及恰当的折现率。

收益法适用于有收益或有潜在收益的可正常经营用房地产的估价。政府机关、学校、寺庙等公益或特殊用途房地产的估价，一般不适宜用此方法。

（二）收益法估价步骤

运用收益法估价，应按下列步骤进行：①搜集有关估价对象或类似估价对象房地产的经营收入、费用、投资收益率等相关资料；②估算估价对象预期每年的潜在毛收入；③估算每年的有效毛收入；④估算年经营费用；⑤估算年净收益；⑥估算适当的折现率；⑦选用适宜的计算公式，求出收益价格。

二、净收益估算

（一）潜在毛收入估算

潜在毛收入是指假定估价对象被全部利用或出租情况下，按照市场平均经营状况或市场租金水平，估算估价对象所能够产生的总收入。潜在毛收入的估算，可以用类似房地产的毛收入进行市场比较，以及对估价对象经营历史上的毛收入资料分析确定。在运用市场资料进行市场比较时，要具体分析类似房地产的经营形式、经营管理水平、租金支付方式（按年或月，年初或年末等）、租金调整方式（固定租金、预先确定调整幅度和时间、可定期根据市场行情或某种指数调整、最低租金加分成租金等等）、出租期限、保证押金、可否转租或分租、租赁双方的权利义务等方面，通过比较分析确定市场租金（不同于契约租金）。对历史毛收入资料的分析，要考虑到其历史经营水平、未来市场前景等因素，并与类似房地产的经营进行比较，进行适当的调整。

（二）有效毛收入估算

有效毛收入是从潜在毛收入中，扣除估价对象预期可能存在的部分闲置（空置）及赖账等损失后的收入，即估价对象在正常经营情况下预期产生的实际收入，包括租赁保证金及押金的利息。其中一般不应该包括非房地产部分如家具使用等产生的收入，除非家具等也在估价的附属范围之内，这一点视具体情况而定。另外还要考虑租约限制，比如估价对象在估价时点后前3年的租金额，已经被卖方和承租人在原租约中合法确定，则前3年的租金无论市场行情怎样，都是已经确定的，因而不能将该部分调整为市场租金。

（三）经营费用估算

经营费用一般包括经营管理费、日常维修费、保险费、税金等，具体内容要根据租赁契约规定的租金含义来取舍。比如，租约规定日常维修费由承租方全部或部分负担时，承租方负担部分就不作为费用扣除，水电费、垃圾处理费等如果由出租方负担，则应作为费用予以扣除。折旧费、债务及利息支付、与经营无关的特殊成本等，一般不作为费用扣除。[①]　如果负担有抵押权的房地产出售时，买卖双方协定在交易后仍然负担原抵押权，则应扣除抵押担保部分的债务及利息支付。

（四）净收益估算

净收益等于有效毛收入减去经营费用。拟出租的房地产净收益等于其预期租赁收入减去维修费、管理费、保险费、税金等。拟进行商业经营的房地产净收益，等于商品销售收入减去商品销售成本、经营费用、销售税金及附加、管理费用、与房地产投资无关的财务费用、不包括房地产投资的商业经营资本投资利润。生产型房地产净收益，等于产品销售收入减去生产成本、产品销售费用、销售税金及附加、管理费用、与房地产投资无关的财务费用、不包括房地产投资的商业经营资本投资利润。在估算净收益时，根据净收益在过去、现在、预期未来的变动情况，以及估价对象的可获收益年限，确定未来（估价时点以后）的净收益流量。估价对象的未来净收益流量既可能是每年基本固定不变的，也可能是每年按某个固定的数额（或比率）递增或递减，还可能按其他方式变化，这都需要具体分析。

三、折现率估算

收益法中的折现率实质上是投资收益率，我们可以将它看作是估价对象投资的

---

① 一些资产评估教科书在阐述收益法中的纯收益估算时，将折旧费也列入到总费用之中，从而降低了真实的纯收益额。折旧费是否属于计算纯收益时的费用构成，在国内外的土地及房地产评估领域也曾经有过争议。我国的房地产估价规范现在已经明确折旧不属于费用。其实，讨论这个问题的基本理论依据是现代财务理论。无论是现代财务理论中的净现金流计算，还是项目投资决策的净现值法中，都不把折旧费作为现金流出量。因为折旧费并不涉及任何现金流出，它们不会支付给任何人。试想如果你有一栋剩余经济使用年限为1年的建筑物（假定残值为零），预计该建筑物未来1年的总收入在扣除各项费用（不包括折旧）之后的总收益刚好等于折旧费，那么按照折旧费也属于费用的理论，该建筑物的价值应该等于零。可是在假定由承租人承担房地产税金、维修费、管理费、保险费等费用的前提下，出租人是绝对不会将该建筑物无偿给予他人使用的，出租人至少要收取这最后1年的折旧额。也就是说，这里的折旧额是出租人在承租人承担所有其他费用前提下向他所收取的租金，或者说是该剩余经济使用年限为1年的建筑物的出售价格。总而言之，无论从财务理论分析出发，还是从实践的角度来看，折旧费都不应该属于费用。

机会成本,正确的折现率是投资者能够从一项"相似的"投资中得到的回报率。折现率的估算方法有以下几种。

(一) 市场提取法(比较法)

该方法是通过在市场上搜集 3 个以上类似房地产的价格、净收益资料,选用相应的公式计算求出折现率,如表 4-8 所示。

表 4-8 比较法求取折现率

项目	可比实例 1	可比实例 2	可比实例 3	可比实例 4
潜在总收入(元)	30 000	20 000	28 000	26 000
空置及坏账损失(元)	1 500	1 000	1 400	1 300
营业费用(元)	15 000	10 000	14 000	13 000
净收益(元)	13 500	9 000	12 600	11 700
出售价格(元)	94 900	57 400	81 800	79 300
年限(年)	32	28	26	30
可比实例折现率	14.0%	15.4%	15.0%	14.5%
折现率取值	14.7%			

在这里我们使用了公式 $P = \dfrac{a\left[1 - \dfrac{1}{(1+r)n}\right]}{r}$ 来求取公式中的折现率 r。第二章的收益法里提到过,折现率不同于资本化率。资本化率通常直接用某一年的净收益譬如预期第一年的收益除以价格即 $r = \dfrac{a_1}{P}$。当我们使用这个表格中的每个可比实例的年净收益除以出售价格,可以分别得到 14.2%、15.7%、15.4%、14.8%,平均等于 15%。这里,15% 可以理解为资本化率(年净收益除以价格),而不同于折现率。

在使用 15% 时,只适合于运用公式 $P = \dfrac{a}{r}$,这里的 r 为资本化率。当然,由于我国的土地制度及土地使用年限规定问题,在应用资本化率进行房地产评估时,求取资本化率的可比交易案例的剩余年限应当与被评估房地产的剩余年限接近,或者说在年限方面具有一定的可比性。如果这里要用收益法求取一宗剩余年限为 50 年的类似房地产的价值,这里的折现率是可用,而这里的资本化率就不适用,毕竟 30 年和 50 年差距有点大了。现实中比较常见的错误是,用比较法求取的是"净收益÷价格"得到的资本化率,却将其作为折现率参数,应用到有收益年限的收益法计算公式中。

(二) 资本资产定价模型

该模型认为折现率等于无风险利率加风险报酬率。其计算公式如下:

$$r = r_f + \beta(r_m - r_f)$$

式中:r 为折现率;

r_f 为无风险利率;

β 为投资估价对象房地产的不可分散(系统)风险系数;

r_m 为社会投资平均报酬率或市场利率。

β 大于 1,说明该投资的风险高于社会投资的平均(系统性)风险,β 等于 1 或小于1,说明该投资的风险等于或小于社会投资平均风险。无风险利率一般选用一年期国债利率。风险系数根据估价对象所在地区的经济趋势、估价对象的用途等确定。仅从用途角度来说,商业零售用房、写字楼、住宅、工业用房的投资风险依次降低,β 值也依次下降。β 值通常可以用统计数据估算出来,G. R. Brown 教授通过对新西兰的房地产市场研究认为,商业用房、写字楼、工业用房的 β 系数分别为 0.23、0.17、0.14。1997 年美国不动产业的 β 值为 0.69。在较难以取得 β 值的情况下,有时也可以根据相同的原理采用加和的方式求得折现率,如表 4-9 所示。

表 4-9　加和法求取折现率

无风险报酬率	0.100
对承受营业风险的补偿	0.020
对缺乏流动性的补偿	0.013
对经营管理的补偿	0.002
易于抵押贷款	−0.003
折现率	0.132

四、收益法应用举例

【例 4-5】　估价对象为一写字楼,钢筋混凝土结构。土地面积为 10 000 平方米,建筑面积为 50 000 平方米,使用面积 35 000 平方米,土地使用权年限自 2017 年 6 月 30 日起 50 年,现需要评估该写字楼在 2022 年 6 月 30 日价格。估价过程如下:该估价对象为一收益性房地产,适宜于选用收益法进行评估。经过市场调查分析表明,该写字楼已经全部租出。目前的契约租金月平均为 250 元/平方米,其中有 50% 面积的租期截至 2022 年 12 月底,另外 50% 面积的租期截至 2023 年 6 月底。该写字楼的市场月租金应为 300 元/平方米,可出租使用面积为 32 000 平方米,其余 3 000 平方米为管理人员用房和设备用房。同类物业的市场平均空置率预期将继续保持在 12% 左右。楼内办公家具由出租人提供,原价值 400 万元,经济耐用年限为 10 年,残值率为2%。日常管理及维修费用每月为 75 万元,房产税为房屋租金(扣除家具部分)的12%,其他税费约为实际总租金收入的 6%。

(一) 估算 2022.6.30 至 2022.12.30 期间的有效总收入、有关费用、净收益

(1) 有效总收入 = 6 × 250 × 32 000 = 4 800(万元)

(2) 家具折旧费 = 0.5 × 400 × (1−2%) ÷ 10 = 19.6(万元)

(3) 日常管理及维修费 = 75 × 6 = 450(万元)

(4) 房产税=（4 800-19.6）×12％=573.6（万元）

(5) 其他税费=4 800×6％=288（万元）

(6) 净收益=4 800-19.6-450-573.6-288=3 468.8（万元）

（二）估算 2023 年净收益

(1) 有效总收入=32 000×0.5×250×6+32 000×0.5×0.88×300×6+32 000×0.5×0.88×300×12=10 003.2（万元）

(2) 家具折旧费=39.2 万元

(3) 日常管理及维修费=900 万元

(4) 房产税=（10 003.2-39.2）×12％=1 195.7（万元）

(5) 其他税费=600.2 万元

(6) 净收益=7 268.1 万元

（三）估算自 2024 年起每年的净收益

(1) 有效总收入=32 000×0.88×300×12=10 137.6（万元）

(2) 家具折旧费=39.2 万元

(3) 日常管理及维修费=900 万元

(4) 房产税=（10 137.6-39.2）×12％=1 211.8（万元）

(5) 其他税费=608.3 万元

(6) 净收益=7 378.3 万元

（四）确定折现率

通过市场比较估算确定折现率=10％

（五）计算房地产价格

由调查分析可知，该写字楼可以使用到 2057 年 6 月底。2022 年 6 月 30 日的房地产评估总价值 = $3\ 468.8 \div (1.1)^{0.5} + 7\ 268.1 \div (1.1)^{1.5} + 7\ 378.3 [(1+0.1)^{43.5} - 1] \div [0.1 \times (1+0.1)^{43.5} \times (1.1)^{1.5}] = 72\ 305$（万元）

每建筑平方米价格=72 305÷5 =14 461（元）

第五节　房地产的假设开发法评估

一、假设开发法基本理论

（一）原理及适用范围

假设开发法（hypothetical development method or residual mothod）又可称为剩余法、倒算法等。假设开发法是将估价对象房地产预期开发后的价值，扣除预期各种开发及销售的费用、税金、期望利润，所得剩余额作为估价对象房地产的评估价格。

假设开发法的基本理论依据是古典经济学的地租剩余理论。

假设开发法适用于具有投资开发或再开发潜力的房地产价格评估，具体包括以下情况：①将生地开发为熟地租售；②在熟地上建造房屋租售；③由生地建造房屋租售；④将毛地开发为熟地租售；⑤由毛地建造房屋租售；⑥将旧房屋装修改造为新房屋后租售；⑦将在建工程完成为房地产租售。综合各种情况的基本公式如下：

待评估房地产价值＝预期开发完成后的房地产价值－价值时点后预期开发成本－预期管理费用－销售费用－销售税费－投资利息－投资利润－取得评估对象的税费

在假设开发法中，生地是指已经完成土地使用批准手续（包括土地使用权出让手续），可用于建设开发的土地，该土地无基础设施，或虽有部分基础设施，但尚不完全具备道路、（临时用）水及电等三通条件，同时地上地下待拆除的房屋和构筑物，尚未被搬迁拆除。毛地是指已经完成土地使用批准手续（包括土地使用权出让手续），至少具备道路、（临时用）水及电等三通条件，但地上地下待拆除的房屋和构筑物，尚未被搬迁拆除的可用于建筑的土地。熟地是指具有完善的基础设施，且地面平整，可用于建筑的土地。

运用假设开发法，应把握估价对象在开发投资前后的状态，以及开发后房地产的经营方式。

（二）假设开发法估价步骤

假设开发法的估价步骤包括：①调查估价对象的基本情况。包括估价对象的区位、宗地面积及形状等特征、土地利用的规划限制、产权状况。②选择最佳开发利用方式。通过对估价对象的现状及规划前景、开发投资市场前景等因素的分析，确定最佳开发利用方式。③估计开发经营周期。包括建设期估计、租售经营期估计。准确的开发经营期估计，是租售价格、建筑费用投入、利息等参数估计及考虑货币时间价值的基础，也是降低估价对象投资购买风险的重要措施。④预测开发完成后的房地产价值。在预期市场发展较为稳定的情况下，可以采用市场比较法确定一个合理的价格，再从市场未来发展变化的角度对比较法结果作适当的修正。在有较多可供分析利用的长期历史价格资料的条件下，可以采用数理统计分析方法进行市场价格趋势预测，再根据预期开发完成后的房地产状况和市场上买卖的房地产平均状况，进行比较分析判定预测房地产价值。这里要注意所用数理统计分析方法的局限性。⑤估算开发成本、管理费用、投资利息、销售税费、开发利润、购买估价对象应负担的税费。开发利润的估算，以待评估房地产价值及取得税费和开发成本之和为基数计算直接成本利润，或再加上管理费用、销售费用为基数计算投资利润，或进而加上投资利息为基数计算成本利润，或以预期开发完成后的房地产价值为基数计算销售利润。要注意在取不同的基数时，利润率也有所不同。利润率一般按照同类房地产项目开发的市场平均利润计，不同的投资者也可以根据自己的投资期望，确定适合于自己利润率。⑥在完成假设开发法公式中的各项参数估算后,参考基本公式进行计算。具体计算时,也可以考虑运用折现方法,将预期开发完成后的房地产价值、开发成本及管理费、销售费用及销售税费等参数估算结果,折现到价值时点或者说评估基准日的价值,而投资利息及开发投资利润不再进行单独估算和扣减。这两种计算方式分别称为静态法和动态法,也称为传统方法和现金流折现法。通常认为静态法或传统方法没有考虑货币时间价值,其实两者在本质上对货币时间价值的考虑方式不同,一个是通过利息利润估算考虑货币时间价值,一个是用折现率考虑货币时间价值。

二、假设开发法应用举例

【例 4-6】 1988 年上海虹桥经济技术开发区第 26 号地块,面向国际招标。该地块面积 12 927 平方米,可利用方式为商住综合用途,容积率为 5。该地块最终由日本孙氏企业有限公司于 1988 年 6 月 30 日,以 10 416 万元人民币取得。香港一家地产咨询公司受托为孙氏企业进行该地块投标报价的评估。该咨询公司评估过程如下。

1. 上海市高级宾馆、高级公寓的市场调查

(1) 高级宾馆市场调查。调查结果表明,到上海市或途经上海市的海外游客数量按年 110% 的速度递增,而高级宾馆类客房年增长率为 130%,到 1990 年高级客房数量将达到 2 万间。1987 年客房空置率为 25%,今后随着几家高级宾馆的建成投入使用,客房空置率将进一步上升。目前,华亭等高级宾馆或酒店已经开始采取降低价格吸引顾客的措施。

(2) 高级公寓市场调查。1984—1987 年,外商在上海设立的公司或办事机构年增长率为 77%,到 1990 年底预计达到 3 000 家左右。这些外企的白领阶层都希望租到或买到高级公寓住房,而目前市场所能够提供的数量较少。外国驻上海领事和商务代办处的外职人员,近年以年 26% 的速度递增,1988 年初包括外职人员及其家属大约有 4 000 人,到 1990 年可望达到 8 000 人。上海的归侨及华侨家属约有 60 万人,今后这一数量将会增加,他们也对高级公寓有需求。

(3) 市场分析表明,兴建多功能高级公寓是一种最佳利用方式。通过对国内主要城市的高级公寓及上海市近期开盘出售的高级公寓和写字楼价格的调查分析,预期建成后的高级公寓出售价格不低于 10 760 港元/建筑平方米。

2. 造价估算

由国内建筑承包商施工,每平方米造价可以控制在 5 382 港元内,建筑成本大约占楼价的 50%。

3. 单位面积地价及总地价测算

假定售价为 11 840 港元/平方米,开发每平方米的资本投入利息及利润为 3 229 港元,则楼面地价为(11 840－5 382－3 229)等于 3 229 港元/平方米。容积率

为 5,因而每平方米地价大约为 16 145 港元。总地价为 20 870 万港元,兑换成美元为 2 676 万美元(美元兑港元汇率 1988 年 6 月 30 日为 1∶7.8)。

日本孙氏企业有限公司董事长孙忠利先生 1988 年 6 月 30 日以 10 416 万人民币报价夺标,按当日国家外汇买入价折算成 2 805 万美元支付。实际成交地价高出评估地价 4.8%。

【例 4-7】 某建设用地使用权于 2022 年 4 月 15 日以出让方式取得,总面积 200 000 平方米,规划容积率为 2.0,其中配套建设 20% 的经济适用住房,价格为 4 800 元/平方米,其余为商品房。项目建筑安装费用为 1 500 元/平方米,前期工程费、管理费分别为建筑安装费的 10% 和 6%。到 2023 年 10 月 15 日完成主体结构,预计完全建成尚需要 1.5 年,还需要投入 40% 的建筑总费用,费用均匀投入。产权人因资金问题需要转让该在建工程项目,以至于工程项目需要停滞 0.5 年后才能够续建。契税税率 3%。同类商品房售价为 7 000 元/平方米,销售费用及销售税分别为售价的 3% 和 6%,销售费用在建成前半年均匀投入,项目建成时全部售出。折现率 10%。估算该在建工程 2023 年 10 月 15 日的市场价值。

1. 现金流折现法估算

(1) 总建筑面积 $=20 \times 2=40$(万平方米)

(2) 预期总楼价的现值 $=[40 \times 20\% \times 4\,800+40 \times 80\% \times 7\,000] \div (1.1)^2$
$=216\,859$(万元)

(3) 开发成本 $=1\,500 \times (1+10\%+6\%) \times 40 \times 40\% \div (1.1)^{\frac{1.5}{2}} \div (1.1)^{0.5}$
$=24\,713$(万元)

(4) 销售费用 $=[40 \times 20\% \times 4\,800+40 \times 80\% \times 7\,000] \times 3\% \div (1.1)^{\frac{0.5}{2}} \div (1.1)^{1.5}$
$=6\,663$(万元)

(5) 销售税费 $=216\,859 \times 6\%=13\,012$(万元)

(6) 契税为在建工程价格的 3%

(7) 在建工程估值 $=(216\,859-24\,713-6\,663-13\,012) \div 1.03$
$=167\,448$(万元)

2. 传统方法估算

(1) 预期总楼价 $=40 \times 20\% \times 4\,800+40 \times 80\% \times 7\,000$
$=262\,400$(万元)

(2) 开发成本 $=1\,500 \times (1+10\%+6\%) \times 40 \times 40\%$
$=27\,840$(万元)

(3) 销售费用 $=[40 \times 20\% \times 4\,800+40 \times 80\% \times 7\,000] \times 3\%$
$=7\,872$(万元)

(4) 销售税费 $=262\,400 \times 6\%=15\,744$(万元)

(5) 利息利润 $=27\,840 \times [(1.1)^{0.75}-1]+$在建工程价格$\times 1.03$

$$\times\left[(1.1)^2-1\right]+7\,872\times\left[(1.1)^{\frac{0.5}{2}}-1\right]$$
$$=2\,063+0.216\,3\times\text{在建工程价格}+189.8$$

(6) 契税为在建工程价格的 3%

(7) 在建工程评估值 $=(262\,400-27\,840-7\,872-15\,744-2\,063-189.8)\div1.246\,3$
$$=167\,449(\text{万元})$$

练 习 题

单项选择题

1. 某评估机构采用市场法对一房地产进行评估,评估中共选择了三个参照物,并分别得到 127 万元、142 万元、151 万元 3 个评估结果,它们的权重依次为 25%、40%、35%,则被评估房地产的价值最接近( )万元。

 a. 140   b. 157   c. 141   d. 148

2. 如果房地产的售价为 5 000 万元,其中建筑物价格为 3 000 万元,地价为 2 000 万元,该房地产的年客观净收益为 450 万元,建筑物的资本化率为 10%,那么土地的资本化率最接近( )。

 a. 9%   b. 12.5%   c. 7.5%   d. 5%

3. 被评估建筑物历史建造成本为 80 万元,2022 年建成,要求评估该建筑物 2025 年的重置成本。调查得知,被评估建筑物所在地区的建筑行业价格环比指数分别为 103%、103%、102%,该建筑物的重置成本最接近( )万元。

 a. 86   b. 87   c. 90   d. 85

4. 已知某房地产月租金收入为 20 万元,月费用总额为 5 万元,建筑物价格为 1 000 万元,建筑物的资本化率为 10%,该房地产的土地年纯收益最接近( )万元。

 a. 50   b. 60   c. 80   d. 100

5. 假定被评估房地产可以永续利用,预计前 3 年的纯租金收入分别为 3 万元、2 万元、1 万元,从第 4 年开始年纯收益保持在 3 万元水平上,折现率为 10%,该房地产的评估值最接近( )万元。

 a. 28   b. 32   c. 25   d. 30

6. 被评估土地的剩余使用权限为 30 年,参照物剩余使用权年限为 25 年,假定折现率为 8%,被评估土地的年限修正系数最接近( )。

 a. 0.9659   b. 0.948   c. 1.152   d. 1.054

7. 运用最佳使用原则评估地产的前提条件是( )。

 a. 土地的非再生性   b. 土地位置固定性

 c. 土地用途广泛性   d. 土地利用永续性

8. 某宗地取得费每平方米 100 元,开发费每平方米 300 元,当地银行一年期贷款利率为 9%,两年期贷款利率为 10%,三年期贷款利率为 11%,开发周期为三年,第一年投资占总投资的 1/2,第二、三年投资各占总投资的 1/4,问该土地每平方米应负担利息为( )元。

 a. 51.75   b. 30.75   c. 89   d. 71.25

9. 对土地与建筑物用途不协调所造成的价值损失一般体现为( )。

　　a. 土地的功能性贬值　　　　　　　　　b. 建筑物的功能性贬值

　　c. 土地的经济性贬值　　　　　　　　　d. 建筑物的经济性贬值

10. 某砖混结构单层住宅宅基地 200 平方米,建筑面积 120 平方米,月租金 3 000 元,土地还原利率 8%,取得租金收入的总成本为 8 000 元,评估人员另用市场比较法求得土地使用权价格为 1 200 元/m²,建筑物的年纯收益为(　　)元。

　　a. 8 600　　　　　　　b. 8 800　　　　　　　c. 9 000　　　　　　　d. 12 000

11. 某一宗 2 000 平方米空地的预计最佳利用方式,为开发一建筑面积 4 000 平方米的商业建筑。预期该商业房地产建成后的售价为 3 000 元/m²,估计该建筑物的建筑费用为 1 400 元/m²,专业费用为建筑费用的 6%,利息利润为地价、建筑费用及专业费用之和的 15%,销售费用及有关税费为售价的 10%,该土地的价值接近于(　　)元/m²。

　　a. 1 728　　　　　　　b. 1 900　　　　　　　c. 1 500　　　　　　　d. 1 000

计算题

1. 某商业用房地产,按照国家的规定其土地使用权最高使用年限为四十年,现该房屋拟出租,出租期十年,按租赁双方合同规定,前五年租金是以第一年租金 8 万元为基础,每年比上年递增 2%,后五年按每年 15 万元固定不变。假定资本化率为 10%,该房地产十年租期内的收益现值为多少?

2. 有一待估宗地,现收集到 4 个可比较参照交易案例,具体情况如表 4-10 所示。成交价格单位为:元/m²。假定折现率为 10%。

表 4-10　可比较参照交易案例具体情况

宗地	成交价格(万元)	交易时间	交易情况	容积率	剩余使用年限(年)	区域因素	个别因素
待估地		2022/01	0	1.2	45	0	0
1	800	2020/01	2%	1.3	50	1%	0
2	850	2021/01	1%	1.4	50	0	1%
3	760	2020/01	0	1.1	40	0	−2%
4	780	2020/01	0	1.0	45	−1%	−1%

　　表 4-10 中的交易情况、区域因素及个别因素值,都是参照物宗地与待估宗地比较,负号表示参照物宗地条件比待估宗地条件差,正号表示参照物宗地条件比待估宗地条件优,数值大小代表对宗地地价的修正幅度。

　　容积率与地价的关系为:容积率在 1～1.5 之间时,容积率每增加 0.1,宗地单位地价比容积率为 1 时增加 3%。该城市(定基)地价指数,如表 4-11 所示。

表 4-11　城市(定基)地价指数

年份	2017	2018	2019	2020	2021	2022
指数	100	105	108	110	111	115

　　试根据以上条件评估待估宗地 2022 年 1 月 20 日的价格。

3. 假定某市政府将于 2022 年 2 月 1 日公开拍卖一宗土地,规划用途为住宅,土地面积

5 000平方米,容积率限定为4,土地使用权七十年,某开发商欲购买此地,他准备取得土地后即投资开发,施工期为两年,建筑投资均匀投入。建筑成本为1 500元/m²,专业费为建筑成本的6%,开发商的目标利润为15%,有关税费为楼价的5%,折现率为10%,工程完工后每平方米售价5 500元,估计一年内售完。开发商委托你评估该宗土地价格,试计算分析。

第五章
无形资产评估

【本章学习目的】 通过对本章的学习,你应该能够:

(1) 简述无形资产的分类和特点。

(2) 阐释无形资产价值评估的前提以及价值影响因素。

(3) 掌握收益法、成本法在无形资产评估中的应用。

(4) 运用收益法、成本法等评估方法,对专利权、非专利技术、商标权、特许权、著作权、租赁权、商誉等无形资产的价值进行评估。

第一节　无形资产评估概述

一、无形资产的概念

虽然对什么是无形资产,尚没有统一的认识[①],但一般认为,无形资产(intangible assets)是被特定权利主体控制或拥有的,没有实物形态且不具有流动性,而对生产经营持续发挥作用,并能够在将来带来额外经济效益的资产。如专利权、版权、商标、特许权、商誉等。

对无形资产的具体范围,目前并没有明确的界定,各个国家只是在不同的领域作些不同的规范。

我国颁布的《企业会计制度 2001》规定:"无形资产,是指企业为生产商品或者提供劳务、出租给他人,或为管理目的而持有的、没有实物形态的非货币性长期资产。"我国 2009 年 10 月 1 日起实施的《资产评估执业准则——无形资产》规定:"无形资产,是指特定主体所拥有或者控制的,不具有实物形态,能持续发挥作用且能带来经济利益的资源。"具体包括专利权、专有技术、商标权、著作权、土地使用权、特许权、商誉等。[②]

美国评估公司认为企业的无形资产范围,包括促销型资产、制造型资产、金融型资产,如图 5-1 所示。

二、无形资产的分类

对无形资产可以按照以下标准进行分类。

1. 按存在期限划分

可分为有期限无形资产和无期限无形资产。有期限无形资产是指资产的有效期为法律或合同所规定了的无形资产,如专利权、版权、特许权、商标权等;无期限无形资产是指资产的有效期限没有以法律或合同等形式加以规定的无形资产,如商誉、非专利技术等。

2. 按能否独立存在划分

可分为可辨认无形资产和不可辨认无形资产。可辨认无形资产是指具有专门的名称,可以单独取得、转让的无形资产,包括专利权、商标权、著作权、专有技术、销售网络、客户关系、特许经营权、合同权益等。不可辨认无形资产是指商誉。

---

① 目前国内外对无形资产的定义可归纳为权利资产说、超额收益能力说、物质存在说、价值实现难易说、资产能否分属说、知识形态说等 6 种类型(张占耕:《无形资产管理》,立信会计出版社 1998 年版)。

② 我国的香港地区并不将土地使用权列入无形资产。

促销型资产
（marketing assets）
- 商标（tradenames/trademarks）
- 顾客名单（customer lists）
- 包装（packaging）
- 订单（backlog）
- 广告资料（advertising material）
- 特许权（franchises）
- 货架空位（shelf space）
- 许可证（licenses）
- 经销网（distribution network）

制造型资产
（manufacture assets）
- 专利（patents）
- 配方（formulas）
- 经营秘密（trade secrets）
- 专有技术（know-how）
- 非专利技术（unpatented technology）
- 图纸（drawings）
- 供应合同（supply contracts）
- 新产品开发（new product development）

金融型资产
（financial assets）
- 优惠融资（favorable financing）
- 配套员工（assembled workforce）
- 软件（soft ware）
- 版权（copyrights）
- 核心存款（core deposits）
- 不竞争契约条款（covenants-not-to-compete）
- 租赁权（leasehold interests）
- 雇佣合同（employment contract）
- 数据库（data base）
- 超额年金计划（overfunded pension plans）
- 解雇率（unemployment ratings）
- 商誉（goodwill）

图 5-1　美国评估公司认定的无形资产的范围

3. 按性质和内容构成划分

可分为知识型无形资产、权利型无形资产、关系型无形资产、结合型无形资产。知识型无形资产是指主要依靠人的知识、智力、技术创造的知识密集型无形资产，如专利权、专有技术、版权等；权利型无形资产是通过法律行为创设的非知识型无形资产，如特许权、商标权、许可证等；关系型无形资产是指可以获得赢利条件的特殊关系，如顾客关系、客户名单、销售网络等；结合型无形资产是指由多种因素综合形成的无形资产，如商誉。

此外还有：按技术含量分为技术型无形资产和非技术型无形资产，按取得方式分为自创型无形资产和受让型（包括外购、继承、受赠等）无形资产，按作用领域分为促销型无形资产、制造型无形资产、金融型无形资产。

三、无形资产的特点

无形资产除了具有一般资产的共性外，还具有其自身的特点，这表现为以下几个方面。

1. 非实体性

无形资产看不见摸不着，是隐形存在着的，没有实体形态，一般只能是通过某一法定的凭证来表现。由于无形资产的非实体性，因而它只存在无形损耗，不存在有形损耗。

2. 价值形成的积累性

知识型无形资产、关系型无形资产及结合型无形资产，往往是通过资产主体长期的研究开发或生产经营活动的积累而逐渐形成的，其价值也随资金、劳动、管理等各类资本投入的积累而日益增加。

3. 开发成本界定的复杂性

大多无形资产是通过日积月累的资本投入而逐渐形成的，如专利技术、版权、客户名单、商誉等，特别是一般企业可能往往同时拥有多项无形资产，而许多无形资产的形成很难界定是由哪些资本、多少资本投入形成的，如客户关系。一项资本投入到底可以形成哪些无形资产，对各无形资产的价值增加产生多大的贡献也很难衡量，比如某一个企业的一项专利技术的开发成功，会使得该企业增加拥有了该专利技术及其价值，而该项专利技术的使用或转让，也可能同时会增加该企业的客户关系、商誉等无形资产的价值，但很难衡量这些无形资产价值增加究竟产生了多大的"衍生"贡献。因而大多无形资产形成所花费的成本很难界定清楚。

4. 成本与价值的弱对应性

相对于机器设备、房地产等有形资产而言，无形资产的经济寿命受到技术进步、市场变化等外在不确定性因素的影响更大，以致其预期收益的实现即价值具有较大的不确定性。这种不确定性，一方面表现为无形资产研发投入与研发成果之间的投入产出关系的不确定，另一方面是研发投入的数量和研发成果质量之间的不确定。因此，无形资产的成本与其价值之间缺乏明确的对应性。

四、无形资产的价值评估

（一）无形资产价值评估的前提

无形资产的使用能够产生超额利润，是无形资产价值评估的前提。如果一项无形资产的使用，不能够给买方带来预期的超额利润，对买方来讲也就没有投资购买的价值。现实中，这种超额利润一般表现为与使用该无形资产前相比所产生的追加利润。

（二）影响无形资产价值的因素

一般来说，影响无形资产价值的因素主要有以下几个方面。

1. 开发成本

同其他资产一样，无形资产的开发成本也影响到其价值。虽然无形资产的开发成本较难界定,但这并不否定其对价值产生的影响。一般来说,技术复杂程度较高、需要较高开发成本的无形资产,其价值往往也较高。无形资产的开发成本包括发明创造成本、法律保护成本、发行推广成本等项目。

2. 产生追加利润的能力

在一定的环境、制度条件下,一项无形资产的价值高低与其未来能够产生的经济效益密切相关。也就是说,其能够为使用者产生的追加利润越多,其价值就越大。

3. 技术成熟程度

科技成果一般都有一个发展、成熟、衰退的过程。一项技术的开发程度越高,技术越成熟,运用该技术成果的风险就越小,其价值就相对越高。因而一项技术类无形资产成熟程度如何,直接影响到其价值的高低。不过一般来说,一项技术较为成熟的话,其替代技术或同类技术也比较成熟,该类技术的应用可能也已经较为普遍,以致其产生超额利润的能力下降,其价值也就较低。

4. 剩余经济使用年限

无形资产的剩余经济使用年限越长,其价值相对就越高。无形资产的剩余经济使用年限的长短,取决于该无形资产在评估基准日的先进程度、无形损耗的程度、剩余法律保护期的长短等因素。

5. 无形资产权利的内容

无形资产权利内容的丰富程度影响到其价值的高低。比如,一项无形资产所有权价值高于该无形资产的使用权价值,一项可以在较广阔地域范围内使用某无形资产的权利的价值,高于上述在地域范围内的一个相对狭小地区使用该无形资产的权利的价值。

6. 同类无形资产的市场状况

无形资产的价值高低最终是市场供求作用的结果,因而同类无形资产的市场供求状况及市场价格的高低,必然影响该无形资产的价值。

7. 同类无形资产的发展及更新趋势

同类无形资产的发展及更新速度越快,该无形资产的贬值速度就越快,其预期能创造超额利润的期限就越短,从而价值也就越低。

(三) 无形资产转让价格的支付方式

与一般资产交易价格支付方式不同,无形资产转让价格的支付方式分为总付、提成支付、混合支付三类。

1. 总付

总付是指买卖双方谈妥一项无形资产的价格后,由买方按价格的现值一次或分期付清。这种支付方式的价额不随无形资产买方的收益多少而变化,与买方对无形资产的利用效果无关。因此,对卖方来讲,收益有保证、风险小,不过卖方也失去了分享买方由于收入的增加而带来额外收益的机会。对买方来说,总付方式使得买方失去了卖方分担其风险的机会,而且一般也不能够继续从卖方得到技术上的有效协助,再者在取得经济效益之前就支付大量资金,会影响其资金的周转,但这种方式有利于进行无形资产国际贸易时的买方避免汇率变动的支付风险。总付方式对卖方来说是利多弊少,对买方来说是弊多利少。总付方式一般需要具备几方面条件:①转让的无形资产具有整体性,可以一次性全部转移,并且能够为买方立即吸收,如配方、软件程序等;②买方有充足的资金,或买方的实力雄厚,希望尽快摆脱对卖方的依赖;③交易的价额相对较小或转让后产生的效益较为确定。

2. 提成支付

提成支付是以受让方的销售额或利润额或产品数量为基础提成支付。在提成支付的合同中规定提成的基础和提成比例。从理论上讲,按照所转让无形资产能够创造的新增利润为基础,来确定卖方提成额的方法是比较合理的,但在实际执行中有许多困难。因为利润是一种计算结果,取决于进入成本的项目和金额,具有较大的主观随意性,不像销售额那样比较公开和有据可查,以至于卖方所期望得到的利润提成额得不到保障;再者,无形资产转让后产生的经济效益可能不佳,这有可能是买方的消化吸收能力不够或其他因素造成的,而不是无形资产本身的问题,由此造成的损失不应该由卖方来承担。

3. 混合支付

混合支付要求买方在合同开始执行时支付转让费总额的一部分,剩余部分按照规定的办法提成。首次支付的总额的一部分称为入门费或最低收费额。

无论采取哪种支付方式,交易价格都是买卖双方对由无形资产使用所带来的预期新增利润的分配。无形资产交易价格的变动范围,如图5-2所示。

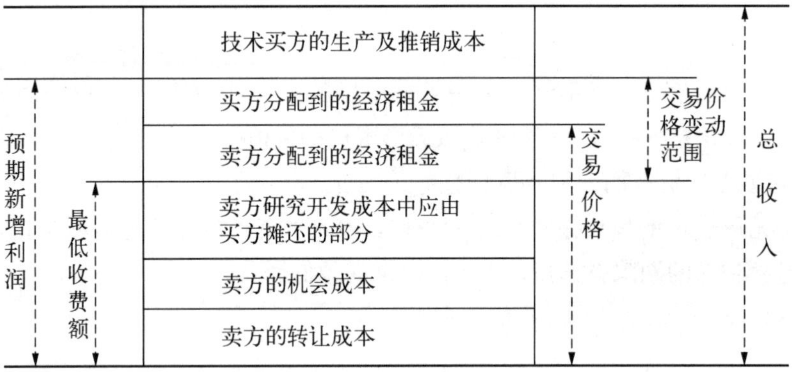

图5-2 无形资产交易价格的变动范围

第二节 无形资产的评估方法

由于无形资产存在着非实体性、价值形成的积累性、开发成本界定的复杂性、成本与价值的弱对应性等特点,因而对无形资产价值进行评估的难度也就较大,评估结果的精确度也较低。

收益法、成本法、市场法评估无形资产的适用程度依次降低。无形资产的非实体性，使得人们对不同无形资产个体之间进行比较时的指标选择及测度很是困难，每位购买者都有一套不同的确认无形资产价值的参量，很难有统一的标准，这就使得进行无形资产市场比较分析的信息不可得到，因而运用市场法评估无形资产价值是很困难的。前面已经阐明，大多无形资产开发成本的界定很复杂，比如，现在要确定建立可口可乐所花费的历史成本，或者重新建立可口可乐这样一个品牌的现时成本都是不可能的。不过，对外购的无形资产及有些自创的知识型无形资产来说，其原始购买成本或开发研制成本的确定还可能是比较容易的，运用成本法评估其价值具有一定的适用性。虽然无形资产预期收益的实现具有较大不确定性，但从逻辑上和实践上看，收益法还是最为适宜于无形资产评估的方法。

一、无形资产的收益法评估

根据无形资产转让价格支付方式的不同，收益法在应用时的计算公式如下[①]：

$$无形资产评估值 = \sum_{i=1}^{n}\Delta R_i(1-T)\div(1+r)^i = \sum_{i=1}^{n}k_1\times R_i(1-T)\div(1+r)^i$$
$$= 最低收费额 + \sum_{i=1}^{n}k_2\times R_i(1-T)\div(1+r)^i$$

式中：ΔR_i 为新增年利润；

k_1、k_2 为销售收入或利润分成率（k_1 大于 k_2）；

R_i 为分成基数，即销售收入或销售利润；

i 为收益期限；

r 为折现率；

T 为所得税率。

无形资产转让的最低收费额取决于无形资产的转让成本、开发成本、机会成本。转让成本包括：卖方所提供的技术服务，如指导安置、调试、技术培训、市场开拓等；谈判过程的差旅费及管理费；有关的法律费用；其他与执行合同相关的费用，如邀请买方的招待费用、佣金等。开发成本是指重新研究和开发这项无形资产的现时成本，包括所需要投入的全部人力、物力和资金。机会成本是指因转让无形资产，使得卖方失去了现有及潜在的全部或部分产品销售市场即盈利机会，而造成的可能的经济损失现值。最低收费额的估算可用公式表示如下：

$$最低收费额 = 转让成本 + 开发成本净值\times开发成本分摊率 + 机会成本$$

[①] 此处假定转让方分成所得部分收入的所得税由受让方代交，转让方所得部分不再交纳企业所得税，以下同此假定。如果转让方以其所得交纳所得税，则：无形资产评估值 $=\dfrac{\sum\Delta R_r}{(1+r)^i}=\dfrac{\sum k_1\times R_i}{(1+r)^i}=$ 最低收费额 $+\sum k_2\times\dfrac{R_i}{(1+r)^i}$。

式中：开发成本净值等于开发成本与成新率的乘积；

　　　开发成本分摊率等于允许买方运用某无形资产的设计能力占该无形资产的总设计能力的百分比。

【例 5-1】 某企业拟转让制药生产技术，与购买方商议双方的生产能力分别为 600 万箱和 400 万箱。转让后为受让方提供技术指导等转让成本为 20 万元，该制药生产技术的开发成本为 200 万元，已经使用三年，尚可以使用六年，三年来的通货膨胀率累计为 5%。该技术转让后对出让方的生产经营产生较大影响，由于市场竞争使得产品销售额下降，减少净收入的现值为 80 万元。试评估确定该无形资产转让的最低收费额。

该无形资产的现时开发成本净值：$200 \times (1 + 5\%) \times 6 \div (3 + 6) = 140$（万元）

开发成本分摊率：$400 \div (400 + 600) = 40\%$

该无形资产转让的最低收费额：$20 + 140 \times 40\% + 80 = 156$（万元）

（一）销售收入分成率或利润分成率的确定

销售收入分成率与销售利润分成率存在如下关系：

$$\text{销售收入} \times \text{销售收入分成率} \times \left(1 - \text{所得税率}\right) = \text{销售利润} \times \text{销售利润分成率} \times \left(1 - \text{所得税率}\right)$$

因而：

$$\text{销售收入分成率} = \text{销售利润分成率} \times \text{销售利润率}$$
$$\text{销售利润分成率} = \text{销售收入分成率} \div \text{销售利润率}$$

销售收入分成率的确定是以销售利润分成率为基础的。而利润分成率的确定，是以无形资产带来的追加利润在利润总额中所占的比例为基础的。确定利润分成率的方法主要有边际分析法、约当投资分成法等。

1. 边际分析法

边际分析法是以使用无形资产前后企业实现的利润差额即新增利润，占无形资产使用后企业总利润的比例来确定利润分成率的方法。无最低收费额时的无形资产利润分成率计算公式如下：

$$\text{无形资产利润分成率} = \frac{\sum \text{无形资产使用后的新增利润现值}}{\sum \text{无形资产使用后的总利润现值}}$$

边际分析法的基本步骤：①对无形资产边际贡献因素进行分析。如开辟新市场的垄断加价因素；消耗量的降低，成本费用减少；产品结构优化，质量改进，功能费用降低，成本销售收入率提高。②测算无形资产寿命期间的利润总额及追加利润总额，并进行折现处理。③按利润总额现值和追加利润总额现值计算利润分成率。

【例 5-2】 企业转让某新技术，购买方用于改造 10 万只产品的生产线。经对无形资产边际贡献因素的分析，预测估算在其寿命期间各年度分别可带来追加利润 100 万元、120 万元、90 万元、70 万元，分别占当年利润总额的 40%、30%、20%、

15%,折现率为 10%,试评估无形资产利润分成率。

$$\sum 各年度利润总额现值之和 = \frac{100 \div 40\%}{1+10\%} + \frac{120 \div 30\%}{(1+10\%)^2} + \frac{90 \div 20\%}{(1+10\%)^3} + \frac{70 \div 15\%}{(1+10\%)^4}$$
$$= 1\ 214.88(万元)$$

$$\sum 追加利润现值 = \frac{100}{1+10\%} + \frac{120}{(1+10\%)^2} + \frac{90}{(1+10\%)^3} + \frac{70}{(1+10\%)^4} = 305.5(万元)$$

$$无形资产利润分成率 = \frac{305.5}{1\ 214.88} \times 100\% = 25\%$$

2. 约当投资分成法

约当投资分成法是将卖方的无形资产投资与买方的资产投资,按照各自的适用成本利润率,折合成约当投资量,然后按照各自约当投资量的比例关系确定利润分成率的方法。其计算公式如下:

$$\genfrac{}{}{0pt}{}{无形资产的}{约当投资量} = \genfrac{}{}{0pt}{}{无形资产的}{重置成本} \times \left(1 + \genfrac{}{}{0pt}{}{适用成本}{利润率}\right)$$

$$\genfrac{}{}{0pt}{}{买方资产的}{约当投资量} = \genfrac{}{}{0pt}{}{买方投入的总}{资产的重置成本} \times \left(1 + \genfrac{}{}{0pt}{}{适用成本}{利润率}\right)$$

$$\genfrac{}{}{0pt}{}{无形资产}{利润分成率} = \frac{无形资产约当投资量}{无形资产约当投资量 + 买方资产的约当投资量} \times 100\%$$

确定无形资产的约当投资量时,适用成本利润率按卖方无形资产总成本占企业(产品)超额利润的总额计算。没有企业的实际收益时,按社会平均水平确定。确定买方约当投资量时,适用成本利润率按买方的现有水平测算。

【例 5-3】 甲企业将一项专利使用权转让给乙公司使用五年,拟采用利润分成的方式收取转让费。该专利的重置成本为 100 万元,专利成本利润率为 500%,乙公司的资产重置成本为 3 000 万元,成本利润率为 15%。乙公司的年实际生产能力为 20 万件,每件生产成本为 50 元,预计未来五年的市场出售价格分别为 90 元、90 元、85 元、75 元、75 元。折现率为 10%,所得税率为 33%。试确定该专利的使用权转让费。

$$该专利资产的约当投资量 = 100 \times (1+500\%) = 600(万元)$$

$$乙公司的约当投资量 = 3\ 000 \times (1+15\%) = 3\ 450(万元)$$

$$无形资产的利润分成率 = 600/(600+3\ 450) = 14.8\%$$

$$该专利使用权转让费 = 20 \times \left[\frac{90-50}{(1+10\%)} + \frac{90-50}{(1+10)^2} + \frac{85-50}{(1+10)^3} + \frac{75-50}{(1+10)^4} + \frac{75-50}{(1+10)^5}\right]$$
$$\times 14.8\% \times (1-33\%) = 254.5(万元)$$

(二) 折现率的确定

无形资产评估的折现率往往高于有形资产评估的折现率。评估时应根据被评估无形资产的功能、投资条件、收益获得的可能性等因素,科学测算其风险利率,以进一步测算出适用于该无形资产评估的折现率。

(三)无形资产收益期限的确定

无形资产的收益期限或称有效期限,是指无形资产发挥作用,并具有超额获利能力的时间。预计和确定无形资产的有效期限的原则有:法律或合同、企业申请书分别规定有法定有效期限和收益年限的,可按照法定有效期限与收益年限孰短的原则确定;法律没有规定期限的,企业合同或企业申请书中规定有收益年限的,可按照收益年限确定;法律和企业合同或申请书均未规定有效期限和收益年限的,按预计收益期限确定。预计收益期限可以采用统计分析或与同类资产比较得出。

由于受人们偏好的转变、经济形势的变化、科学技术的进步等多种因素的影响,无形资产的更新周期加快,其有效期限要比它们的法定保护期短得多。

二、无形资产的成本法评估

采用成本法评估无形资产的基本公式如下:

$$无形资产的评估价值＝无形资产的重置成本×成新率$$

(一)无形资产重置成本的估算

1. 自创型无形资产重置成本的估算

自创型无形资产的重置成本包括研究、开发该无形资产的全部资本投入(包括直接投入和间接投入),以及所投入资本应取得的正常报酬。其计算公式如下:

$$无形资产的重置成本＝\frac{研制开发无形资产的全部资本投入×\left(1+无风险投资报酬率\right)^{\frac{n}{2}}}{(1-风险率)}$$

或

$$无形资产的重置成本＝研制开发无形资产的全部资本投入×\left(1+同类无形资产平均投资报酬率\right)^{\frac{n}{2}}$$

式中:n 为开发研制的投资期限。

这里需要说明的是:所谓全部资本投入,不仅仅指会计账面上反映的各项实验材料及设备耗费,以及研制人员的工资,还应包括有关的管理费及对与项目的研究开发和管理有关的人员提供的各项福利费用,此外还要对以上费用按照评估基准日的现实价格进行调整。由于知识型无形资产研制开发投资的风险很大,这应在投资期望报酬率的确定中予以考虑,所以知识型无形资产投资的报酬率远大于一般投资报酬率。

【例5-4】 某化工生产工艺流程专利技术有偿转让,需要评估其价值。根据调查分析表明,该专利技术研制开发耗时两年,耗费材料费、燃料动力费、专用设备费等共计 8 万元,有关人员工资及各类津贴 12 万元,人员培训费及资料费 1 万元,差旅费 2 万元,占用固定资产的折旧费 2 万元,管理费 2 万元,专利申请费 0.3 万元。社会投资无风险报酬率为5%,该类技术研制成功的平均风险率为80%。试计算该无形资产的重置成本。

$$该无形资产的重置成本=\frac{(8+12+1+2+2+2+0.3)\times(1+5\%)}{(1-80\%)}$$
$$=143.3(万元)$$

2.外购型无形资产重置成本的估算

外购无形资产的重置成本一般以其账面原始成本为依据,进行适当的价格指数调整。账面原始成本包括无形资产的购买价和购买无形资产的有关税费。

【例5-5】　某无形资产2020年购买时的账面价值为100万元,2022年对其进行评估,2020、2022年适用的定基价格指数分别为110%、125%,试计算该无形资产的重置成本。

$$该无形资产的重置成本=100\times125\%\div110\%=113.6(万元)$$

（二）无形资产成新率的估算

无形资产的损耗(或称为贬值)表现为功能性损耗和经济性损耗。功能性损耗是由于科学技术的进步,或该无形资产的普遍使用等原因,使得拥有该项无形资产获取超额利润的能力减弱,从而造成其价值降低。经济性损耗是由于无形资产外部环境的变化,导致使用该无形资产的产品价值或需求下降,以致其经济价值的降低。

无形资产成新率的估算,可以采用专家鉴定法和使用年限法。专家鉴定法是通过有关技术领域专家对评估标的无形资产的先进性和适用性进行分析判断,从而确定其成新率。使用年限法是根据无形资产的特征,分析判断其剩余经济使用寿命,从而确定其成新率。其计算公式如下:

$$成新率=\frac{无形资产的剩余经济使用年限}{(无形资产已使用年限+无形资产剩余经济使用年限)}$$

第三节　专利权和非专利技术的评估

一、专利权的评估

（一）专利权的概念及特点

1.专利权的概念

专利权是指经国家专利机关依法认定、批准的,授予发明创造人或其权利受让人在一定期限内对某发明成果享有的独占权或专有权。专利权人依法对其发明创造享有制造、使用、销售的独占实施权或许可他人实施的权利。专利权包括发明、实用新型和外观设计三种。发明是指对产品、方法或者其改进提出新的技术方案,包括产品发明和制造产品的方法发明。实用新型是指对产品的形状、构造或者其结合所提出的适于实用的新技术方案,不包括制造产品的方法。外观设计是指对产品的形状、图案、色彩或者其结合所作出的富有美感并适于工业应用的新设计。

2. 专利权的特点

专利权具有以下特点:

(1)独占性。也称为排他性。同一内容的专利发明只授予一次专利,任何人未经许可不得对已经取得专利权的技术进行盈利性实施。

(2)地域性。任何一项专利只在其授权地域范围内才具有法律效力,而在其他地域范围内不具有法律效力。

(3)时间性。依法取得的专利权只在法定期限内受法律保护,期满后专利权自行终止。我国专利法规定,发明专利的保护期限为二十年,实用新型和外观设计的保护期限为十年,法定有效时间自专利申请之日起计算。

(二)专利权评估程序

1. 明确评估目的

专利权的评估目的包括一般的转让、投资、清算、法律诉讼等等。这里主要阐述一下专利的转让。

专利权的转让形式包括全权转让和许可使用。全权转让是将专利的所有权通过合同转让给受让方所有。许可使用是指专利所有权人通过与受让方签订实施许可合同,按一定条件在一定地域范围内许可受让方使用或实施其专利的一种技术交易。通常将专利技术的提供者称为许可方,受让人称为被许可方。按照专利许可使用的权限大小,可以将许可使用分为以下几种形式:

(1)独占使用许可。这种许可给予被许可人在规定的期限和地区内,利用专利技术的独占权利。同时,许可方也失去了在合同规定地区和期限范围内使用该专利技术或销售该专利技术生产的产品的权利。这种形式实际上是许可人,将专利技术产品在合同规定的期限及地区范围内市场转让给了被许可人。

(2)排他使用许可。它是指许可方在转让合同规定范围内的专利使用权给予被许可人的同时,自己仍然保留该专利的使用权和专利技术产品的销售权,但不得再将合同规定范围内专利技术许可给其他人使用。

(3)普通使用许可。它是指许可方在转让合同规定范围内的专利使用权给予被许可人的同时,自己仍然保留该专利的使用权和专利技术产品的销售权,但还可以再将专利技术许可给其他人。

(4)次级使用许可。它是指使用许可合同中规定,允许被许可人(次许可人)将取得的该专利技术的使用权转让予他人(次级被许可人)使用时,在原被许可人与次级被许可人之间产生的使用许可关系。

(5)交互使用许可。它是指双方专利权人就各自价值相当的专利技术,相互交换许可使用。多见于一项专利技术的被许可方,就自己在该专利技术的改进和发展许可(反馈)给原许可方使用。

2. 证明和鉴定专利权的存在

收集能够证明专利权存在的专利说明书、权利要求书、专利证书及有关法律性文件等资料,并请有关专家鉴定该专利的有效性和可用性。

3. 确定评估方法及技术参数

专利技术的评估一般采用成本法和收益法,其中收益法是最常用的方法。运用成本法进行评估,需要收集专利技术研制开发的材料费用、工资、资料费、培训费、管理费等等成本资料,并对专利技术的成新率进行鉴定评估。运用收益法进行评估,需要对专利的技术状况、收益能力、产品的市场前景、投资风险及其可行性等进行分析,确定有关的评估技术参数和指标。

4. 计算分析并完成评估报告

评估报告是评估结果的最终反映。为了有助于说明评估结果的有效性和适用性,需要对专利技术的成熟程度及对受让方在应用专利技术时的素质、资金等基本要求作详尽说明。

(三) 专利权的评估方法

1. 收益法

运用收益法评估,需要测算专利技术使用所产生的追加利润(或称收益额)、收益年限、折现率等指标。从理论上讲,因专利技术使用而产生的追加利润,其计算公式如下:

$$R=[(P_2-C_2)\times Q_2-(P_1-C_1)\times Q_1](1-T)$$

式中：R 为专利技术使用后产生的追加利润;

P_2、C_2、Q_2 分别为专利技术使用后的单位产品售价、单位产品成本、产品销售量;

P_1、C_1、Q_1 分别为专利技术使用前的单位产品售价、单位产品成本、产品销售量;

T 为所得税率。

在实际评估工作中,通常采用利润分成法或销售收入分成法来估算追加利润。其计算公式如下:

$$R=(P_2-C_2)\times Q_2\times f_r(1-T)=P_2\times Q_2\times f_i(1-T)$$

式中：f_r 为利润分成率;

f_i 为销售收入分成率。

【例 5-6】 某公司于 2019 年开发研制了一项新技术方法并取得了专利权,通过两年的使用表明具有较好的经济效益。2022 年该公司准备将该专利技术的所有权出售给昌达有限责任公司,昌达公司因购买后进行会计账面摊销需要评估其价值。买卖双方经共同协商认为,该专利技术的剩余经济使用年限为四年,专利技术的价格按实际年销售收入的一定比率分年期支付,收入分成率为 25%。预期今后四年的销售收入额分别为 500 万元、700 万元、800 万元、800 万元。适用折现率为 20%。试计算该专利技术的价值估算。

未来四年销售收入分成收益额的估算公式如下：

$$R = P_2 \times Q_2 \times f_i (1-T) = P_2 \times Q_2 \times 25\% \times (1-25\%)$$

计算表明，2022年、2023年、2024年、2025年的预期分成收益额分别为93.75万元、131.75万元、150万元、150万元。

估算未来收益额的现值即评估值＝93.75÷1.2＋131.75÷(1.2)²＋150÷(1.2)³＋150÷(1.2)⁴＝328.4(万元)

2. 成本法

运用成本法的关键在于分析计算专利技术的重置成本构成及其成新率。对于外购专利技术重置成本的确定比较容易。自创的专利技术的成本构成，如图5-3所示。

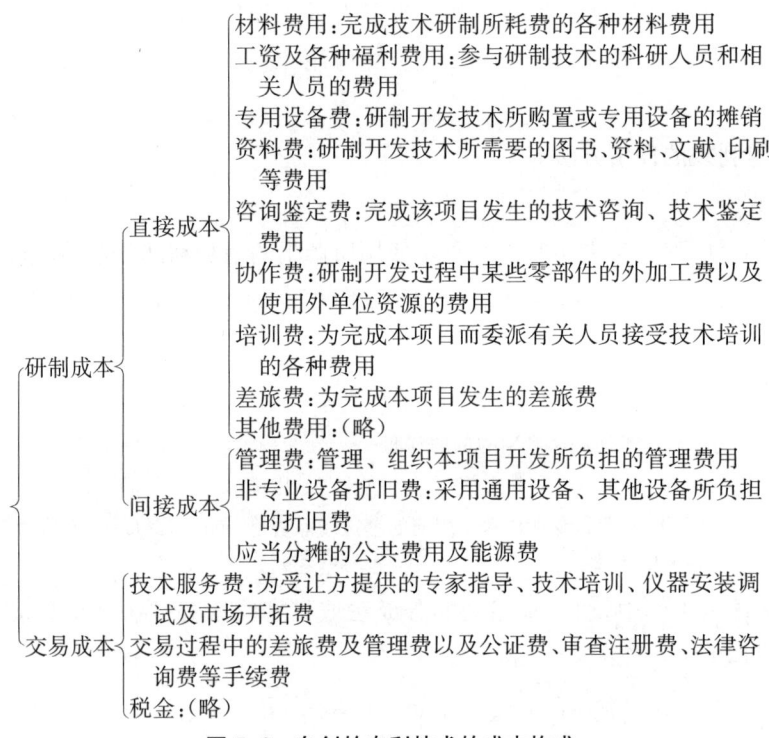

图5-3　自创的专利技术的成本构成

由于评估目的不同，评估对象的成本构成内涵也不一样，在具体评估时，评估人员应视不同情形考虑上述成本的全部或一部分。

【例5-7】某实业股份有限公司于2019年12月自行研制开发成功并获专利的实用新型专利技术，2022年1月因出售需要对其价值进行评估。经过财务核算表明，该专利技术的开发研制花费四年时间，总费用为20万元。2020—2021年期间生产及生活资料物价上涨5%，无风险投资报酬率为6%，该类专利技术开发研制的平均风险率为70%。经专家鉴定该专利技术的剩余经济使用年限为六年。试计算该专利技术的价值。

该专利技术的价值估算过程如下：

$$该专利技术的重置成本 = 20 \times (1 + 6\%)^{\frac{4}{2}} \times (1 + 5\%) \div (1 - 70\%) = 78.65(万元)$$

$$该专利技术的成新率 = 6 \div (2 + 6) = 75\%$$

$$该专利技术的评估价值 = 78.65 \times 75\% = 59(万元)$$

二、非专利技术的评估

(一) 非专利技术的概念及特点

非专利技术，又称为专有技术、技术秘密。它是指未公开或未申请专利，但为拥有者带来超额经济利益或竞争优势的技术信息和知识。具体包括设计资料、工艺流程、材料配方、经营管理诀窍、图纸数据等等。从法律角度讲，非专利技术不是一种法定权利，而仅仅是一种自然的权利，没有法定的保护期限，所有者只能通过保密手段进行自我保护。专有技术的持有人不享有该技术的所有权，一旦该技术泄密和公开，该非专利技术即不具有资产形态。非专利技术具有实用性、新颖性、保密性、价值性等特点。

(二) 非专利技术的评估方法

非专利技术的评估方法与专利技术的评估方法基本相同，这里仅通过例题加以说明。

1. 收益法

【例 5-8】　某饮料生产企业将其饮料生产专有配方转让给另一家饮料生产厂家。由于该配方具有一定的先进性，生产的饮料口感特别受消费者喜爱，预计使用该配方后生产出的饮料会比较畅销。双方签订合同，约定受让方在未来四年内，每年从其销售毛收入中提取 10% 给该配方持有企业，作为该配方的转让费。折现率为 15%。试计算该配方的转让评估价值。

该配方的转让评估价值估算过程如下：

预测使用该配方后未来四年的销售收入分别为 80 万元、90 万元、95 万元、95 万元。

$$该配方转让的评估价值 = 10\% \times \left(\frac{80}{1.15} + \frac{90}{1.15^2} + \frac{95}{1.15^3} + \frac{95}{1.15^4} \right) \times (1 - 25\%) = 19(万元)$$

2. 成本法

【例 5-9】　某机械加工企业有 5 000 张机械零部件工艺设计图纸，已经使用五年。经专家从工艺设计图纸的设计先进性和保密性等方面鉴定认为，有 4 500 张图纸仍然可以作为有效的非专利技术资产，预计剩余经济使用年限为四年。根据该类图纸的设计、制作耗费估算，当前每张图纸的重置成本为 250 元。试计算该批图纸的价值。

该批图纸的价值估算过程如下：

$$该批图纸的重置成本＝4\,500×250＝1\,125\,000(元)$$

$$该批图纸的成新率＝4÷(4＋5)＝44.4\%$$

$$该批图纸的价值＝1\,125\,000×44.4\%＝499\,500(元)$$

第四节　商标权的评估

一、商标与商标权

（一）商标的概念

商标是商品和商业服务的标记。它是商品生产者或经营者用以标明自己所生产或销售的商品，或是商品服务者用以标明自己所提供的服务，以区别于其他同类商品或服务的标记。这种标记一般是用文字、图形或者它们的组合来表示，并置于商品表面或商品包装上，以及服务场所或服务说明书上。商标的主要作用是：区别同一种商品和服务的不同生产经营者和服务者；促进生产经营者和服务者保证商品和服务的质量；便于广告宣传；便于开展商品竞争；有利于发展国际贸易。

（二）商标权的概念

商标权，也称为注册商标专用权。它是指经过注册的某商标的所有人，对该注册商标享有的独占使用权。注册商标专用权的有效期为自核准注册之日起十年。有效期满后需要继续使用的，可以在规定的期限内续展注册，每次续展注册的有效期也是10年。未经商标局核准注册的商标不受法律保护，也就不具有商标权。

注册商标所有权人可以依法将商标权转让给他人，而失去该商标的专用权。同时，受让人成为该商标的所有权人。注册商标的所有权人还可以在不转让其商标权的前提下，许可他人使用其注册商标。商标权具有专有性、时间性、地域性、可转让性等特点。

二、商标权的评估程序

（一）明确评估目的

与商标权有关的经济行为一般包括转让、许可使用、投资入股等等。在商标权转让时，需要评估商标专用权的价值；在许可使用商标时，需要评估商标的许可使用费；在以商标权投资入股时，需要对商标权价值进行评估。

（二）收集商标的有关资料

收集的资料包括商标注册的有关法律特征、商标的历史和知名度，以及使用该商标的企业经营状况。

（三）商标产品的市场分析

分析的内容包括使用该商标的产品的市场现状、所处的行业及市场前景、市场占有率及竞争能力、市场环境变化等方面。

（四）确定评估方法及有关指标

商标权的评估一般采用收益法。使用商标所产生的超额收益额、折现率、收益期限等三项指标的确定，是评估商标权的关键。确定收益期限的依据是能够获得超额收益的时间，而注册年限及到期后的续展只是分析收益期限的前提。

（五）计算分析并完成评估报告

三、商标权的评估方法

（一）商标权转让价值的评估

【例5-10】　某饮料厂将其已经使用了二十五年的金浪啤酒注册商标转让。根据历史资料，该企业近五年使用这一商标的啤酒比市场上同类啤酒，每吨高出500元，该企业目前每年生产5 000吨，市场供求基本平衡。预计该品牌能够获取超额利润的时间是十年，前四年基本可以维持当前水平，后六年会由于其他品牌的竞争力提高，使得每吨高出其他品牌的价格下降为300元，不过产量可能会扩大到5 400万吨。试计算该商标的转让价值。

该商标的转让价值评估过程如下：

$$预期前四年的年超额利润＝500×0.5＝250（万元）$$

$$预期后六年的年超额利润＝300×0.54＝162（万元）$$

根据该企业的资金成本率及相应的风险率，确定其折现率为10%。估算该商标权的转让价值 $=\dfrac{250×(1-1÷1.1^4)}{0.1}+\dfrac{162×(1-1÷1.1^6)}{0.1×(1+0.1)^4}=792.48+481.90=1\,274.4$（万元）

（二）商标权许可使用费的评估

【例5-11】　某农用运输车生产企业所生产的"巨力"（已经注册商标）牌三轮车，在同类产品中享有较好的声誉，平均每辆三轮车的超额售价为80元。现有一集团公司拟介入农用三轮车的生产经营领域，为了降低其经营风险，该集团公司与农用运输车生产企业协商有关使用"巨力"商标的事宜。经双方协商，集团公司近五年内每年可在1 500～1 600辆三轮车上使用"巨力"商标，但需要标明其真实生产厂家，且每年按照其使用"巨力"商标的车辆销售收入的4%缴给该农用运输车生产企业，作为使用"巨力"商标的许可使用费。试评估该许可使用费的现值。

估算过程如下：

预计集团公司使用"巨力"商标的三轮车平均售价为 2 500 元/辆，五年内可生产销售的三轮车数量分别为 1 450 辆、1 500 辆、1 550 辆、1 600 辆、1 600 辆。因而，五年内的销售收入预计分别为：

$$第一年＝1 450×2 500＝3 625 000（元）$$

$$第二年＝1 500×2 500＝3 750 000（元）$$

$$第三年＝1 550×2 500＝3 875 000（元）$$

$$第四年＝1 600×2 500＝4 000 000（元）$$

$$第五年＝1 600×2 500＝4 000 000（元）$$

确定分成率为 4%。确定折现率为 10%。

$$许可使用费的现值＝4\%×\left(\frac{3\ 625\ 000}{1.1}+\frac{3\ 750\ 000}{1.1^2}+\frac{3\ 875\ 000}{1.1^3}+\frac{4\ 000\ 000}{1.1^4}+\frac{4\ 000\ 000}{1.1^5}\right)$$
$$×(1-25\%)=435\ 640（元）$$

第五节　其他无形资产的评估

一、特许权的评估

（一）特许权的概念

特许权，又称为特许经营权或专营权。它是指政府或企业所授予的在一定地区和时间范围内经营或销售某种特定商品的专有权利。特许权一般可以分为两种：一种是政府特许的专营权，如生产许可证、进出口许可证、烟草专卖许可证等；一种是一企业特许其他企业使用其商标或在特定地区内经营销售其产品的专营权。

（二）特许权的评估

获得特许权，会给其所有者提供在特许权有效期内赚取超额利润的机会[①]。因而，特许权的评估，是以被许可方在生产经营中使用特许权所带来的超额收益为基础。

【例 5-12】　经国家批准，某进出口公司获得了五年内每年进口 20 000 辆某世界名牌轿车的许可证，市场分析表明每辆车可获得净利润 5 000 元，资金利润率为 20%，国内一般汽车销售企业的利润率平均为 10%。国家规定该进出口公司一次性

---

① 阿斯瓦斯·达摩达兰认为，产生超额利润的因素有：商标名称的价值（如受权使用某种商标名称）、专利保护（受权生产某种产品）、合法垄断（受权提供垄断性服务）。引自《投资估价》第 394 页，清华大学出版社 1999 年版。

交纳一定的许可费,试评估该许可费的数额。

该许可费评估过程如下:

估算该进口公司所获得的许可证每年所带来的超额收益$=2\times 5\,000-10\%\times 2\times 5\,000\div 0.2$

$=5\,000$(万元)

估算适合于该经营活动的折现率为12%。许可费$=5\,000\times(1-1\div 1.12^5)\div 0.12$

$=5\,000\times 3.604\,8=18\,024$(万元)

【例5-13】　某市拟发出租车牌照3 000个(假定十年内控制在此数),可使用十年期。所有出租车的票价由市出租车管理委员会统一规定,并保留对不遵守规章制度的牌照所有者处罚的权利。目前购买一辆出租车的成本是8万元,预期经济寿命为十年(残值为零)。一辆出租车一般每年正常运营330天,一天可赚毛收入200元。汽油和保养等成本费用为收入的30%,汽车保险费每年1 000元,每辆出租车向出租车管理委员会交纳的年费是500元,出租车司机的日时间机会成本为50元(全年365天均计入),所得税率为25%,年折现率为14%。试估算该市应对所发的每个出租车牌照收取的费用。

估算过程如下:

出租车运营的年毛收入$=330\times 200=66\,000$(元)

年经营费用:

司机的时间机会成本(工资)$=365\times 50=18\,250$(元)

汽油及保养等成本$=66\,000\times 30\%=19\,800$(元)

保险费$=1\,000$(元)

年费$=500$(元)

合计$=39\,550$(元)

年折旧费$=80\,000\div 10=8\,000$(元)

所得税$=(66\,000-39\,550-8\,000)\times 25\%=4\,612.5$(元)

年纯收入$=66\,000-39\,550-4\,612.5=21\,837.5$(元)

未来十年纯收入的现值$=21\,837.5\times(1-1\div 1.14^{10})\div 0.14=134\,182$(元)

每个出租车牌照价值$=134\,182-80\,000=54\,182$(元)

二、著作权的评估

(一) 著作权的概念

著作权也称版权,是指文学、艺术作品和科学作品的创作者依照法律规定对这些作品所享有的各项专有权利,是知识产权的重要组成部分。《中华人民共和国著作权法》第三条规定,作品是指文学、艺术和科学领域内具有独创性并能以一定形式表现的智力成果,包括:文字作品,口述作品,音乐、戏剧、曲艺、舞蹈、杂技艺术作品,美术、建筑作品,摄影作品,视听作品,工程设计图、产品设计图、地图、示意图等图形作品和模型作品,计算机软件,以及符合作品特征的其他智力成果。著作权人享有的著作权包括著作权中的人身权和著作权中的财产权,具体划分为:发表权,即决定作品是否公之于众的权利;署名权,即表明作者身份,在作品上署名的权利;修改权,即修改或者授权他人修改作品的权利;保护作品完整权,即保护作品不受歪曲、篡改的权利;复制权,即以印刷、复印、拓印、录音、录像、翻录、翻拍、数字化等方式将作品制作一份或者多份的权利;发行权,即以出售或者赠予方式向公众提供作品的原件或者复制件的权利;出租权,即有偿许可他人临时使用视听作品、计算机软件的原件或者复制件的权利,计算机软件不是出租的主要标的的除外;展览权,即公开陈列美术作品、摄影作品的原件或者复制件的权利;表演权,即公开表演作品,以及用各种手段公开播送作品的表演的权利;放映权,即通过放映机、幻灯机等技术设备公开再现美术、摄影、视听作品等的权利;广播权,即以有线或者无线方式公开传播或者转播作品,以及通过扩音器或者其他传送符号、声音、图像的类似工具向公众传播广播的作品的权利,但不包括本款第十二项规定的权利;信息网络传播权,即以有线或者无线方式向公众提供,使公众可以在其选定的时间和地点获得作品的权利;摄制权,即以摄制视听作品的方法将作品固定在载体上的权利;改编权,即改变作品,创作出具有独创性的新作品的权利;翻译权,即将作品从一种语言文字转换成另一种语言文字的权利;汇编权,即将作品或者作品的片段通过选择或者编排,汇集成新作品的权利;应当由著作权人享有的其他权利。著作权人可以许可他人行使、全部或部分转让复制、发行、出租、展览、表演、放映、广播、信息网络传播、摄制、改编、翻译、汇编等权利,并依照约定或者法律有关规定获得报酬。署名权、修改权、保护作品完整权的保护期不受法律限制。公民作品的发表权、使用权和获得报酬权的保护期为作者终身及其死亡后五十年。其他作品的发表权、使用权和获得报酬权的保护期为首次发表后五十年,但作品在创作完成后五十年内未发表的,著作权不再受到保护。

著作权人可以将自己的权利交由他人使用,这称为著作权许可使用。例如,将自己的作品交给出版社,交给改编、翻译、注释者进行改编、翻译、注释等。著作权许可使用分为专有使用和非专有使用。著作权许可专有使用是著作权人只将权利许可给某人或某单位使用,该使用人从而取得对著作权人所创作作品的专有使用权。著作权许可非专有使用是著作权人将其作品授予两个或两个以上使用人使用。著作权许可使用合同的有效期限不超过 10 年。

(二)著作权的评估

【例 5-14】 预计某图书定价为 24 元/册,在著作使用权合同 10 年期内的总发行量估计能够达到 50 000 册,前 5 年的年销售量为 7 000 册,后 5 年的年销售量为

3 000 册,版税率(即收入提成率)为 10%,稿酬的所得税税率为 20%。折现率为 10%。试评估该著作使用权的价值。

评估过程如下:

前 5 年与后 5 年的年版税收入分别为:

$$前 5 年 = 7\ 000 \times 24 \times 10\% = 16\ 800(元)$$
$$后 5 年 = 3\ 000 \times 24 \times 10\% = 7\ 200(元)$$

前 5 年与后 5 年的年所得税后版权收入为[①]:

前 5 年 = 16 800 − 16 800 × (1−20%) × 20% × (1−30%) = 16 800 − 1 882 = 14 918(元)

后 5 年 = 7 200 − 7 200 × (1−20%) × 20% × (1−30%) = 7 200 − 806 = 6 394(元)

该著作使用权价值 = $14\ 918 \times (1 - 1 \div (1.1)^5) \div 0.1 + 6\ 394 \times (1 - 1 \div (1.1)^5) \div 0.1 \times (1.1)^5$
　　　　　　　　 = 71 601(元)

三、租赁权的评估

(一) 租赁权的概念

租赁权是指在租赁合同规定的期限内,由出租人将财产的使用权转让给承租人,承租人按照合同规定所获得的财产使用权。承租方向出租方支付一定的租金,在租赁合同到期后出租方收回财产。租赁一般分为经营性租赁和融资性租赁。经营性租赁是指由出租方将财产交给承租方使用并收取租金,在租赁关系终止时收回财产。融资性租赁是指由出租方按照承租方所提出的租赁财产的规格要求及所同意的条款购买资产,而后将该资产出租给承租方使用并收取租金,在租赁合同到期时收回、续租或出售资产。对承租方来讲,这是一种以"融物"方式达到融资目的的交易方式。

(二) 租赁权的评估

租赁权的评估,并非对租赁时的租金额进行评估,而是对租赁权在租赁合同期内所能够带来的超额收益进行的评估。这种超额收益一般表现为租赁权使用所带来的支付租金前的客观净收益高出合同租金的部分,或者说是市场租金高出契约租金的部分。比如某人承租一房屋的契约租金为 500 元/月,于每月月初支付。按租赁合同剩余的租期为一年,而承租人不再需要住用该房屋,经出租人同意可以转租该房屋。承租人经过市场调查发现同类房屋当前的市场租金为 550 元/月。因而承租人认为向该租赁权的受让人收取 600 元的转租费比较合理。租赁权的评估采用收益法。

【例 5-15】　某企业向租赁公司租赁了一套设备,每年租金为 130 万元,剩余租期

[①]　稿酬的应纳所得税税额为:应纳税所得额 × 税率(20%) × (1−30%)。每次收入不超过 4 000 元的,扣除费用 800 元之后,其余为应纳税所得额;4 000 元以上的,扣除 20% 的费用之后,其余为应纳税所得额。

为五年。预计该设备未来每年生产的产品销售收入为 1 150 万元,生产及销售总成本为 1 000 万元(包括租金支付),企业未来五年的资本成本预期为 8%。试评估该设备租赁权的价值。

评估过程如下:

租赁权年净超额收益=(1 150-1 000)×(1-25%)-1 000×8%=32.5(万元)

设备租赁权价值=32.5×(1-1÷(1.08)^5)÷0.08=129.84(万元)

四、商誉的评估

(一) 商誉的概念及特点

商誉(goodwill)通常是指一个企业预期将来的利润超过同行业正常利润的超额利润的价值。这种价值的预期是由于企业所处的地理位置的优势,或由于经营效率高、管理水平高、生产历史悠久、令人喜爱或尊敬的企业名称、良好的客户关系、高昂的士气等多种无形的"资产"因素综合造成的。这些无形资产因素使得人们预期该企业会有超过一般企业的业绩。商誉的特点可以概括为:依附性,企业是商誉及其价值的载体,不能脱离企业而单独存在;累积性,商誉是企业长期积累起来的一项价值,须经过大量的市场营销、技术创新、广告宣传、公关活动和优质服务等一系列的长期智力投入方能逐渐形成;整体性,商誉本身不是一项单独的、能够产生收益的无形资产,是多方面因素共同作用的结果;持续性,商誉存续期间没有法定限制,只依赖于企业的经营状况,如果企业能够遵守诚实守信的原则,不断提高产品质量,改善服务态度,商誉就能持续下去。

(二) 商誉的评估

从商誉的概念可以看出,只有赢利企业才可能存在商誉这种无形资产。因而,商誉价值的评估仅限于赢利企业或经济效益高于同行业或社会平均水平的企业。由于很少有能够连续数年保持超额利润的企业,因而,企业购买者对商誉所支付的价格,通常不会超过年利润的 4～5 倍[①]。

1. 超额收益法

超额收益法是通过估算企业的预期超额收益,并将其折现的方法。其计算公式如下:

$$商誉的价值 = \sum_{i=1}^{n} A_i \div (1+r)^i = \sum_{i=1}^{n} (B_i - \sum C \times r) \div (1+r)^i$$

式中:A_i 为企业第 i 年的预期超额收益;

r 为折现率(也为行业平均投资报酬率);

n 为产生超额收益的年限;

B_i 为企业第 i 年的预期净收益;

---

① 陈云震:《西方财务会计》第 182 页,中国人民大学出版社 1992 年版。

$\sum C$ 为企业各单项资产评估价值之和。

【例 5-16】 某企业将在今后五年内保持具有超额收益的态势,预计五年内的年收益额为 200 万元,该企业的各单项资产评估总价值为 900 万元,企业所在行业的平均投资报酬率为 20%,并以此作为折现率,试评估该企业的商誉价值。

$$该企业商誉的价值=(200-900\times20\%)\times(1-1\div(1.2)^5)\div0.2$$
$$=59.8(万元)$$

2. 割差法

割差法是根据企业整体评估价值与各单项资产评估价值之和,进行比较确定商誉评估价值的方法。其计算公式如下:

$$商誉的价值=\sum_{i=1}^{n}(B_i-\sum C\times r)\div(1+r)^i$$
$$=\sum_{i=1}^{n}B_i\div(1+r)^i-\sum_{i=1}^{n}\sum C\times r\div(1+r)^i$$
$$=\{\sum_{i=1}^{n}B_i\div(1+r)^i+\sum_{i=n+1}^{\infty}\sum C\times r\div(1+r)^i\}$$
$$-\{\sum_{i=1}^{n}\sum C\times r\div(1+r)^i+\sum_{i=n+1}^{\infty}\sum C\times r\div(1+r)^i\}$$
$$=企业整体资产评估价值-企业各单项资产评估价值之和$$

【例 5-17】 预期某企业未来年净利润为 15 万元,假定这一状况可以永续下去。确定折现率为 10%。采用单项资产评估方法,评估确定该企业各单项资产评估价值之和为 130 万元。试估算该企业的商誉价值。

$$该企业的商誉价值=15\div0.1-130=20(万元)$$

练 习 题

单项选择题

1. 某企业的预期年收益额为 320 万元,该企业的各单项资产评估价值之和为 1 200 万元,其中专利权价值为 400 万元,该企业所属行业的平均收益率为 10%,适用本金化率为 10%,其商誉的评估值为( )万元。

   a. 800　　　　　　　　　　　b. 400

   c. 2 000　　　　　　　　　　d. 2 400

2. 某甲(承租人)2021 年 1 月和某乙(房主)签订了房屋租赁合同,原租金为 200 元/月,租期为五年,某甲于 2022 年 1 月转让该房屋的租赁权,经调查同类房屋 2022 年 1 月的市场租金为 250 元/月,折现率为 10%。该租赁权的转让费为( )元。

   a. 1 900　　　　　　　　　　b. 2 000

   c. 2 400　　　　　　　　　　d. 12 000

3. 某企业一项专利技术的法律保护期自 2016 年 1 月起二十年,2022 年 1 月预计其可带来超额利润的年限尚有十年。现在该企业拟将该技术转让给另一家企业使用五年,并从其预期销售收入 8 000 万元中分成 15% 作为转让收益。所得税税率为 33%。折现率为 10%。该技术的转让价值为( )万元。

a. 3 048

b. 4 940

c. 5 923

d. 6 845

4. 对于同一专利权来讲,其价值最高许可使用形式为( )。

a. 普通使用许可

b. 排他使用许可

c. 交互使用许可

d. 独占使用许可

5. 无形资产价值评估公式:

$$最低收费额 + \sum_{i=1}^{n} k_2 \times \frac{R_i(1-T)}{(1+r)^i}$$

适用于无形资产转让价格的( )。

a. 总付

b. 提成支付

c. 交互支付

d. 混合支付

6. 无形资产评估值 $= \sum_{i=1}^{n} k_1 \times \frac{R_i(1-T)}{(1+r)^i}$

$$= 最低收费额 + \sum_{i=1}^{n} k_2 \times \frac{R_i(1-T)}{(1+r)^i}$$

上述公式中, k_1 和 k_2 的关系是( )。

a. k_1 等于 k_2

b. k_1 大于 k_2

c. k_1 小于 k_2

d. 不确定

计算题

1. 某企业拟转让一专利技术,与购买方商议双方利用该专利技术的生产能力分别为 800 万件和 400 万件产品。该专利技术的开发成本为 400 万元,已经使用五年,剩余经济使用年限为三年。该专利技术转让后对出让方的生产经营产生较大影响,由于市场竞争使得产品销售额下降,减少净收入的现值为 60 万元。转让后为受让方提供技术指导等转让成本为 20 万元。试评估确定该无形资产转让的最低收费额。

2. 甲企业将一项专利使用权转让给乙企业,拟采用利润分成支付的方法。该专利技术是三年前自行研制的,账面成本为 80 万元,三年间物价累计上升了 25%,该专利保护期十年,剩余保护期六年,专业人员测算认为该专利技术的成本利润率为 400%,乙企业资产的重置成本为 4 000 万元,成本利润率为 13%。专业人员通过对该专利技术的同类技术发展趋势分析,认为该专利的剩余经济使用年限为四年。通过对市场供求状况及生产状况分析得知,乙企业的年实际生产能力为 20 万件,成本费为每件 400 元,未来四年期间的产量与成本费用变动不大,使用该专利技术后产品的性能提高,预计每件产品的售价在未来第一、二年为 500 元,第三、四年为 450 元。折现率为 10%,所得税税率为 25%。试确定该专利的评估价值。

3. 某企业为了整体资产转让需要进行评估。经过预测该企业未来五年净利润分别为 100 万元、110 万元、120 万元、150 万元、160 万元,预计从第六年起每年收益处于稳定状态,即每年平均为 160 万元。该企业一直没有负债,其有形资产只有货币资金和固定资产,且其评估值分别为 100 万元和 500 万元。该企业有一尚可使用五年的非专利技术,该技术产品每件可获得超额利润 10 元,目前该企业每年生产产品 8 万件,经过综合生产能力和市场分析预测,在未来五年每年可生产 10 万件。折现率为 6%。试评估该企业的商誉价值。

讨　论　题

1. 将土地使用权划归为无形资产是否符合无形资产的定义？能否将土地所有权和土地使用权一样也划归为无形资产？

2. 在无形资产价值的评估中应如何考虑无形资产交易价格的变动范围？

3. 在确定"最低收费额"时，为什么要考虑转让的机会成本？如何确定该机会成本的范围，其基本理论依据是什么？

4. 在计算无形资产的约当投资量时，为什么要用无形资产的重置成本，而不是重置成本净值？如果将无形资产以作价入股的方式进行投资，是否应按照其约当投资量进行评估，为什么？

5. 是考虑无形资产的约当投资量还是重置成本净值，与以无形资产进行投资的方式、所采取的分成方式、分成期限（比如以专利权的有效保护期为期限，或无期限）有无什么关系？

第六章
金融资产评估

【本章学习目的】 通过本章的学习,你应该能够:
(1) 阐明金融资产的评估特点。
(2) 运用收益法原理评估债券、股票的价值。

第一节　金融资产评估概述

一、金融资产的概念

金融资产是一切能够在金融市场上进行交易,具有现实价格和未来估价的金融工具的总称。也可以说,金融资产是一种合约,表示对未来收入的合法所有权。

在现代经济生活中,金融市场作为金融性商品交易的场所,为企业生产经营活动的持续进行,提供了筹集和融通资金的渠道。金融市场上证明金融交易金额、期限、价格的书面文件,称为金融工具,其最基本要素为支付的金额和支付条件。若按照期限分类,金融工具可划分为货币市场的金融工具和资本市场的金融工具。前者主要包括商业票据、短期公债、银行承兑汇票、可转让大额定期存单、回购协议等;后者则主要包括股票、长期债券等。从金融市场交易的角度来说,金融工具是金融市场上交易的对象和手段,而对于金融工具的持有者来说,这些金融工具就是他们的金融资产。从广义上说,金融市场是所有资金供需的交易场所,称为资金市场;从狭义上讲,金融市场专指证券发行和买卖的场所,称为证券市场。本章讨论的主要是狭义金融市场上的交易工具,即股票和长期债券。

二、金融资产的投资特点

(一) 股票投资的特点

股票是企业为筹集资金而发行的一种有价证券,它证明股票持有者对企业资产所享有的相应所有权。因此,投资股票即是一种股权投资。其投资特点有以下几方面。

1. 风险性

股票投资属于永久性长期投资,股票一经购买,即不能退还本金。股票购买者能否获得预期利益,完全取决于企业的经营状况,因而具有投资收益的不确定性,利多多分,利少少分,无利不分,亏损承担责任。

2. 流动性

股票一经购买即不能退股,但可以随时按规则脱手转让变现,或者作为抵押品,上市交易,这使股票的流动成为可行。从而促使社会资金的有效配置和高效利用,同时使筹资企业的资本具有长期的稳定性。

3. 决策性

普通股票的持有者有权参加股东大会、选举董事长,并可依其所持股票的多少参与企业的经营管理决策,持股数量达到一定比例还可居于对公司的权力控制地位。

4. 股票交易价格与股票面值的不一致性

股票的市场交易价格不仅受制于企业的经营状况,还受到国内及国外的经济、政治、社会、心理等多方面因素的影响,往往造成股票交易价格与股票面值的不一致。这不仅促使企业提高经营效益,同时也产生了投资者的资本选择行为。

(二) 债券的投资特点

债券是社会各类经济主体为筹集资金,按照法定程序发行的,承诺在指定日还本付息的债务凭证,它代表债券持有人与企业的一种债权债务关系。由于债券收益主要是利息收入,对投资人来说,主要要看被投资债券的利息的多少。其投资特点有以下几方面。

1. 风险性

债券必须明确规定还本付息的时间、期限,一般从几年到几十年不等,到期必须偿还。债券的发行必须按国家规定严格执行。政府发行的债券由国家财政担保;银行发行的债券以银行的信誉及资产作后盾;企业债券则要以企业的资产担保。即使发生企业破产清算时,债权人分配剩余财产的顺序也排在企业所有者之前。因此,投资债券的风险相对较小。

2. 收益的稳定性

一般情况下,债券发行主体为了吸引投资者,通常把债券的利率定得高于同期银行储蓄利率,债券利率是固定利率,一经确定即不能随意改动,不能随市场利率的变动而变动。所以,在债券发行主体不发生较大变故时,债券的收益是比较稳定的。

3. 流动性

在发行的债券中有相当部分是可流通债券,它们可随时到金融市场上流通变现。

三、金融资产评估特点

依据《中华人民共和国资产评估法》对资产评估的定义,金融资产评估可定义为:资产评估机构及其资产评估专业人员,根据委托对评估基准日特定目的下的金融资产价值进行评定、估算,并出具资产评估的专业服务行为。金融资产评估具有以下特点。

(一) 对投资资本的评估

投资者之所以在金融市场上购买股票、债券,并不一定以谋求对所投资企业的某种管理权、参与权、控制权为单纯目的,而在多数情况下是为了获得投资收益。股票、债券收益的大小,决定着投资者的购买行为。如债券投资者所关心的是利息的高低、债券的流动性及投资的安全性,而不管筹资者的资金用途;股票投资者关心的是按期收受的股利以及若干时间以后股票价格的上升情况。所以,投资者是把用于股票、债券的投资看作投资资本,使其发挥着资本的功能。从这个意义上讲,金融资产投资的评估实际上是对投资资本的评估。

（二）对被投资者的偿债能力和获利能力的评估

投资者购买股票、债券的根本目的是获取投资收益,而能否获得相应的投资收益,则取决于:投资的数量和投资风险。而投资风险在很大程度上又取决于被投资者的获利能力和偿债能力。企业的获利能力和偿债能力与企业自身的管理、经营状况和财务状况紧密相关。因此,对于债券的评估,主要应考虑债券发行方的偿债能力;股票评估除了参照股市行情外,主要是对被投资者的获利能力的评估。从这个意义上说,金融资产投资的评估是对被投资者的偿债能力和获利能力的评估。

第二节　债　券　评　估

一、上市债券评估

上市债券是指能够在市场上流通交易、自由买卖的债券。在一般情况下,对上市债券评估采用现行市价法,按照评估基准日的收盘价确定评估值。同时,评估人员应在评估报告中说明所用评估方法和结论,并申明该评估结果应随市场价格变动而予以调整。特殊情况下,如市场价格严重扭曲,不能代表债券的实际价值,债券价格与其收益现值严重背离时,则按照非上市债券进行评估。

应当强调指出:不论按什么方法评估,已上市债券的评估值一般不应高于证券交易所公布的同种债券的卖出价。

【例 6-1】　被评估企业持有 2020 年发行的五年期债券 1 000 张,每张面值100 元,年利率10%。2022 年 9 月 10 日进行评估时,该面值 100 元的债券,市场交易价为 111 元,试计算该种债券评估基准日的评估值。

$$评估值＝1 000×111＝111 000(元)$$

二、非上市债券评估

非上市债券是指不能进入市场自由买卖的债券。因无法通过市场取得债券的现行市价,对非上市债券主要采用收益法进行评估。根据非上市债券还本付息的方式,把债券分为定期支付利息到期还本和到期一次还本付息两类,并采取不同的评估方法进行计算。

（一）定期支付利息到期还本债券的评估

评估定期支付利息到期还本的债券,其计算公式如下:

$$P=\sum_{t=1}^{n}\left[R_t(1+i)^{-t}\right]+A(1+i)^{-n}$$

式中:P 为债券的评估值;

R_t 为第 t 年的预期利息收益；

i 为折现率；

A 为债券面值；

t 为评估基准日距收取利息日期限；

n 为评估基准日距还本日期限。

由上式可见，长期债券的收益现值评估，实际上是在投资年份里，长期投资带来的收益和投资本金的折现之和。这里，债券利率和还本期都是事先约定好的，因此计算预期收益并不困难。债券评估的折现率由无风险报酬率和风险报酬率两部分内容构成。前者常以国债利率或银行利率为准；后者则应考虑发行债券的企业财务状况、债券到期年限、行业经营风险等。

【例 6-2】 某一被评估企业拥有债券，本金 12 万元，期限为三年，年息为 12%，按年付息，到期还本。评估时债券购入已满一年，每一年利息已作投资收益入账。评估时，国库券年利率为 8%。考虑到企业所拥有债券为非上市债券，不能随时变现，据企业财务状况等因素，确定风险报酬率为 2%，测定该种债券的折现率为 10%。试求评估结果。

$$P = \sum_{t=1}^{n} R_t \left[(1+i)^{-t} \right] + A(1+i)^{-n} = 120\,000 \times 12\% \times (1+10\%)^{-1}$$
$$+ 120\,000 \times 12\% \times (1+10\%)^{-2} + 120\,000 \times (1+10\%)^{-2}$$
$$= 13\,091.04 + 11\,901.06 + 99\,175.54 = 124\,167.64(\text{元})$$

（二）到期一次还本付息的债券评估

这类债券是指平时不支付利息，到期后连本带利一次性支付的债券。评估时，应将债券到期时一次性支付的本利之和折现，求得评估值。其计算公式如下：

$$P = F(1+i)^{-n}$$

式中：P 为债券的评估值；

　　　　F 为债券到期时本金和利息之和；

　　　　n 为评估基准日到债券还本付息的期限；

　　　　i 为折现率。

债券利率是采用单利计算还是复利计算，所计算出的本利之和是不同的。

采用单利计算时，可按下列公式计算：

$$F = A(1+mr)$$

采用复利计算时，可按下列公式计算：

$$F = A(1+r)^m$$

式中：A 为债券面值或计算本金值；

　　　　m 为债券的期限或计息期限；

　　　　r 为债券利率率。

【例 6-3】 如前例中,不是每年付息一次,而是到期一次还本付息,且按单利计算。试计算该债券评估结果。

$$F = A(1 + mr) = 120\,000 \times (1 + 3 \times 12\%) = 163\,200(\text{元})$$

$$P = F(1 + i)^{-n} = 163\,200 \times (1 + 10\%)^{-2} = 134\,868.48(\text{元})$$

第三节　股　票　评　估

一、股票价格

股票价格是股票在进行市场交易时自身价值的体现。要进行股票评估,就需要了解与股票评估有关的股票价格概念。股票本身有很多种价格。

(一) 票面价格

票面价格是指企业在发行股票时所标明的每股股票的票面金额。

(二) 发行价格

发行价格是指企业在发行股票时的出售价格。股票发行采用面额发行、溢价发行、折价发行方式,发行价格分别等于、高于、低于票面价格。一般同一种股票只能有一种发行价格。

(三) 账面价格

又称股票的净值。它是指股东持有的每份股票在企业财务报表上所反映的价值。它等于企业资产净值与优先股总面值之差,再除以普通股股数。

(四) 清算价格

清算价格是指企业清算时每股股票所代表的真实价格。股票的清算价格取决于股票的账面价格、资产出售损益、清算费用高低等项因素。在大多数情况下,由于企业的许多资产在清算中只能压价出售,所以,股票的清算价格一般小于账面价格。

(五) 内在价格

它是一种理论价值或模拟市场价值,即评估人员通过对股票未来收益的预测折现得出的股票价格。股票内在价格的高低,主要取决于企业的发展前景、财务状况、管理水平以及获利风险等因素。

(六) 市场价格

市场价格是指证券市场上的股票交易价格。在发育完善的证券市场条件下,股票市场价格是市场对企业股票内在价值的一种客观评价;而在发育不完善的证券市场条件下,股票的市场价格是否能代表其内在价值,应作具体分析和判断。

虽然股票价格多种多样,但与股票评估联系密切的只有股票的内在价格、清算价格和市场价格。

由于股票有上市和非上市之分,股票评估也分为上市股票的评估和非上市股票的评估。

二、上市股票评估

上市股票是指企业公开发行的,可以在股票市场上自由交易的股票。在发育完善的证券市场条件下,股票的市场价格基本上可以作为股票评估的依据,即可采用现行市价法进行股票评估;对于发育不完善的证券市场,股票的市场价格就不能作为股票评估的依据,而应与非上市企业股票相同。上市股票评估值的计算公式如下:

上市股票评估值＝股票股数×评估基准日该股票市场收盘价

【例6-4】 某企业持有一企业上市股票1万股,评估基准日该股票的收盘价为每股19元。试求其评估值。

股票评估值＝10 000×19＝190 000(元)

需要说明的是:依据现行市价法得出的评估值,应在评估报告中说明所用方法,并申明该评估结果应随市场价格的变化而予以调整。

如果企业是以控股为目的持有上市企业股票,则一般采用收益现值法进行评估。

三、非上市股票评估

非上市股票是指不能在股票市场上进行交易的股票。因而在市场上难以找到作为非上市股票评估依据的市场价格。这就需要综合分析股票发行企业的经营业绩、发展状况、财务风险等因素,合理预测股票投资的未来收益,并选择合理的折现率来确定评估值。

非上市股票分为普通股和优先股。由于普通股和优先股的特征不同,需采用不同的方法进行评估。

(一) 优先股的评估

优先股是一种既具有股票特征又具有债券特征的混合证券。它不仅在股利分配和剩余财产分配上优先于普通股,而且在发行时就确定了股利率,并不得改变,所以优先股的股利是固定的。因而优先股的收益是比较有保障的,风险小于其他股票,被称为"准企业债券"。

由于优先股的股利是在税后支付的,因此对优先股评估,首先要根据股票发行企业的经营和发展状况,判断其是否有足够的税后利润用于优先股的股利分配,若是,则该优先股股票具有"准企业债券"的性质,评估人员可根据事先确定的股利率,计算优先股的年收益额,然后进行折现或资本化处理,即可得出评估值。其计算公式如下:

$$P = \sum_{t=1}^{\infty} R_t (1+i)^{-t} = \frac{A}{i}$$

式中：P 为优先股的评估值；

R_t 为第 t 年优先股的收益；

i 为折现率；

A 为优先股的等额年股息收益。

【例 6-5】 某企业持有另外一家企业优先股 200 股，每股面值 100 元，年股息率为 11%，评估时国库券利率为 8%，经过调查分析，确定风险报酬率为 2%，从而确定该优先股的折现率（资本化率）为 10%。试求其评估结果。

$$P = \frac{A}{i} = (200 \times 100 \times 11\%) \div 10\% = 22\,000(元)$$

非上市优先股如有上市的可能，持有人又有转售意向，该类优先股可按照下列公式评估：

$$P = \sum_{t=1}^{n} [R_t(1+i)^{-t}] + F(1+i)^{-n}$$

式中：P 为评估值；

R_t 为优先股第 t 年的定额股息；

F 为优先股的转让市价（预期变现价格）。

（二）普通股的评估

普通股是发行量最多、占企业发行股票比重最大的一种股票，属于权益证券。其收益额不固定，与企业的经营状况和发展水平密切相关。普通股的股息和红利的分配在优先股收益分配之后，是企业剩余权益的分配。对普通股的评估，相当于对股票发行企业剩余权益的评估。普通股通常按其收益趋势分为固定红利模型、红利增长模型和分段式模型三种类型。普通股的评估应针对其不同的类型采用相应的方法。

1. 固定红利模型

对于企业经营比较稳定、红利分配固定，且能够保证在今后一定时期内红利分配政策比较稳定的普通股评估，应采用固定红利模型。前提是将剩余权益全部用于股利分配，其计算公式如下：

$$P = \frac{R}{i}$$

式中：P 为股票评估值；

R 为下一年的红利额；

i 为折现率或资本化率。

【例 6-6】 甲企业持有乙企业的非上市普通股 30 万股，每股面值 10 元。甲企业持股期间，每年股票收益率保持在 14% 左右水平。现假设乙企业生产经营比较稳定，财务状况良好。在可预见的年份中，保持 12% 的红利分配水平是可行的。因乙企业奉行稳健经营原则，其股票风险性低，风险报酬率为 2%。在选用国库券利率 8% 的基础上确定折现率为 10%。根据上述资料，试求其评估结果。

股票价格：

$$P_0 = 12\% \times 10 \div (2\% + 8\%) = 12(元)$$

甲企业持有的股票价值：

$$P = 12 \times 300\,000 = 3\,600\,000(元)$$

2. 红利增长模型

该模型用于成长型企业股票评估。成长型企业具有发展前景好、潜力大、追加投资能带来较高收益的特点。该模型是假设股票发行企业没有把剩余权益全部用作股利分配，而是将剩余收益的一部分用于追加投资，扩大企业再生产规模，继而增加企业的获利能力，最终增加股东的潜在获利能力，使股东获得的红利呈逐渐增长趋势。其股票评估值的计算公式如下：

$$P = \frac{R}{i - g}$$

式中：P 为股票的评估值；

　　　R 为下一年股票的红利额；

　　　i 为折现率；

　　　g 为股利增长比率。

股利增长率 g 的测定方法有历史数据分析法和发展趋势分析法两种。前者是在企业历年红利分配数据的分析基础上，利用统计学方法计算出股票红利的平均增长速度，依此确定股利增长率 g；后者主要是根据股票发行企业股利分配政策，以企业剩余收益中用于再投资的比率与企业净资产利润率的乘积作为股利增长率 g。

【例 6-7】　甲企业持有乙企业的非上市普通股 30 万股，每股面值 10 元。甲企业持股期间，每年股票收益率保持在 12% 左右水平。经评估人员调查了解到：乙企业将每年只用 75% 的税后利润用于股利发放，另 25% 用于扩大再生产，预计今后乙企业净资产利润率将保持在 15% 左右，风险报酬率为 2%，无风险报酬率以国库券利率 8% 为依据，试求该种普通股票评估值。

$$R = 10 \times 300\,000 \times 12\% = 360\,000(元)$$

$$i = 8\% + 2\% = 10\%$$

$$g = 25\% \times 15\% = 3.75\%$$

$$P = 360\,000 \times (1 + 3.75\%) \div (10\% - 3.75\%) = 5\,976\,000(元)$$

3. 分段式模型

对于具有很大风险的股票市场来说，由于企业的生产、经营遭受的不确定因素很多，固定的股利和按固定比例增长股利都太过于模式化，与实际情况不符，很难适用所有的股票评估，分段式模型则是为了避免前两种模式的缺点而产生的。

分段式模型是先按照评估目的把股票收益期分为两段：①能够被客观地预测的股票收益期或股票发行企业的某一经营周期，在这一阶段股票持有者能连续不断取得股利。②第一段期末以后的收益期,该阶段受到不可预测的不确定因素影响较大,股票收益难以客观预测。进行评估时,对前段逐年预期收益直接折现,对后段可采用固定红利模型或红利增长模型,收益额采用趋势分析法或客观假设。最后汇总两段现值,即是股票评估值。

【例 6-8】 甲企业持有乙企业的非上市普通股 30 万股,每股面值 10 元。甲企业持股期间,每年股票收益率保持在 12% 左右水平。经评估人员调查分析,认为前三年保持 12% 的收益率是有把握的;第四年由于技术进步可使收益率提高 5%,并将继续下去。评估时风险报酬率为 2%,无风险报酬率以国库券利率 8% 为依据,则确定折现率 10%。试求该种股票的评估值。

$$P = 前三年折现值 + 第四年后折现值$$
$$= 10 \times 300\,000 \times 12\% \times [1 - 1 \div (1 + 10)^3] \div 10\%$$
$$+ (10 \times 300\,000 \times 17\% \div 10\%) \times (1 + 10\%)^{-3}$$
$$= 360\,000 \times 2.486\,9 + 510\,000 \times 0.751\,3$$
$$= 895\,284 + 383\,163 = 1\,278\,447(元)$$

练 习 题

单项选择题

1. 被评估债券为四年一次性还本付息债券 100 000 元,年利率为 18%,不计复利,评估时债券的购入时间已经满两年,当年的国库券利率为 10%,该企业的风险报酬率为 2%,被评估债券的价值为( )元。

   a. 137 120　　　　b. 172 000　　　　c. 118 000　　　　d. 153 380

2. 被评估企业拥有甲企业发行的五年期债券 100 张,每张面值 1 万元,债券利息率每年为 9%,复利计息,到期一次还本付息。评估基准日至债券到期还有两年,若适用折现率为 15%,则被评估企业拥有甲企业债券的评估值最接近于( )万元。

   a. 109　　　　b. 116　　　　c. 122　　　　d. 154

3. 某被评估企业拥有 A 公司面值共 90 万元的非上市普通股票,从持股期间来看,每年股利分派相当于票面值的 10%,评估人员通过调查了解到 A 公司每年只把税后利润的 80% 用于股利分配,另 20% 用于公司扩大再生产,公司有很强的发展后劲,公司股本利润率保持 15% 水平上,折现率设定为 12%,如运用红利增长模型评估被评估企业拥有的 A 公司股票,其评估值最有可能是( )元。

   a. 900 000　　　　b. 1 000 000　　　　c. 750 000　　　　d. 600 000

计算题

   甲企业持有乙企业发行的优先股 200 股,每股面值 500 元,股息率为 12%。当前的国库券市场利率为 8%,乙企业的风险报酬率为 2%。甲企业打算三年后将这些优先股出售,预计出售时市场利率将上升 2 个百分点。试评估该批优先股的价值。

第七章

流动资产和其他
资产评估

【本章学习目的】 通过本章的学习,你应该能够:

(1) 认识流动资产的评估特点。

(2) 熟练掌握各类流动资产的评估方法。

第一节　流动资产评估概述

一、流动资产的含义及特点

(一) 流动资产的含义

流动资产是指企业可以在一年内或者超过一年的一个营业周期内,变现或者运用的资产,包括现金及各种存款、存货、应收及预付款项、短期投资等。具体来讲,现金是指企业的库存现金,其中包括企业内部各部门周转使用的备用金;各种存款是指企业的各种不同类型的银行存款;应收账款是指企业因销售商品、提供劳务等,应向购货和受益单位收取的款项,是购货单位所欠的短期债务;预付款是指企业按购货合同规定,预付给供货单位的购货定金或部分货款,以及企业预交的各种税、费等;存货是指企业的库存材料、在产品、产成品等;短期投资是指企业购入的各种能随时变现、持有时间不超过一年的投资,包括不超过一年的股票、债券、基金等有价证券和其他投资。另外,还包括除以上资产之外的流动资产。

(二) 流动资产的特点

流动资产是企业资产的重要组成部分,不同于固定资产。流动资产的独特性,主要表现在周转方式、存在形式、变现能力等方面。这使得流动资产具有以下特点。

1. 流动性强

流动资产在生产经营活动中不能固定在一种使用形态上,而是随着生产过程的不断进行,不断地由一种形态转化为另一种形态。流动性强是流动资产的主要特点,这一特点要求在进行流动资产评估时,必须合理确定评估时点,并且严格在规定时点上进行资产清查,确定被评估资产数量,避免发生重估、漏估的现象,以致影响评估的准确性。

2. 周转速度快

流动资产具有周转快、时间短的特点。由于流动资产的价值在使用中是一次性全部转移的,一般不存在有形损耗,更无须考虑功能性贬值等因素,因此在价格变化不大的情况下,资产的账面价值基本上可以反映出流动资产的现值。

3. 形态多样性

流动资产在周转过程中不断改变其形态,并且各种形态的流动资产在企业中同时并存,分布于企业的各个环节,因此对于流动资产,应该按照单项资产进行评估。又由于流动资产数量大、种类繁多,所以评估前还必须对流动资产进行认真仔细的资产清查,同时又要分清主次,掌握重点。

二、流动资产的分类

流动资产形态多种多样,为便于进行流动资产评估,必须对其进行合理的分类。

(一)按流动资产所处领域分类

1. 生产领域的流动资产

生产领域的流动资产是指在产品生产过程中发挥作用的流动资产。例如,原材料、辅助材料、低值易耗品、包装物、在产品及自制半成品等。

2. 流通领域的流动资产

流通领域的流动资产是指在商品流通过程中发挥作用的流动资产。例如,产成品,购销过程中的结算资金和货币资金等。

(二)按现行会计制度分类

1. 货币资金

例如,现金、银行存款、其他货币资金。

2. 应收及预付款项

例如,应收票据、应收账款、应收内部单位款、其他应收款、预付货款和预付费用等。

3. 短期投资

短期投资是指能随时变现,持有时间不超过一年的投资,主要是有价证券。

4. 存货

存货是企业在生产经营过程中为销售或耗用而储备的资产。例如,产成品、在产品、原材料、低值易耗品等。

(三)按流动资产在生产经营中的形态和作用分类

1. 储备资产

储备资产是指处于生产准备阶段的流动资产。例如,原材料、低值易耗品、包装物等。

2. 生产资产

生产资产是指处在生产过程中的流动资产。例如,在产品、自制半成品、待摊费用等。

3. 成品资产

成品资产是指处于产品待销过程中的流动资产。例如,产成品等。

4. 结算资产

例如,发出商品,各种应收账款和应收票据等。

5. 货币资产

例如,银行存款、库存现金等。

(四) 按流动资产存在的形态进行分类

1. 货币类流动资产

例如,现金,各种存款等。

2. 实物类流动资产

例如,各种材料,在产品,产成品等。

3. 债权类流动资产

例如,应收账款,预付账款等。

4. 其他流动资产

其他流动资产是指除以上资产之外的流动资产。

三、流动资产评估的程序

(一) 确定评估对象和范围

确定被评估流动资产的范围,是确保资产评估工作顺利进行的重要条件之一。为此,应做好如下工作:①正确划分流动资产与其他资产的界限,防止将机器设备作为低值易耗品而列入流动资产,也不得把属于流动资产的低值易耗品作为其他资产,以避免重复评估和漏评。②查核待评流动资产的产权,企业受托加工的材料,代保管的材料物资,已作为抵押物的流动资产均不能列入流动资产的评估范围。

(二) 清查核实流动资产,并对实物类流动资产进行质量检测和技术鉴定

流动资产种类繁多,流动性强,为保证评估结果的客观真实性,评估人员必须对清单所列的流动资产进行局部或全部查实,以做到账账相符,账实相符。同时对于实物类流动资产(如原材料、产成品等)还应进行质量检测和技术鉴定,以便了解该被评估资产的质量状态,确定其是否还有使用价值,并核对其技术情况和等级状态与被评估资产清单的记录是否相符。技术检测是正确评估资产价值的重要基础,因此,评估时必须考虑资产的内在质量因素。

(三) 调查分析债权类流动资产并根据以往的资信情况确定其风险

对企业的债权债务应逐笔落实,综合分析应收账款,应收票据等债权回收的可能性,回收的时间,将要发生的费用及风险,并对呆账、死账作相应的处理。

(四) 合理选择评估方法

资产评估的主要方法有收益法、成本法和市场法等。评估人员应该根据评估的目的和不同种类流动资产的特点,选择适当的评估方法进行评估。一般而言,对于实物类流动资产,可以采用市场法和成本法。对存货中价格变动较大的要考虑市场价格。对买入价较低的要按现价调整。对买价较高的,除考虑市场价格外,还要分析最终产品价格是否能相应提高,或存货本身是否具有按现价出售的现实可能性。对于货币类流动资产,其清查核实后的账面价值就是现值,不需采用特殊方法进行评估,

仅仅应对外币存款按评估基准日的国家外汇牌价进行折算。对于债权类流动资产只适用于按可变现值进行评估。

（五）评定估算流动资产并出具评估结论

根据掌握的资料和技术检测结果，按选定的方法评定估算，并对评估初步意见进行适当调整，产生最终评估结果。

第二节　实物类流动资产的评估

实物类流动资产的评估主要包括各种材料，在产品、产成品及库存商品等的评估。其适用的方法主要是成本法和市场法。

一、材料评估

（一）材料评估的内容

企业中的材料，可以分为库存材料和在用材料。由于在用材料在再生产过程中形成产品或半成品，它不再作为单独的材料存在，故对材料评估就是对库存材料的评估。其内容包括各种主要材料、辅助材料、燃料、修理用备件、包装物、低值易耗品等。

（二）材料评估的步骤

库存材料具有品种多，数量大，性能差异大，以及计量单位、计价方式、购进时间、自然损耗等方面各不相同的特点。根据库存材料的这些特点，可按下列步骤进行评估：①核实账、表与实物数量是否一致，查明有无变质、霉烂、毁损等质量问题，有无超储呆滞的材料等。②根据不同评估目的和待估流动资产的特点，选择适当的评估方法。③运用企业库存管理的 ABC 管理法，按照一定的目的和要求，对材料排队，分清重点，着重对重点材料进行评估。

（三）材料评估的方法

1. 近期购进库存材料的评估

近期购进的库存材料，在市场价格变化不大的情况下，其账面值与现行市价基本接近。评估时，可以采用成本法，也可以采用市场法。

【例 7-1】　企业中某材料是 2 个月以前从外地购进，数量 300 千克，单价 150 元，当时支付的运杂费为 1 500 元。根据原始记录和清查盘点，评估时库存尚有 100 千克这种材料。根据上述资料，试确定该材料的评估价值。

$$材料评估值＝100×(150＋1\,500÷300)＝15\,500(元)$$

2. 购进批次间隔时间长、价格变化大的库存材料的评估

对这类材料评估时，可以采用最接近市场价格的材料价格或直接以市场价格作为其评估值。

【例 7-2】 某企业要对其库存的某种钢材进行评估。该种钢材是分两批购进的,第一批购进时间是上年 10 月,购进 1 000 吨,每吨 3 800 元;第二批是今年 4 月购进的,数量 100 吨,每吨 4 500 元。今年 5 月 1 日评估时,经核实去年购进的此种钢材尚存 500 吨,今年 4 月购进的尚未使用。试求其评估值。因而需评估的钢材数量是 600 吨,价格可采用每吨 4 500 元计算。

$$该钢材评估值=600×4\ 500=2\ 700\ 000(元)$$

在本例中,值得注意的是:如果近期内该材料价格变化很大,或者评估基准日与最近一次购进时间间隔期较长,则评估时应采用评估基准日的时价。

3. 购进时间早、市场已经脱销、没有准确市场现价的库存材料的评估

这类材料的评估,可以通过寻找替代品的价格变动资料来修正材料价格;也可以在市场供需分析的基础上,确定该项材料的供需关系,并以此修正材料价格;还可以通过市场同类商品的平均物价指数进行评估。

4. 超储积压物资的评估

对这类库存材料的评估,应首先对其数量和质量进行核实和鉴定,然后区别不同情况进行评估。对其中失效、变质、残损、报废、无用的,应通过分析计算,扣除相应的贬值额后,确定评估值。

(四) 低值易耗品的评估

低值易耗品是指单项价值在规定限额以下,或使用期限不满一年但能多次使用且基本保持其实物形态的劳动资料。如管理用具、劳保用品、玻璃器皿等。低值易耗品按使用情况,可分为在库低值易耗品和在用低值易耗品,进行资产评估时,应区分不同情况分别评估。

1. 在库低值易耗品的评估

在库低值易耗品的评估方法与库存材料的评估方法一样,可根据具体情况分别用成本法和市场法进行评估。

2. 在用低值易耗品的评估

在用低值易耗品的评估,可以采用成本法。其计算公式如下:

$$在用低值易耗品的评估值=全新成本价值×成新率$$

其中:全新成本价值可以直接采用账面价值(价格变动不大),也可以采用现行市场价格,有时还可以在账面价值基础上乘以其物价变动指数来确定。另外,低值易耗品分外购和自制两种形式,确定评估价值时,在细节分析上有所不同,评估者应视具体情况分析计算。

在对低值易耗品评估时,由于其使用期限短,一般不需考虑其功能性损耗和经济性损耗。因此,成新率计算公式如下:

$$成新率=\left(1-\frac{低值易耗品实际已使用月数}{低值易耗品可使用月数}\right)×100\%$$

一般而言,评估人员确定低值易耗品的成新率时,不能按照其摊销方式来确定,而应该按其实际损耗程度来确定。因为低值易耗品的摊销目的,在于有效地计算成本费用,基本不反映其实际损耗程度。

【例 7-3】 某企业某项低值易耗品购进时原价为 400 元,预计使用十个月,实际已使用六个月,该项低值易耗品现行市价为 500 元,试确定其评估值。

$$在用低值易耗品评估值 = 500 \times \left(1 - \frac{6}{10}\right) \times 100\% = 200(元)$$

二、在产品评估

在产品包括制作过程中的在制品,已加工完入库但不能单独对外销售的半成品。对这部分流动资产进行评估时,应结合其特点,按照重置时的合理费用进行估价。在产品的评估方法有成本法和市场法。

(一) 成本法

即根据技术鉴定和质量检测的结果,按现行市场价格重置同等级在制品及半成品所需投入的合理工料费计算评估值。这种方法适用于对继续生产、销售并且有盈利的在产品等的评估。具体来说又可分为三种情况。

1. 按价格变动系数调整原成本

对生产经营正常,会计核算水平较高的企业在产品的评估,可参照其原始成本,根据评估日市场价格的变动情况,调整成重置成本。其计算公式如下:

$$\begin{array}{l}在产品\\评估值\end{array} = \begin{array}{l}原 合 理\\材料成本\end{array} \times \left(1 + \begin{array}{l}价格变\\动系数\end{array}\right) + \begin{array}{l}原 合 理\\制造费用\end{array} \times \left(1 + \begin{array}{l}合理制造费\\用变动系数\end{array}\right)$$

具体评估时,应注意将不合格在产品成本和非正常的不合理费用从总成本中剔除。

2. 按社会平均工艺定额和现行市价计算

即按重置同类资产的社会平均成本确定在产品的价值。这种方法要求掌握以下资料:①在产品的完工程度;②在产品相关工序的工艺定额;③在产品所耗物料的近期市价;④在产品正常生产情况下的合理工时费率。其计算公式如下:

$$\begin{array}{l}在产品\\评估值\end{array} = \begin{array}{l}在 产 品\\实有数量\end{array} \times \left(\begin{array}{l}该工序单件\\材料工艺定额\end{array} \times \begin{array}{l}单位材料\\现行市价\end{array} + \begin{array}{l}该 工 序 单\\件工时定额\end{array} \times \begin{array}{l}正常工\\资费用\end{array}\right)$$

其中:对工艺定额的选取,如果有行业的平均物料消耗标准的,可按行业标准计算;没有行业统一标准的,按企业现行的工艺定额计算。

3. 按在产品的完工程度计算评估值

在产品的最终形式为产成品,所以,可以在计算产成品重置成本的基础上,按在产品完工程度计算确定在产品评估值。其计算公式如下:

$$在产品评估值＝产成品重置成本×在产品约当产量$$

或：

$$在产品评估值＝产成品重置成本×在产品完工率$$

在产品约当产量、在产品完工率可以根据其完成工序与全部工序比例,生产完成时间与生产周期比例确定。当然,确定时应分析完成工序,以及完成时间与其成本耗费的关系。

(二) 市场法

市场法是指按同类在产品的市场价格,扣除销售过程中预计发生的费用后计算出评估值。这种方法适用于因产品下马,在产品只能按评估时的状态向市场出售的情况。一般而言,在产品通用性强,能用于产品配件更换或用于维修,则其评估值就比较高。而那些不能继续生产,又无法从市场调剂出去的专用配件,只能按废料回收价格进行评估。其计算公式如下:

$$\begin{matrix}某 \ 在 \ 产 \\ 品评估值\end{matrix} = \begin{matrix}在 \ 产 \ 品 \\ 实有数量\end{matrix} × \begin{matrix}可接受的不含税 \\ 的单位市场价格\end{matrix} - \begin{matrix}预计销售过程 \\ 中发生的费用\end{matrix}$$

或：

$$\begin{matrix}某 \ 报 \ 废 \ 在 \\ 产品评估值\end{matrix} = \begin{matrix}可回收废 \\ 料的重量\end{matrix} × \begin{matrix}单 \ 位 \ 重 \ 量 \ 现 \\ 行的回收价格\end{matrix}$$

三、产成品及库存商品的评估

产成品及库存商品是指已经完工入库和已完工并经过质量检验,但尚未办理入库手续的产成品,以及商业企业的库存商品等。对这部分流动资产的评估应依据其变现的可能和市场接受的价格进行评估。适用的评估方法有成本法和市场法。

(一) 成本法

产成品及库存商品的成本法,是根据生产制造该产成品全过程所发生的全部成本费用,来确定其评估值的一种方法。具体操作时可分以下两种情况:

1. 评估基准日与产成品完工时间较接近,成本费用变化不大

评估值可以直接按产成品账面成本确定。其计算公式如下:

$$产成品评估值＝产成品数量×单位产成品账面成本$$

2. 评估基准日与产成品完工时间相距较远,成本费用变化较大

在这种情况下,不能按账面成本计算,而应按评估基准日市场状况下产成品的社会平均成本确定。其计算公式如下:

$$\begin{matrix}产成品 \\ 评估值\end{matrix} = \begin{matrix}产成品实 \\ 有 \ 数 \ 量\end{matrix} × \left(\begin{matrix}合理材料 \\ 工艺定额\end{matrix} × \begin{matrix}现行材料 \\ 单位市价\end{matrix} + \begin{matrix}合理工 \\ 时定额\end{matrix} × \begin{matrix}单位小时合理 \\ 工时工资费用\end{matrix} \right)$$

或：

$$\begin{matrix}产成品 \\ 评估值\end{matrix} = \begin{matrix}产 \ 成 \ 品 \\ 实际成本\end{matrix} × \left(\begin{matrix}材料成 \\ 本比例\end{matrix} × \begin{matrix}材料综合 \\ 调整系数\end{matrix} + \begin{matrix}工资费用 \\ 成本比例\end{matrix} × \begin{matrix}工资费用综 \\ 合调整系数\end{matrix} \right)$$

【例 7-4】 企业拟对某类产成品进行评估。经核查,该产成品实有数量为 1 万

件,合理材料工艺定额为 400 千克/件,合理工时定额为 20 小时。评估时,材料价格上涨,由原来的 60 元/千克涨至 65 元/千克,单位小时合理工时工资费用不变,仍为 15 元/小时,根据上述资料,试确定该产成品的评估值。

$$产成品评估值＝10\ 000×(400×65＋20×15)＝26\ 300(万元)$$

(二)市场法

产成品评估的市场法是指按不含价外税的可接受市场价格,扣除相关费用后计算产成品评估值的一种方法。其中:工业企业的产品一般以卖出价为依据,商业企业一般以买进价为依据。运用市场法评估产成品价格时,在选择市价时应考虑以下几个因素:①根据对产成品本身的技术水平和内在质量的技术鉴定结果,确定产品是否具有使用价值,以及产品的实际等级,以便于选择合理的市价。②分析市场供求关系和被评估产成品的市场前景。③所选择的价格是在公开市场所形成的近期交易价格,非正常交易价不能作为评估的依据。④对产品技术先进,但外表留有不同程度残缺的产成品,可根据其损坏程度,通过调整系数予以调整。

采用市场法评估产成品时,因现行市价中已包括产品成本、税金和利润,评估时如何处理实现的利润和税金,应视具体情况而定。一般来说,若以产成品出售为目的的评估,应以现行市价为基础评估产成品的价格,而无需扣除其销售费用和税金;若以投资为目的的产成品的评估,就应以扣除税金后的现行市价作为评估基础。

实际评估工作中,对于十分畅销的产品,根据其出厂销售价格减去销售费用和全部税金确定评估值;对于正常销售的产品,根据其出厂销售价格减去销售费用、全部税金和适当数额的税后净利润确定评估值;对于勉强能销售出去的产品,根据其出厂销售价格减去销售费用、全部税金和税后净利润确定评估值。

第三节　债权类及货币类流动资产和其他资产的评估

债权类流动资产包括应收账款、预付账款、应收票据、短期投资及其他费用(如待摊费用)等;货币类流动资产包括现金和各项存款。其他资产是指除固定资产、无形资产、金融资产、流动资产之外的资产。

一、应收账款和预付账款的评估

企业的应收账款和预付账款,主要指企业在经营过程中由于赊销原因而形成的尚未收回的款项,以及企业根据合同规定预付给供货单位的货款等。应收账款和预付款项均属于企业债权类流动资产。由于这类资产存在着无法回收的风险,因此,进行评估时应以其可变现收回的货币,作为其评估计价的依据。其计算公式如下:

$$\frac{应收账款}{评估值}=\frac{应收账款}{账面价值}-\frac{已确定}{坏账损失}-\frac{预计坏}{账损失}$$

应收账款的评估主要涉及账面价值和坏账损失的确定,评估的操作步骤如下。

(一) 清查核实应收账款的账面值是否真实可靠

评估时可根据债权资产内容进行分类,并根据其特点及内容,采取不同的方法进行核实。例如,核对总账、明细账是否相符;按户发函核对;查看原始凭证等。

(二) 确认已确定的坏账损失

已确定的坏账损失是指评估时债务人已经死亡或破产倒闭而确实无法收回的应收账款,对于确定的坏账损失,应严格按照有关合同法的相关条款进行。

(三) 确定预计的坏账损失

即对应收账款回收的可能性进行判断。应根据企业与债务人的业务往来和债务人的信用情况进行定性分析。具体来说,有以下四种情况:①业务往来较多,对方结算信用好。这类应收账款一般能如期全部收回。②业务往来少,对方结算信用一般。这类应收账款收回的可能性很大,但回收时间不确定。③一次性业务往来,对方信用情况不太清楚。这类应收账款可能只能收回其中的一部分。④长期拖欠或对方单位已撤销,这类应收账款可能无法收回。

预计坏账损失的定量计算常用两种方法:①坏账估计法;②账龄分析法。

1. 坏账估计法

坏账估计法即按坏账的比例,判断不可回收的坏账损失的数额。其计算公式如下:

$$坏账比例=\frac{评估前3—5年发生的坏账合计数}{评估前3—5年应收账款的合计数}$$

2. 账龄分析法

账龄分析法即按应收账款拖欠时间的长短,分析判断可收回的金额和坏账。一般来说,应收账龄越长,坏账损失的可能性越大。因此,可将应收账款按账龄长短分成几组,按组估计坏账损失的可能性,并进而计算坏账损失的金额。

应该注意的是:当应收账款评估以后,账面上的"坏账准备"科目应按零值计算,评估结果中不再有此项目。

二、应收票据的评估

票据是具有一定格式的书面债据,是由债务人签发的在指定日期内由持票人向出票人(即签发人)或承兑人收回票面金额的书面证明。票据有记名的,也有不记名的;有带息的,也有不带息的;有由出票人支付的本票、银行本票或期票;也有按票面载明付款日期的定期票据。票据可以依法规定,经指定受款人在其背面签章后(即背书),将其转让他人;也可以把未到期的票据转让给银行(贴现)。

应收票据指企业持有的尚未兑现的各种票据。主要包括：①顾客交来的自己签发的本票。②顾客交来的他人签发背书的本票和汇票。③企业本身签发的,经付款人承兑的汇票。票据按照是否带息分为带息票据和不带息票据。对于带息票据,应收票据的评估值应由本金和利息两部分组成。本金是指出票人承诺的债务金额,利息则为债务到期时所应支付的资金使用成本。对不带息票据,其评估值即是其票面额的贴现值。

1. 带息票据按本金加利息确定

$$应收票据评估值＝本金×(1＋利息率×时间)$$

【例 7-5】　某企业拥有一张期限为一年的票据,本金为 75 万元,月息为 10‰,截至评估基准日止离付款期尚差三个半月的时间。试确定评估值。

$$评估值＝75×(1＋10‰×8.5)＝81.375(万元)$$

2. 不带息票据按应收票据的贴现值计算

即对企业拥有的尚未到期的票据,按评估基准日到银行可获得的贴现值计算确定评估值。其计算公式如下:

$$应收票据评估值＝票据到期价值－贴现息$$
$$贴现息＝票据到期价值×贴现率×贴现期$$

【例 7-6】　某企业向甲企业售出一批材料,价款 500 万元,商定六个月收款,采取商业承兑汇票结算。该企业于 4 月 10 日开出汇票,并经甲企业承兑。汇票到期日为 10 月 10 日。现对该企业进行评估,基准日为 6 月 10 日。由此确定贴现日期为 120 天,贴现率按月息 6‰计算。试求应收票据的评估值。

$$贴现息＝500×120×\left(\frac{1}{30}\right)×6‰＝12(万元)$$

$$应收票据评估值＝500－12＝488(万元)$$

如果被评估的应收票据,是在规定的时间尚未能收回的票据,则应按应收账款的评估方法,在分析调查其原因的基础上作坏账处理。

三、待摊费用——预付费用和短期投资的评估

(一) 待摊费用的评估

待摊费用是指企业中已经支付或发生,但应由本月和以后各个月份负担的费用。费用本身不是资产,而是已耗用资产的反映,它的支出可以形成一定形态的有形资产和无形资产。因此,评估确定待摊费用的价值,实际上就是确定其实体资产或某种权利的价值。

对于待摊费用的评估,原则上应按其形成的具体资产价值来确定。例如,某企业待摊费用中,虽然有待摊机器设备修理费用 1 万元,但是在机器设备评估时,已经考

虑到进行人修理会延长机器设备寿命或增加其功能,从而增加了机器设备的评估值,也就是说,待摊费用1万元在机器设备价值中已经得以体现,因而,这部分反映在待摊费用中的价值则不再需要重复计入资产价值。

(二) 预付费用的评估

预付费用之所以作为资产,是因为这类费用在评估日之前企业已经支付,但在评估日之后才能产生效益。如预付的报纸杂志费、预付的保险金、预付的租金等等。因而可将这类预付费用看作是取得未来服务的权利。

预付费用的评估主要依据其未来可产生效益的时间。如果预付费用的效益已在评估日之前全部体现,只因发生的数额过大而采用分期摊销的办法,这种预付费用不应在评估中作价。只有那些在评估日之后仍能发挥作用的预付费用,才是评估的对象。

【例7-7】 现就某企业预付费用进行单项评估,评估基准日为1988年6月30日。有关资料如下:企业截至评估基准日账面费用余额为86.78万元(不含车间在制品成本),其中有年初预付一年的保险金7.56万元,已摊销1.89万元,余5.67万元,尚待摊销的低值易耗品余额39.71万元,预付的房租租金25万元,已摊销5万元,余20万元。根据租约,始租时间为1986年6月30日,租约终止期为1991年6月30日;以前年度应结转因成本高而未结转的费用21.4万元。试求评估结果。

评估人员根据上述材料进行如下评估:

(1) 预付保险金的评估,根据保险金全年支付数额计算每月应分摊数额=75 600÷12=6 300(元)

$$预付保险金评估值=6 300×6=37 800(元)$$

(2) 低值易耗品根据实物数量和现行市场价格评估,评估值为412 820元。

(3) 租入固定资产的评估,按租约规定的租期和五年总租金计算,每年的租金为5万元,租赁的房屋尚有三年使用权。

$$评估值=5×3=15(万元)$$

(4) 以前年度应结转费用由于是应转未转费用,因此评估值为零。

(5) 评估结果=37 800+412 820+150 000=600 620(元)

(三) 短期投资的评估

短期投资的目的,是企业利用正常营运中暂时多余的资金,购入一些不是企业本身业务需要但能随时变现的有价证券。这样做,既能保证企业现金支付需要,又可获得一定的收益。短期投资中对于公开挂牌交易的有价证券,可按评估基准日的收盘价计算确定评估值,不能公开交易的有价证券,可按其本金加持有期利息计算评估值。

四、现金和各项存款的评估

众所周知,资产评估主要是对非货币性资产而言,货币性资产不会因时间的变化而发生差异。因此,对于现金和各项存款的评估,实际上是对现金和各项存款的清查确认。首先,通过清查盘点及与银行对账,核实现金和各项存款的实有数额;然后,以核实后的实有额作为评估值。如有外币存款,可按当时的国家外汇牌价折算成人民币值。

五、其他资产的评估

其他资产的评估主要是对以固定资产大修理支出和租入固定资产改良支出为主的长期待摊费用的评估。其他资产能否构成被评估企业的资产,并不取决于它在评估基准日之前所支付数额的多少,而取决于它在评估基准日之后能为新的产权主体带来利益的大小。在界定其他资产能否成为资产评估的对象时,一方面要分析其预期的经济效益,只有当企业账面上的其他资产能为新的产权主体带来经济利益的时候,才构成资产评估的对象;另一方面要注意与其他相关资产之间的协调,认真检查核实,了解费用支出摊销和结余情况,了解新形成的资产和权利的尚存情况,以确保所评估其他资产存在的合理性和有效性,比如经过大修、装修、改良的固定资产,因修理、装修和改良所增加的市场价值已经在固定资产的评估值中得到体现,则对于该部分其他资产就不应再做重复评估。对其他资产评估的主要依据是其他资产未来可产生效益的时间、单位时间(年、月)可产生的效益额或节约的支出额,以及货币的时间价值因素。货币的时间价值因素根据受益时间长短而定。一般情况下,一年内的不予考虑,超过一年时间的要根据具体内容、市场行情的变化趋势处理。

练　习　题

单项选择题

1. 某企业有一张为期一年的票据,票面值为 65 万元,年利率为 7.2%,截至评估基准日离付款期尚差两个半月的时间,该应收票据的评估价值为(　　)元。

   a. 659 750　　　　　b. 687 050　　　　　c. 640 250　　　　　d. 678 050

2. 某企业 2022 年 9 月 1 日预付了六个月的房屋租金 90 万元,2023 年 1 月 1 日该企业的预付费用评估值为(　　)万元。

   a. 35　　　　　　　b. 60　　　　　　　c. 45　　　　　　　d. 30

3. 某企业有一期限为十个月的应收票据,本金为 500 000 元,月利率为 1%,截止到评估基准日离付款期尚差三个半月的时间,则该应收票据的评估值为(　　)元。

   a. 532 500　　　　　b. 500 000　　　　　c. 517 500　　　　　d. 523 500

4. 某企业于 2021 年 10 月购进 1 000 吨钢材,每吨价格为 3 800 元,2022 年 9 月购进钢材 500 吨,每吨价格为 4 000 元,2022 年 10 月有库存钢材 700 吨,该批库存钢材 2022 年 10 月的评估价值为

(　　)万元。

　　a. 280　　　　　　　b. 266　　　　　　c. 273　　　　　　d. 276

5. 某企业产成品实有数量 80 台,每台实际成本为 940 元,该产品的材料费用与工资费用的比例为 70∶30,根据有关资料,材料费用综合调整系数为 1.2,工资费用调整系数为 1.08。该产品的评估值为(　　)元。

　　a. 97 450　　　　　b. 87 530　　　　　c. 75 200　　　　　d. 88 000

6. 某公司在 2020 年 1 月租赁一临街房屋,租期四年,租金 4 万元(假定这里不考虑货币时间价值)。 2022 年 1 月该公司又向保险公司交付火灾保险费 240 元。2022 年 6 月 30 日,该公司账簿上的房租已摊销 3 万元。该公司经房主同意,愿意在 2022 年 7 月转租房屋,若市场租金自 2020 年以来没有发生变动,其转租的客观租金应为(　　)元。

　　a. 15 120　　　　　b. 12 150　　　　　c. 20 120　　　　　d. 20 220

计算题

　　某企业向甲企业售出材料,价款 1 000 万元,商议九个月后收款,采取商业承兑汇票结算,该企业于 3 月 10 日开出汇票并将甲企业承兑。汇票到期日为 12 月 10 日。现对该企业进行评估,评估基准日为 6 月 10 日。贴现率为月利息 6‰,试评估该汇票的价值。

第八章

企业价值评估

【本章学习目的】 通过本章的学习,你应该能够:

(1) 辨识企业价值的不同表现形式及其相互关系。

(2) 阐明企业价值评估的用途和范围。

(3) 掌握加和法、收益法、比较法在企业价值评估中的具体运用。

第一节　企业价值评估概述

一、企业及企业价值

(一) 企业

企业是为满足社会需求并获取盈利而从事生产、流通、服务等经济活动,独立核算、自主经营、自负盈亏,具有法人资格的经济组织。企业是市场经济的基本元素,具有独立性、社会性、持续经营性、盈利性、整体性等特征。

独立性是指企业根据市场变化自主地组织生产和经营活动,而不受某种组织或机构的约束,具体表现为实行自主经营和独立核算。社会性是指企业作为社会经济力量的基础,不仅要生产满足社会需求的产品,还要承担劳动就业、环境保护、社会公益等等社会责任乃至政治责任。持续经营性是指企业在可以预见的将来,按照适当的经营规模和经营类型继续经营。盈利性是指企业的生产经营活动是以盈利为目的。整体性是指企业以其生产经营范围为依据,以生产经营活动为主线,将若干要素资产有机组合而形成的功能完整、配置有效的有机整体。

从企业价值评估的角度来看,企业是企业价值的载体,企业的持续经营性是企业价值评估的一般前提,盈利性是企业价值大小的决定因素,整体性是企业能够持续经营的保证。

(二) 企业价值

企业价值是企业获利能力的货币化体现。一个企业的价值,是该企业所有的投资人所拥有的对于企业资产索取权价值的总和。企业给予其投资人及利益相关者回报的能力越高,企业价值就越高。投资人包括债权人、股权人。债权人是指有固定索取权的借款人和债券持有人;股权人是指有剩余索取权的股权投资者。投资人索取权的账面价值,包括债务、优先股、普通股等资产的价值。

依据《资产评估执业准则——企业价值》,企业价值评估是指资产评估机构及其资产评估专业人员遵守法律、行政法规和资产评估准则,根据委托对评估基准日特定目的下的企业整体价值、股东全部权益价值或者股东部分权益价值等进行评定和估算,并出具资产评估报告的专业服务行为。

根据评估目的,以及评估结果的不同用途,企业价值的表现形式有企业的资产价值、企业的投资价值和企业的股东权益价值等,不过在更多情况下,需要对企业的投资价值和权益价值评估。企业的资产价值是企业所拥有的所有资产包括各种权益和负债的价值总和。企业的投资价值是企业所有的投资人所拥有的对于企业资产索取权价值的总和,即前面所定义的严格意义上的企业价值①。它等于企业的资产价值减去无息流动负债价值,或等于权益价值加上付息债务价值。企业权益价值代表了股东对企业资产的索取权,它等于企业的资产价值减去负债价值。

二、企业价值的影响因素

影响和决定企业价值的因素众多,可以从不同角度识别和分析影响企业价值的因素。在企业价值评估实务中,一般将企业置于其发展环境中,可以从企业所处宏观环境、企业所处行业发展状况、企业自身发展情况三个层次对影响企业价值的因素进行辨识和分析。

(一) 企业所处的宏观环境

宏观环境因素是指对企业的经营管理活动产生影响的各种因素的总和。企业价值评估应当充分考虑企业所处的宏观环境对其发展的影响,如政治环境、宏观经济、法律法规、财政税收政策、货币政策、产业政策、技术进步、社会文化等因素。这些因素之间可能相互作用,呈现错综复杂的关系。因此,评估人员在实践评估中应科学辨识和分析宏观环境因素对被评估企业及其所处行业带来的影响方式、影响程度等。

(二) 企业所处的行业发展状况

行业发展状况是对行业内所有企业的经营管理活动都会产生影响的各种因素的总和。这些因素主要包括行业政策环境,行业经济特征,行业市场特征,行业竞争状况,行业特有的经营模式,行业的周期性、区域性和季节性,企业所在行业与上下游行业之间的关联性,上下游行业发展对本行业发展的影响等。企业价值评估时应全面考察这些因素可能对行业产生的有利或不利的影响,进而对被评估企业做出合理的价值评估。

(三) 企业自身发展情况

企业自身发展情况是来源于企业内部并对企业价值产生各种影响的因素总和,具体可分为企业层面的因素和资产层面的因素两大类。企业层面的因素主要包括企业发展、业务和经营战略,企业生产经营模式,盈利模式,业务或产品的种类和结构,生产能力,行业竞争地位,产业链关系,资本结构,会计政策,生产经营管理方式,人力资源,企业管理水平以及关联交易情况等。资产层面的因素主要包括与企业拥有的具体资产利用方式、利用程度、利用范围以及利用效果等。因此,进行企业价值评估时应从企业层面和资产层面具体分析不同因素可能对企业价值产生的显著影响。

三、企业价值评估的一般用途

企业价值评估主要是服务于企业产权的转让或交易、企业的兼并收购、企业财务

---

① 不作特别说明时,我们一般所说的企业价值就是指企业的投资价值。

管理、证券市场上的投资组合管理等。

(一) 企业产权转让及兼并收购分析中的企业价值评估

在企业产权转让及兼并收购活动中,企业的购买方需要估计目标企业的公平价值,企业的转让方或被兼并企业也需要确定自身的合理价值,双方在各自对同一企业价值的不同估计结果基础上,进行协商谈判,达成最终的产权转让或兼并收购要约。

在进行企业产权转让及兼并收购的企业价值评估分析时,需要特别考虑的因素有以下几种。

1. 协同作用对企业价值的影响

在确定收购价格时,必须考虑收购企业和被收购企业(即目标企业)合并之后所产生的协同作用对企业价值的影响。协同作用是指目标企业所拥有的特殊资源,通过与另一企业的结合,可以创造更多的利润,使得目标企业被收购后的价值超过收购前独立经营所具有的价值。

2. 企业资产重组对企业价值的影响

通过对企业的分立、资产剥离、添平补齐等形式的资产重组,可以更加合理、有效地配置企业资源,提高企业资源的利用价值和经济价值。通过资产重组,提高企业价值,也是企业财务管理的一项重要工作内容。

3. 管理层变更对企业价值的影响

企业管理效果不理想或缺乏竞争力,通过更换管理人员,将会增加企业未来的现金流量和企业价值。

另外,在企业产权转让及兼并收购活动中,还可能存在管理人员过高津贴费用的压缩、税收利益、规模经济等影响企业价值的多方面因素。

(二) 企业财务管理中的企业价值评估

企业价值最大化是大多数企业的财务管理目标。因而认识影响企业价值的因素和企业价值决定的机理,是企业经理人员和财务管理人员通过制定企业财务决策和企业发展战略,确保企业价值最大化的前提。企业价值评估是经理人员管理企业价值的一项重要工具,它在企业管理中的重要性日益增长。特别是出于对敌意收购的恐慌,越来越多的企业开始求助于价值管理咨询人员,希望通过获得有关如何进行重组和增加企业价值的建议,避免被敌意收购。有关企业价值评估方法及其与财务理论关系的阐述,在西方流行的财务管理教科书,例如美国学者阿斯瓦斯·达摩达兰所著的《应用公司理财》、加布里埃尔·哈瓦维尼等所著的《经理人员财务管理》中已经有所涉猎。

(三) 证券市场上投资组合管理中的企业价值评估

证券市场上的投资者可以分为消极性投资者和积极性投资者。消极性投资者往往主要通过证券投资类型的多样化来降低风险、获取收益,他们一般不关注某个企业的价值。积极性投资者又可以分为市场趋势型投资者和证券筛选型投资者(价值型投资者）。市场趋势型投资者是通过预测整个股票或债券市场的未来变化趋势来进行证券的买卖投资的，他们关注的只是整个证券市场的价格水平，并不关注某个企业的价值高低。证券筛选型投资者相信他们有能力在证券市场上挑选出那些价值被低估的企业证券，即企业证券的市场价值低于企业真实价值的证券进行投资，因而对企业真实价值的评估是证券筛选型投资者重要投资依据。

四、企业价值评估的对象及范围

企业价值评估对象包括整体企业权益、股东全部权益和股东部分权益。整体企业权益是企业所有出资人（股东、债权人）共同拥有的企业运营所产生的价值，即所有资本（付息债务和股东权益）通过运营形成的价值。在企业价值评估实务中，评估得出整体企业权益价值通常并非最终目的，而是为评估股东全部权益价值所采用的中间过程。股东全部权益代表股东对企业净资产的所有权，反映了股东在企业资产中享有的经济利益，企业股东全部权益价值就是企业的所有者权益或净资产价值。股东全部权益价值一般可选择两种评估途径，一是直接评估出股东全部权益价值（如使用收益法，通过对股权自由现金流量采用股权资本成本进行折现求取）；二是可先评估出整体企业权益价值，通过将整体企业权益价值减去全部付息债务价值来求取。股东部分权益价值即企业一部分股权的价值或股东全部权益价值的一部分，评估时通常也可采用两种途径：一是直接评估出股东全部权益价值（如采用股利折现模型求取少数股权的价值）；二是先评估出股东全部权益价值，再生意持股比例或持股数量，并考虑必要的溢价或打折因素后得出股东部分权益价值。

企业价值评估的范围应该是企业的全部资产，包括企业经营权主体自身占用及经营的部分，以及企业经营权所能够控制的部分。例如，在全资子公司、控股子公司、非控股公司中的投资部分。企业价值评估范围的确定，需要依据企业资产评估申请报告及上级主管部门批复文件所规定的范围、企业产权转让或产权变动的有关文件中规定的资产变动范围、国有企业资产评估立项书中划定的范围等有关资料进行界定。

在进行企业价值评估之前，首先要判断是否有必要对企业资产进行合理的重组，然后将企业中的资产划分为有效资产和非有效资产，将有效资产纳入资产评估的具体实施范围。对在资产评估时点难以界定产权归属的资产，应划定为"待定产权"，暂时不列入评估范围。对企业中因局部资产生产能力闲置或不足而引起企业资源配置无效或低效的部分，应按照资源合理有效配置利用原则，与委托方协商是否需要通过资产剥离或补齐的方式进行资产重组，重新界定企业价值评估的范围。

第二节　企业价值评估的资产基础法

资产基础法是指以被评估企业评估基准日的资产负债表为基础，合理评估企业表内及表外各项资产、负债价值，确定评估对象价值的评估方法。该方法首先是将企业资产负债表中的各项资产的账面价值调整为市场价值,然后通过加总投资者索取权的价值来估算出企业价值,或通过加总资产价值,再扣除无息流动负债(即不包括欠投资人的负债,如应付票据)和递延税款来计算。

对账面价值进行调整,主要是因为会计上所编制的资产负债表中的各项资产的账面价值往往与市场价格大相径庭。造成这种差异的主要原因有通货膨胀、过时贬值等因素①。资产负债表中的每项资产的价值,特别是那些寿命较长资产的价值,会受到通货膨胀的影响。因此,评估市场价值就必须调整账面价值。调整的一般方法是价格指数调整法。过时贬值是由于技术进步,某些资产在其寿命周期内还没有提完折旧时就已经过时了,其账面价值远超过了其市场价值,因而需要对贬值额进行扣除。估算贬值额的方法与成本法中的功能性贬值额计算方法相同。之所以要进行账面价值调整,主要是因为,经过这两方面调整的资产账面价值,反映了资产的重置成本。各项资产的市场价值应当根据其具体情况选用适当的方法得出。

【例 8-1】 某企业 2022 年 6 月 30 日的资产负债表,如表 8-1 所示。该表反映出该企业有两类投资者:债权持有人和股东。假定该资产负债表中各项资产的账面价值与市场价值基本相差无几,不再需要进行账面价值的调整。试计算企业价值。

有两种方法计算企业价值:一是投资人索取权价值加和法;二是加总资产价值,然后减去流动负债中的非投资人索取权价值法。具体计算列示在表 8-2 中。投资人索取权价值包括短期负债、长期负债、股东权益,将这些项目加和得到一个估计值为126 000 000 元。应付账款和应付费用是企业经营过程中应付而未付的成本,并不是对企业的投资,因而也就不属于投资人索取权价值的构成部分,不能加总到企业价值中。

表 8-1　某企业 2022 年 6 月 30 日资产负债表

单位:百万元

流动资产		119	流动负债		66
现金	12		短期负债	22	
应收账款	48		银行借款	14	
存货	57		长期负债的流动部分	8	
预付账款	2		应付账款	40	
非流动资产		51	应付费用(包括工资和应付税款)	4	
金融资产	0		非流动负债		34
无形资产	0		长期负债	34	
固定资产净值	51		股东权益		70
固定资产总值	90		股本	69	
累计折旧	(39)		未分配利润	1	
资产总计		170	负债和股东权益总计		170

---

① 通货膨胀会引起账面价值低于市场价值,过时贬值会引起账面价值高于市场价值,两种影响往往会有相互抵消的作用,以致即使存在明显的通货膨胀和过时贬值,账面价值和市场价值仍然有可能非常接近。

表 8-2　用资产负债表进行企业价值评估

单位：百万元

投资人索取权加和法		净资产总计——非投资人索取权价值法	
短期负债	22	总资产	170
银行借款	14	减：	
长期负债的流动部分	8	应付账款	40
长期负债	34	应付费用(包括工资和应付税款)	4
股本	69		
未分配利润	1		
总计	126	总计	126

尽管通过用企业资产的重置成本或变卖价值来替代账面价值的方法，可以考虑通货膨胀和过时贬值等因素对企业价值的影响，使得调整后的账面价值能够更为准确地反映市场价值，但是这种方法仍然存在两个主要的缺点：①难以判断调整后的账面价值是否较为准确地反映了市场价值；②调整过程没有考虑那些有价值但在资产负债表中却没有反映的资产项目，如企业的组织资本。组织资本主要是指企业的商誉，具体表现形式多种多样，主要包括：经理及职员之间融洽的工作关系、企业在客户中的声誉(包括各种品牌知名度)、因掌握有特殊技能或与客户的特殊关系而产生的获利丰厚的投资机会、强大的商品供销及服务网络等形式。组织资本的一个重要特点，是很难从企业价值中分离出来单独出售。

由于资产基础法忽略了组织资本价值，因而该种方法尤其不适用于一般具有较大组织资本价值的高科技企业和服务性企业。对于账面价值和市场价值差异不大的水、电等公共设施经营类企业，或组织资本价值很小的企业则较为适用。

第三节　企业价值评估的收益法

一、企业价值评估收益法的基本原理

收益法又称为现金流量折现法。收益法是直接评估投资者由于参与企业投资而获得利益的价值。收益法既可以评估企业价值，也可以评估权益价值，只不过各自的现金流量和折现率是不同的。

企业价值是将企业的预期自由现金流量(扣除所有经营支出、投资支出和税收之后的债务清偿前的剩余现金流量)根据资本加权平均成本进行折现后求得。其计算公式如下：

$$企业价值 = \sum_{t=1}^{t=n} \frac{CFF_t}{(1+WACC)^t}$$

式中：CFF_t 为 t 时期的预期自由现金流量；

$WACC$ 为资本加权平均成本。

权益价值是将预期的股权现金流量（扣除所有开支、税收支付、投资支出以及还本付息之后的剩余现金流量）根据股权成本（股权投资者要求的收益率）进行折现后求得。其计算公式如下：

$$权益价值 = \sum_{t=1}^{t=n} \frac{CFE_t}{(1+r_e)^t}$$

式中：CFE_t 为 t 时期的预期股权现金流量；

r_e 为股权成本。

自由现金流量（CFF）和股权现金流量（CFE）的关系如下：

$$CFF = CFE + \frac{利息}{费用} \times (1-税率) + \frac{本金}{归还} - \frac{发行的}{新\quad债} + \frac{优先股}{红\quad利}$$

二、企业价值评估模型

企业价值评估模型的选择，取决于企业收益的增长模式。收益增长模式可以分为三种：高增长阶段→过渡阶段→稳定增长阶段；高增长阶段→稳定增长阶段；稳定增长阶段。企业收益增长模式，如图 8-1 所示。

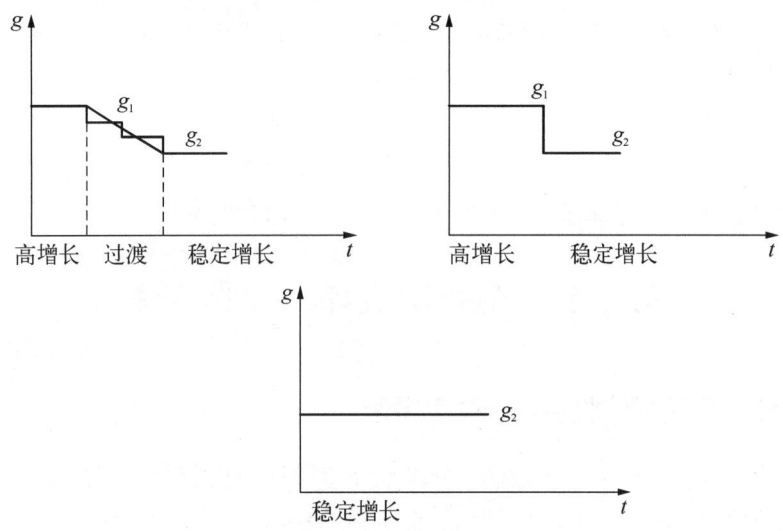

图 8-1　企业收益增长模式

高增长阶段是指企业收益或现金流量的增长率大大高于所处经济环境的名义或真实增长率（整个国民经济增长率）的时期；过渡阶段是指由高增长阶段向稳定增长阶段逐渐调整的过程；稳定增长阶段是指企业收益或现金流量以不高于所处经济环境的名义或真实增长率的某一增长率而保持永久的平稳性增长。假定稳定增长阶段收益或现金流量的增长率长期保持不变在现实中很难满足，但如果有一个相对稳定的平均增长率,就可以假定企业处于稳定增长阶段,并可利用平均增长率估算企业价值[①]。过渡阶段也可以根据实际情况细分为若干个增长率不同的增长阶段。

(一) 企业(投资)价值评估模型

1. 三阶段增长模型

$$企业价值 = \frac{CFF_1}{(WACC-g_1)} \times \left[1 - \frac{(1+g_1)^{n1}}{(1+WACC)^{n1}}\right] + \sum_{t=n_1+1}^{t=n_2} \frac{CFF_t}{(1+WACC)^t}$$
$$+ \frac{CFF_{n2+1}}{(WACC-g_2)(1+WACC)^{n2}}$$

2. 二阶段增长模型

$$企业价值 = \frac{CFF_1}{(WACC-g_1)} \times \left[1 - \frac{(1+g_1)^{n1}}{(1+WACC)^{n1}}\right] + \frac{CFF_{n1+1}}{(WACC-g_2)(1+WACC)^{n1}}$$

3. 一阶段增长模型

$$企业价值 = \frac{CFF_1}{(WACC-g_2)}$$

式中:

$$CFF = 息税前净收益(EBIT) \times (1-税率) + 折旧 - 资本性支出 - 追加营运资本$$
$$= 息税折旧前净收益(EBIDT) \times (1-税率) + 折旧 \times 税率 - 资本性支出$$
$$- 追加营运资本$$

这里的 g_1、g_2 分别表示企业现金流量在高增长阶段和稳定增长阶段的增长率,预期增长率等于再投资率(留存比率)与资本收益率的乘积。其计算公式如下:

$$g = \frac{净资本支出 + 非现金营运资本追加}{EBIT \times (1-税率)} \times 资本收益率$$

(二) 股权价值评估

1. 股权现金流量估价模型

(1) 三阶段模型。

$$股权价值 = \frac{CFE_1}{(r_e-g_1)} \times \left[1 - \frac{(1+g_1)^{n1}}{(1+r_e)^{n1}}\right] + \sum_{t=n_1+1}^{t=n_2} \frac{CFE_t}{(1+r_e)^t} + \frac{CFE_{n2+1}}{(r_e-g_2)(1+r_e)^{n2}}$$

(2) 二阶段模型。

$$股权价值 = \frac{CFE_1}{(r_e-g_1)} \times \left[1 - \frac{(1+g_1)^{n1}}{(1+r_e)^{n1}}\right] + \frac{CFE_{n1+1}}{(r_e-g_2)(1+r_e)^{n1}}$$

---

① 目前国内的教科书将收益模式划分为收益稳定增长阶段和收益稳定阶段。假定在收益稳定阶段的增长率为零,则意味着实际收益会因预计通货膨胀的存在而下降,企业也不可能永久性持续经营。

（3）一阶段模型。

$$股权价值=\frac{CFE_1}{(r_e-g_2)}$$

式中：

$CFE=$净收益＋折旧－资本性支出－追加营运资本－本金归还＋发行的新债

如果资本支出和营运资本按照目标债务比率（δ）进行融资，并且通过发行新债对本金进行偿还时，则股权现金流量为：

$CFE=$净收益＋$(1-\delta)$（折旧－资本性支出）－$(1-\delta)$追加营运资本

这里的 g_1、g_2 分别表示企业股权现金流量在高增长阶段和稳定增长阶段的预期增长率，预期增长率等于留存比率与股权收益率的乘积[①]。其计算公式如下：

$$g=b\times\left\{ROC+\frac{D}{E}\times[ROC-i(1-t)]\right\}$$

式中：b 为留存比率即（1－股利支付率）；

ROC 为资本收益率即 $EBIT\times\dfrac{(1-税率)}{资产账面价值}$；

$\dfrac{D}{E}$ 为 $\dfrac{债务}{股权比率}$；

i 为债务利率；

t 为税率。

2. 股利折现估价模型

（1）三阶段模型。

$$每股股权价值=\frac{DPS_1}{(r_e-g_1)}\times\left[1-\frac{(1+g_1)^{n1}}{(1+r_e)^{n1}}\right]+\sum_{t=n_1+1}^{t=n_2}\frac{DPS_t}{(1+r_e)^t}$$
$$+\frac{DPS_{n2+1}}{(r_e-g_2)(1+r_e)^{n2}}$$

（2）二阶段模型。

$$每股股权价值=\frac{DPS_1}{(r_e-g_1)}\times\left[1-\frac{(1+g_1)^{n1}}{(1+r_e)^{n1}}\right]$$
$$+\frac{DPS_{n1+1}}{(r_e-g_2)(1+r_e)^{n1}}$$

（3）一阶段模型。

$$每股股权价值=\frac{DPS_1}{(r_e-g_2)}$$

每股股权价值乘以总股数得到企业股权价值。这里的 DPS_t 为企业第 t 年的每

[①] 预期增长率也可以通过计算历史收益的几何平均增长率或由专业分析人员预测来估计。

股预期股利，DPS_t 等于每股收益 EPS_t 与股利支付率的乘积。g_1、g_2 分别表示企业每股股利在高增长阶段和稳定增长阶段的预期增长率，与股权现金流量的预期增长率相等。

从比较股权价值估价的两种模型可以看出：以股权现金流量模型获得的股权价值结果一般可能会大于或等于以股利折现模型的估价结果。当股利等于股权现金流量时，两个估价结果是相等的；当股利小于股权现金流量时，如果将留存部分投资于净现值为零的项目，则结果是相近的；当股利大于股权现金流量时，企业就得为支付股利而发行新的股票或债券，从而可能会由于股票发行成本提高、债务比率提高，或好的投资项目受到资本约束等原因，而降低企业价值。

在一般情况下，股权现金流量模型的估价结果大于股利折现模型的估价结果，两者的差异可以视作对企业股利政策的控制权利价值①。而当股权现金流量模型的估价结果小于股利折现模型的估价结果时，可视作预期股利难以长期维持的警告。

在企业被收购或变换经营者的可能性较大时，适宜选用股权现金流量模型进行估价；在由于企业规模，或法律上或市场上的约束，而使得收购或变换经营者的可能性不大时，适宜选用股利折现模型进行估价。

股权价值也可以通过企业（投资）价值减去投资性负债的市场价值而获得。该方法求取的股权价值和以股权现金流量直接折现求取的股权价值是否一致，取决于两种方法对增长率的假定是否一致，即是否都假定现金流量是稳定增长的，以及对债务市场价值的评估是否准确、公平。

三、收益法评估参数的确定

（一）高增长阶段的最后期限

高增长阶段的时间长度是收益法评估模型中的一个关键变量。高增长阶段的最后期限不应该截止在企业达到稳定增长状态之前，这是确定稳定增长阶段时间长度的一个重要原则。如果企业当前的增长率已经接近稳定增长率，而且没有高增长的预期，则可以假定企业已经处于稳定增长阶段。如果企业的高增长源自企业拥有的某种受到保护的专有产品或服务，则可以假定高增长状态将持续到保护期结束。例如，一家因拥有某项专利而高速增长的企业，如果其专利能够受到保护并带来超额经济利益的时间还可以持续五年，则可以预期该企业有五年的高增长期。

阿斯瓦斯·达摩达兰认为对高增长阶段长度的估计，可以作以下假定。

（1）企业收益的增长率相对于稳定增长率而言越高，高增长时期就可以预测得越长。不过，在高增长阶段的增长率也有可能突然下跌。高增长阶段的长度与增长率相对差异程度的函数关系准则，如表 8-3 所示。

---

① 控制权价值是处于最优水平上的股权价值和股票现有价值之间的差距，它被认为是许多收购中的目标之一。

表 8-3　高增长阶段长度与增长率差异程度的关系

当前增长率超过稳定增长率的幅度	高增长阶段的预期长度
小于或等于 1%	无高增长阶段
1%～10%之间	五年
大于 10%	十年

(2) 企业规模越大,企业保持较高水平增长率的可能性就越低,高增长期就可以预测得越短。企业规模是促使企业趋于稳定增长的强有力因素。

(3) 取决于法律(如专利保护)、市场(如强大的垄断力量)等影响因素的行业进入壁垒的强弱,都会影响到企业高增长阶段的长短。

企业的高增长阶段结束,进入稳定增长阶段的主要特征是:实际的销售增长达到均衡水平;企业投资活动减少,只是对现有生产能力的简单更新、常规改进及升级;企业的成本结构定型,企业的各种利润率保持不变。

(二) 现金流量的预测

企业价值取决于企业未来的而不是历史上的现金流量,因而评估人员需要预测企业自评估时点开始到未来足够长时期的现金流量。预测现金流量涉及对企业及其业务的了解,包括对企业所在的行业、企业的产品及客户等方面的足够深入的了解。

1. 现金流量预测的步骤

(1) 对拟评估企业的历史绩效(performance)进行分析。通过对企业过去的了解,可以为判断、预测和评价企业未来的绩效提供一个综合的历史视角。历史绩效的分析应集中于对决定该企业价值的关键性因素即价值驱动因素的研究。这种关键性因素主要是资本收益率和再投资比率。企业只有在投资资本的收益率超过其资本成本时,才能够为投资人创造价值,资本收益率和再投资比率决定了现金流量的增长,进而决定企业的价值。再者,还需要分析企业财务的资本结构状况,判定资本结构的合理性。除了对企业本身的历史状况进行分析,还应与同行业的其他企业进行比较分析,通过对企业的财务分析和产业结构分析的结合,评价企业的发展优势和弱点。

(2) 预测企业未来的绩效。绩效预测的关键是明确企业价值驱动因素的预期变化。绩效预测的基本步骤是:①评估企业的战略地位,考虑企业所在行业的特点以及企业的竞争优势和劣势,从而有助于对企业增长潜力及收益能力的评价;②从企业本身和行业发展的经济环境、社会环境、政策环境、技术环境等多个角度和方面,分析企业绩效的发展对策和发展趋势,以及可能影响企业绩效的主要事件;③在上述分析基础上,预测企业损益表和资产负债表中的各项目;④综合各项目的分析,预测现金流量、资本收益率以及其他关键性价值驱动因素;⑤检验总体预测尤其是对关键性价值驱动因素预测的合理性。

2. 现金流量预测的原则

(1) 销售预测是现金流量预测的最关键步骤。销售预测的不同将导致企业价值估算的巨大差异。

(2) 销售预测应该与企业及其所在行业的历史状况相符合。虽然企业未来的状况可能会不同于过去的状况,过去的状况不是预测未来状况的最佳依据,但如果按照与历史状况显著不同的状况进行预测和估价,则也值得怀疑。对不同于历史状况的预测,需要作出非常具有说服力的论证。

(3) 销售预测和销售所依赖的某些项目的预测应该具有内在的逻辑一致性。例如,如果资本支出和营运资本没有显著的大幅度增长,则销售量的高速增长是难以实现的,因而在相关资本支出没有增加的假定条件下预测出销售收入的快速增长,就值得令人怀疑。又如,净资本支出和营运资本的需要应和稳定增长保持一致,而假定稳定增长的企业没有净资本支出则是错误的[①]。

(4) 现金流量预测中反映的通货膨胀率要和折现率中隐含的相同。

(5) 利用敏感性分析找出那些对现金流量预测影响最大的假设,如销售增长率的假设,并对这些假设的合理性进行严格的检验。

(6) 将收益法价值评估结论与通过其他评估方法得到的价值结论进行比较,如果两者大相径庭,就需要对较为敏感的关键性假设的可靠性作严格的论证。

预测现金流量除了需要对财务理论有深刻的理解,还需要对企业有深入的判断。即使对企业内部的一个财务计划人员来说,要预测一个相当长时期的企业现金流量也是比较困难的,更不要说对某个行业业务只是粗略有所认识的评估师了。因而评估师在预测现金流量时,很可能会以满足客户的愿望为目标。现金流量的预测,涉及产业经济学、会计学、统计学以及管理学等内容,经验和判断力在实际的预测操作中也具有重要意义。

(三) 折现率的确定

在求取股权价值的模型中,所应用的折现率是股权资本成本,在求取企业价值的模型中,所应用的折现率是加权平均资本成本。

1. 股权资本成本

股权资本成本的确定方法有两种:风险收益模型和股利增长模型。

(1) 风险收益模型。风险收益模型包括资本资产定价模型和套利定价模型,不过套利定价模型的复杂性使得其很少被采用,评估师们更多采用资本资产定价模型。资本资产定价模型的计算公式如下:

$$r_e = r_f + \beta(r_m - r_f)$$

[①] 没有净资本支出与稳定增长率为零是一致的。

式中：r_e 为股权成本；

r_f 为无风险利率；

β 为企业权益资产的贝塔系数①；

r_m 为市场投资组合的期望报酬率；

$(r_m - r_f)$ 为市场风险补偿。

由于企业资本结构的不同，会影响企业权益资本的投资风险，因而需要对企业权益资产的贝塔系数按照不同的资本结构进行调整：

$$\beta = \beta_u \left[1 + \left(1 - t \right) \left(\frac{D}{E} \right) \right]$$

式中：β_u 为假设企业没有负债时的贝塔系数；

t 为边际税率；

$\dfrac{D}{E}$ 为负债与权益之比。

（2）股利增长模型。股利增长模型用来估计稳定增长企业的股权资本成本。假定企业下一年的每股股利为 DPS_1，股利的预期增长率为 g，股权价值为 P_0，则：

$$P_0 = \frac{DPS_1}{r_e - g}$$

上式可变为：

$$r_e = \frac{DPS_1}{P_0} + g$$

也就是说，企业的股权成本等于企业的预期股权收益率加上股利的预期增长率。例如，某企业的股票现价为每股 50 元，预计下一年的每股股利为 3 元，预计股利增长率为 5%，则股权成本为 11%。该模型只适用于定期发放股利，股利增长十分稳定的企业。

2. 加权平均资本成本（WACC）

$$WACC = r_d(1 - t)\left(\frac{D}{D+E} \right) + r_e \left(\frac{E}{D+E} \right)$$

式中：r_d 为税前负债成本；

t 边际税率；

D 为债务的市场价值；

E 为权益的市场价值；

r_e 为股权成本。

【例 8-2】 某企业的收益法评估的假定条件，如表 8-4 所示。

---

① 无风险利率 r_f 应该选用短期的无风险利率，市场的风险补偿等于市场的年平均收益率 r_m 减短期财政债券的年收益率，市场的年平均收益率用算术平均值。企业的贝塔系数决定于三个因素：企业所在的行业、企业的经营杠杆比率、企业的财务杠杆比率。上市企业的贝塔系数，可以用回归分析法求得，非上市企业的贝塔系数可以利用可比企业的贝塔系数进行比较调整。

表 8-4　某企业预期自由现金流量估测的假定条件

项目	高 增 长 阶 段	稳定增长阶段
时期长度	五年	五年后永久持续
收入	当前收入：18 739 万元	
息税前利润（EBIT）	收入的 30%	收入的 32%
所得税税率	33%	33%
资本收益率	20%	18%
营运资本	收入增长部分的 5%	收入增长部分的 5%
再投资率	50%	30%
息税前收益预期增长率	20%×50%＝10%	18%×30%＝5.4%
债务/全部资本比率	18%	30%
风险参数	β＝1.25　　股权成本＝14% 税前债务成本＝8%　国债利率＝7%	β＝1.05 债务成本＝8%

收益法评估结果，如表 8-5 所示。

表 8-5　某企业预期自由现金流量及资本成本的估测

单位：万元

项目	基期	高增长					稳定增长
		1	2	3	4	5	6
预期增长率	—	10%	10%	10%	10%	10%	5.4%
收入	18 739	20 613	22 674	24 942	27 436	30 179	31 809
息税前利润率	30%	30%	30%	30%	30%	30%	32%
EBIT	5 622	6 184	6 802	7 483	8 231	9 054	10 179
EBIT×(1−t)	4 217	4 638	5 106	5 612	6 173	6 791	7 634
折旧	1 134	1 247	1 372	1 509	1 660	1 826	1 925
△资本支出	2 725	2 998	3 298	3 628	3 991	4 390	2 972
△营运资本	86	94	103	113	125	137	82
现金流量	2 540	2 793	3 077	3 380	3 717	4 090	6 505
税后债务成本		6%	6%	6%	6%	6%	6%
股权成本		14%	14%	14%	14%	14%	12.88%
资本成本		12.56%	12.56%	12.56%	12.56%	12.56%	10.82%
企业价值	$2\,793\times[1-(1.1/1.125\,6)^5]\div(0.125\,6-0.1)$ $+6\,505\div[(0.108\,2-0.054)(1.125\,6)^5]=78\,279.46$						

第四节　企业价值评估的比较法

一、企业价值评估比较法的基本原理

在比较法中,待评估的企业价值是通过参照"可比企业"的市场价值与收益、账面价值、销售额、息税前收益等影响企业价值的某一财务变量的比率求得的。财务变量的取值要考虑到周期波动性,选用能够代表正常年份的数值。其计算公式如下:

$$P = B \times \left(\frac{P'}{B'} \right)$$

式中:P 为待评估企业的股权价值或企业价值;

B 为待评估企业影响企业价值的某一财务变量;

$\dfrac{P'}{B'}$ 为"可比企业"的股权价值或企业价值与"可比企业"某一相对应财务变量的比率 [也称为乘数(multiples)]。

企业价值评估的市场比较法常用的两种具体方法是上市公司比较法和交易案例比较法。上市公司比较法是指获取并分析可比上市公司的经营和财务数据,计算适当的价值比率,在与被评估企业比较分析的基础上,确定评估对象价值的具体方法。上市公司比较法中的可比企业应当是公开市场上正常交易的上市公司,评估结论应当考虑流动性对评估对象价值的影响。交易案例比较法是指获取并分析可比企业的买卖、收购及合并案例资料,计算适当的价值比率,在与被评估企业比较分析的基础上,确定评估对象价值的具体方法。运用交易案例比较法时,应当考虑评估对象与交易案例的差异因素对价值的影响。

二、可比企业的选择

可比企业是指具有与待评估企业相似的现金流量、增长潜力及风险特征的企业,一般应在同一行业范围内选择。可比性特征还有企业产品的性质、资本结构、管理及人事制度、竞争性、盈利性、账面价值等方面。在选择可比企业时,应当关注业务结构、经营模式、企业规模、资产配置和使用情况、企业所处经营阶段、成长性、经营风险、财务风险等因素。在识别可比企业时,评估师可以通过参考证券分析师对待评估企业的分析报告、投资咨询公司的有关研究报告,寻求行业分析专家的协助,咨询待评估企业的经理层管理人员,以及分析待评估企业的财务比率等多种方式进行可比企业的选择。

由于可比企业的选择带有一定的主观性,因而有时也很可能被有偏见的评估分析人员加以利用。可比企业的企业价值如果被错误地高估或低估,从而也会使得乘数偏大或偏小,导致错误的评估结果。

三、乘数的选择

(一) 市盈率

市盈率(PE)等于股价除以每股收益。影响市盈率的因素可以通过股利折现模型进行分析。用市盈率作为乘数所求得的是企业的股权价值。

由

$$P_0 = \frac{DPS_1}{r_e - g} = EPS_0 \times 股利支付率 \times \frac{1+g}{r_e - g}$$

推导出

$$PE = \frac{P_0}{EPS_0} = 股利支付率 \times \frac{1+g}{r_e - g}$$

(二) 价格/账面价值比率

价格/账面价值比率(PBV)是指股权的市场价格与股权的账面价值的比率，或每股股价与每股账面价值的比率。用该比率求得的是企业股权价值。

由

$$P_0 = \frac{DPS_1}{r_e - g} = EPS_0 \times 股利支付率 \times \frac{1+g}{r_e - g}$$

推导出

$$PBV = \frac{P_0}{BV_0}$$

$$= 股权收益率(ROE) \times 股利支付率 \times \frac{1+g}{r_e - g}$$

(三) 价格/销售收入比率

价格/销售收入比率(PS)是指股权价格与销售收入的比率。用该比率求得的是股权价值。

由

$$P_0 = \frac{DPS_1}{r_e - g} = EPS_0 \times 股利支付率 \times \frac{1+g}{r_e - g}$$

推导出

$$PS = P_0 \div 销售收入$$

$$= 销售净利率(MGN) \times 股利支付率 \times \frac{1+g}{r_e - g}$$

(四) 价值/息税折旧前收益(*EBIDT*)比率

价值/息税折旧前收益比率是指企业价值与 *EBIDT* 的比率。用该比率求得的是企业(投资)价值。

由

$$P = CFF_1 \div (WACC - g)$$

$$= [EBIDT \times (1 - 税率) + 折旧 \times 税率 - 资本性支出$$

$$- 追加营运资本] \div (WACC - g)$$

推导出

$$P \div EBIDT = [(1 - 税率) + 折旧 \times 税率 \div EBIDT - 资本性支出$$

$$\div EBIDT - 追加营运资本 \div EBIDT] \div (WACC - g)$$

(五) 价值/重置成本比率

价值/重置成本比率是指企业价值与企业资产的重置成本的比率。用该比率求得的是企业(投资)价值,而非企业的股权价值。该乘数是 PBV 的变形,又称为托宾(Tobin)的 Q 值。Q 值大于1,可能表明该企业拥有某种无形资产如未来的增长机会,这时的企业价值等于资产重置成本加增长机会价值。Q 值小于1,表明企业价值被低估,是进行收购的时机。

在评估企业价值时,如果在待评估企业与可比企业之间的资本结构有较大差异时,则应选择价值/息税折旧前收益比率或价值/重置成本比率指标,因为息税折旧前收益和重置成本这两个变量对资本结构的差异不敏感,从而不会因企业资本结构的差异影响到企业价值的评估结果。

【例 8-3】 有甲、乙两个除资本结构不同外其他特征完全相同的企业,甲企业无负债,权益价值为 1 000 万元,乙企业目前还有 400 万元债务未偿还。假定 $EBIDT$ 均为 100 万元,折旧为 10 万元,税率为 25%,利率为 5%。应用价值/息税折旧前收益比率,甲企业的 $P/EBDIT$ 等于 10,乙企业的企业价值等于 100 乘以 10,等于 1 000 万元。试求评估结果。

应用市盈率,甲企业的股权收益=(100−10)×(1−25%)=67.5(万元)

市盈率=14.81

乙企业的股权收益为:

(100−10−400×5%)×(1−25%)=52.5(万元)

乙企业的股权价值=(14.81×52.5)=777.5(万元)

将该价值加到债务价值上,得到乙企业的企业价值=(777.5 + 400)

=1 177.5(万元)

这显然高估了乙企业的企业价值。其错误的根本原因在于没有考虑有负债的乙企业的股票有相对更高的风险和收益,市盈率应该更低。

一些研究表明,某一类型企业的评估使用某一特定的乘数,评估结果可能会更加精确。比如,对于工业企业可以使用市盈率,对于银行、保险等金融服务机构可以使用价值/账面价值比率,对酒店服务业可以使用价值/收入比率等。

在待评估企业所在行业内的企业数目相对较少,或同一行业内不同企业的风险、增长率、现金流量等方面有较大差异,或待评估企业跨行业经营等状况下,在同一行业范围内选择可比企业就受到限制。解决问题的方法是将市盈率、价格/账面价值比率、价格/销售收入比率等乘数同它们各自的影响变量(从前面推导出的公式中可以看出)进行回归分析。企业风险用 β 系数表示,增长潜力用预期增长率 g 表示,现金流量用股利支付率 R_p 表示,股权收益率 ROE、销售净利率 MGN 等变量作为调整。回归方程如下:

$$PE=a+b\times g+c\times R_p+d\times \beta$$

$$PBV=a+b\times g+c\times R_p+d\times \beta+e\times ROE$$

$$PS=a+b\times g+c\times R_p+d\times \beta+e\times MGN$$

对美国大约 400 家上市公司的 PE、PBV、PS 乘数进行了回归分析,回归结果如下:

$$PE = 11.07 + 27.82 \times g + 0.7328 \times R_p + 2.9465 \times \beta$$

$$PBV = 1.50 + 6.51 \times g + 0.61 \times R_p + 0.329\ 2 \times \beta + 16.54 \times ROE$$

$$PS = 1.44 + 7.52 \times g - 0.22 \times R_p - 0.216\ 6 \times \beta + 30.86 \times MGN$$

如果某企业的贝塔系数根据可比企业确定为 1.10,股权收益率为 21.09%,预期增长率为 8.18%,股利支付率为 61.21%,则可以计算出该企业的 PE 等于 17.04,PBV 等于 6.26。然后根据该企业的股权账面价值和预期每股收益,就可以估计出该企业的股权价值。

【例 8-4】 某企业收购价值的估算资料,如表 8-6 所示。

表 8-6 某企业价值的价值/息税折旧前收益比率法评估

单位:万元

时间及项目	待评估企业	可比企业 1	可比企业 2	可比企业 3	可比企业 4
2018 年 EBIDT	232.80	252.80	257.30	3 198.40	689.80
2019 年 EBIDT	120.10	237.00	213.40	3 099.70	738.40
2020 年 EBIDT	128.10	221.90	236.40	2 998.50	836.70
2021 年 EBIDT	130.90	230.30	220.70	2 768.90	902.10
2022 年 EBIDT	127.90	238.90	243.90	2 598.70	863.90
五年平均 EBIDT	148.00	236.20	234.30	2 932.80	806.20
企业市场价值 MV		1 615.30	1 983.50	29 807.50	5 259.80
MV/五年平均 EBIDT		6.84	8.47	10.16	6.52
MV/2022 年 EBIDT		6.76	8.13	11.47	6.09
按平均数估算	1 183.60	148.00×(6.84+8.47+10.16+6.52)÷4			
按 2022 年数据估算	1 037.60	127.90×(6.76+8.13+11.47+6.09)÷4			
企业价值确定为 1 100.00 万元					

其估算结果如表 8-7 所示。

表 8-7 目标企业收购价值的估算

按照比较法评估确定的企业价值		1 100.00
收购方将在基本保持当前水平 EBIDT 的前提下	剥离附属企业	300.00(+)
	出售企业行政办公楼	240.00(+)
	增加固定资产投资	250.00(-)
	增加流动资金	80.00(-)
收购价值最大不超过		1 310.00 万元

练 习 题

选择题

下列企业中,可以从股权现金流量估价模型中得出更高估计价值的是(   ),可以从股利折现估价模型中得出更高估计价值的是(   ),从两个模型中得出的估计价值相同的是(   )。

  a. 企业支付的股利低于企业的股权自由现金流量,多余的现金储备投资于国债。

  b. 企业支付的股利低于企业的股权自由现金流量,多余的现金储备投资于对其他企业的收购。

  c. 企业支付的股利高于企业的股权自由现金流量,差额部分通过发行新股票弥补。

  d. 企业支付的股利高于企业的股权自由现金流量,差额部分通过发行新债券弥补。

  e. 企业支付的股利等于企业的股权自由现金流量。

计算题

1. 某企业 2022 年支付的每股股利为 1.28 元,预期股利将永久性地每年增长 5%。股票的贝塔系数为 0.9,1 年期国债利率为 3.25%,市场风险补偿为 5%。估算该企业每股的价值。

2. 某企业 2022 年的财务报表显示每股收益为 2.5 元,支付的每股股利为 0.72 元。预期 2023—2027 年期间收益将每年增长 15%,这一期间的股利支付率保持不变。自 2028 年起收益增长率预计将保持在 5% 的稳定水平,股利支付率会达到 70%。企业目前的贝塔系数为 1.42,2027 年以后的贝塔系数预计为 1.10,国债利率为 3.25%,市场风险补偿为 5%。试求 2023 年 1 月 1 日的股权价值为多少?

3. 某企业 2022 年的销售额为 6 000 万元,预计 2023—2026 年以 6% 的比率增长,自 2027 年起增长率保持在 3%。该企业的税前营业利润为 20%,资本支出等于年折旧费,营运资本占销售额的 20%。该企业未偿还的债务为 3 000 万元,利息率为 10%,权益与全部资本的比率为 80%,贝塔系数为 1.25,国债利率为 3.25%,市场风险补偿为 5%。企业所得税税率为 33%。估算该企业 2023 年 1 月 1 日的企业价值和权益价值。

4. 某企业 2022 年的收入为 95 000 万元,预期 2023—2026 年每年增长 6%,以后每年增长 4%。2022 年每股收益为 2.50 元,预期 2023—2026 年每股收益年增长 10%,以后每年增长 5%。2022 年每股的资本支出为 2.20 元,每股折旧为 1.10 元,预期增长速度与收益相同。营运资本保持在收入的 5% 水平上。企业当前的债务/全部资本比率为 10%,贝塔系数为 1.25,国债利率为 3.25%,市场风险补偿为 5%。目标债务比率为 20%。企业已经发行有 6 000 万股股票。试估算企业的权益价值。

5. 根据表 8-8 的资料估算乙企业的权益价值。为什么会有不同的估算结果?

表 8-8　甲、乙企业权益价值

项　　　　目	甲　企　业	乙　企　业
销售额	1 340 000 000 元	620 000 000 元
税后收益	90 000 000 元	46 000 000 元
权益账面价值	590 000 000 元	207 000 000 元

（续表）

项　　　目	甲　企　业	乙　企　业
发行股份	40 000 000 股	
股票价格	35 元	

6. 试根据表 8-9 的数据进行回归分析，找出价值被低估的股票。

表 8-9　回归分析数据

企　　业	市　盈　率	预期增长率	贝塔系数	股利支付率
1	13.3	16.5	0.75	23%
2	22.6	13.0	1.15	37%
3	12.1	9.5	0.75	28%
4	13.9	11.5	1.00	38%
5	10.4	4.5	0.70	50%
6	17.3	3.4	1.10	28%
7	11.4	10.5	0.80	37%
8	15.5	11.5	1.25	40%
9	9.5	9.0	1.05	47%
10	8.7	5.5	0.95	15%
11	16.5	13.0	0.85	41%
12	12.4	14.0	0.85	11%
13	10.2	9.5	0.85	37%
14	11.0	8.0	0.85	22%

讨　论　题

1. 企业的应付票据及其他短期借款是否属于企业投资价值的范围？

2. 将预期 CFF 折现求得的评估结果，是企业的资产价值还是企业的投资价值？

3. 企业（投资）价值评估模型、股权现金流量估价模型、股利折现估价模型等三种模型之间存在什么关系？

4. 企业资本结构的变化对比较法中的各类乘数指标的变化有什么影响？

第九章

以财务报告为
目的的评估

【本章学习目的】 通过对本章的学习,你应该能够:

(1) 简述以财务报告为目的的评估及其作用。

(2) 阐释投资性房地产公允价值评估的概念及方法。

(3) 熟悉资产减值测试的评估流程及方法。

(4) 阐释企业合并对价分摊的基本概念及评估方法。

(5) 理解金融工具计量评估中评估对象及评估方法。

第一节　以财务报告为目的的评估概述

一、以财务报告为目的的评估概念

依据《以财务报告为目的的评估指南》中对以财务报告为目的的评估的定义可知，以财务报告为目的的评估是指资产评估机构及其资产评估专业人员遵守法律、行政法规、资产评估准则及企业会计准则及会计核算、披露的有关要求，根据委托对评估基准日所涉及各类资产和负债公允价值或特定价值进行评定和估算，并出具评估报告的专业服务行为。以财务报告为目的的评估是为会计核算、披露提供意见的一种专业服务。编制报告的需求不同，评估对象也不同，且更加多元化和复杂化。

二、以财务报告为目的的评估作用

以财务报告为目的的评估，将会计和资产评估两门学科有机结合，既能发挥资产评估在发现潜在价值方面的优势，提高财务报告的质量，又能有效拓展评估业务的实施范围，摆脱长期的行业发展困境。公允价值是连接财务报告和评估行为的有效基础，资产评估人员基于会计行业财务报告的特定需要，对企业内部的各项资产、负债等进行科学合理的分析，以实现财务报告的有效性。因此，以财务报告为目的的评估作用体现在以下三个方面。

1. 评估技术能够满足会计计量专业上的需求

企业以公允价值计量相关资产和负债，应当采用在当前情况下适用并且有足够可利用数据和其他信息支持的估值。企业采用估值技术的目的，是估计在计量日市场条件下，市场参与者在有序交易中出售一项资产或者转移一项负债的价格。

企业以公允价值计量相关资产和负债，适用的估值技术主要包括市场法、收益法和成本法。估值技术因市场情况和资产特点不同，可观察输入值和不可观察输入值均会用到。不可观察输入值要求估值技术能够反映计量日可观察的市场数据，因此对于会计人员而言，不可观察输入值的获取和应用存在很大的挑战，而外部的专业评估机构能够通过运用评估技术，为会计公允价值计量提供专业支持。

2. 评估专业行为能够为会计计量的客观性奠定基础

在公允价值评估中，要求选择与市场参与者在相关资产和负债的交易中所考虑的资产或负债特征相一致的输入值，包括流动性溢价、控制权溢价或缺乏控制权折价等。资产评估是一种专业行为，是建立在专业技术知识和经验基础上的专业判断，长期业务积累使得评估机构具备客观呈现会计信息的能力。会计信息的这种客观性要求，能够通过评估过程中严格遵循相关的方法和程序取得充分的依据。

3. 评估的独立地位能够强化公允价值的公正性

在市场经济条件下,由资产评估机构依据相关评估法规、准则、规范和行业惯例,提供现时的价值尺度,对于政府监管部门、会计信息使用方和社会公众是一种具有较强公信力的信息服务,有利于形成公正的会计信息,特别是关于公允价值的信息。

三、以财务报告为目的的评估特点

以财务报告为目的的评估相对于其他评估业务,具有以下特点。

1. 以财务报告为目的的评估为会计计量提供服务

会计计量模式、会计核算方法、会计披露要求影响了评估对象、价值类型的确定及评估方法的选择。资产评估专业人员应当理解会计计量模式的概念,知晓企业合并、资产减值、投资性房地产、金融工具等会计核算方法,根据会计准则的要求,合理确定评估对象,选择与会计计量模式相符的价值类型和评估方法,更有效地服务于会计计量的特定要求。

2. 以财务报告为目的的评估业务具有多样性、复杂性

以财务报告为目的的评估涉及企业合并、资产减值、投资性房地产、金融工具等多项会计核算业务。每项会计核算业务不同,所对应的评估对象、价值类型、评估方法均有所不同。

3. 以财务报告为目的的评估所采用的评估方法具有多样性

执行以财务报告为目的的评估业务,应当根据评估对象、价值类型、资料收集情况和数据来源等相关条件,参照会计准则关于评估对象和计量方法的有关规定,选择评估方法。在采用市场法、收益法和成本法三大传统方法的基础上,根据具体条件,利用现金流量折现法、增量收益折现法、节省许可费折现法、多期超额收益法等对无形资产进行评估,同时也可以利用以现值为基础的远期定价、互换模型、期权定价模型等对金融工具进行评估。

四、以财务报告为目的的评估国内外发展状况

(一) 国外发展状况

20 世纪 90 年代后期,围绕公允价值计量的相关问题,国际评估准则委员会及国际评估实务界积极与包括国际财务报告准则理事会在内的会计界进行协调,就评估在确定公允价值、提高财务报告质量方面如何发挥作用进行探索。这些工作的开展增进了会计界对评估界的了解,对在会计准则中确立评估行业的作用发挥积极促进作用,同时也促进了国际评估准则的综合化发展和质量的提高,推进了世界范围内统一评估准则的发展进程。

2005 年 2 月,国际评估准则委员会出版了《国际评估准则》(第七版)。其中,为适应 2004 年国家财务报告准则的修订做了一项重要变动。

2007 年 7 月,国际评估准则委员会出版了《国际评估准则》(第八版),前述相关部分与第七版内容基本相近,同时,发布了《以财务报告为目的的无形资产评估指南》讨论文件。

2008 年下半年,国际评估准则委员会基本完成改组工作,更名为国际评估准则理事会。国际评估准则理事会下属的国际评估准则委员会在《以财务报告为目的的无形资产评估指南》的基础上,发布了两份征求意见稿,拟对《国际评估准则》中的《无形资产评估指南》进行修订并新增《以财务报告为目的的无形资产评估指南》。

2021 年 7 月,国际评估准则理事会发布最新版《国际评估准则》(IVS),在前版的基础上,将与价值类型有关的概念等纳入专业术语。新版自 2022 年 1 月 31 日起生效。

(二)国内发展状况

为促进我国会计准则与国际财务报告准则接轨,2006 年 2 月,财政部发布的会计准则引入了公允价值的概念和计量模式。近年来,在财政部有关司局的支持下,评估行业与会计行业在评估服务于会计方面进行了有效沟通,达成了许多共识。

2007 年 11 月,中国资产评估协会发布了《以财务报告为目的的评估指南(试行)》,用以规范资产评估专业人员以财务报告为目的的评估业务行为,维护社会公共利益和资产评估各方当事人合法权益。该指南自 2008 年 1 月 1 日起实施。

2009 年 12 月,中国资产评估协会发布了《投资性房地产评估指导意见》,用以规范注册资产评估师执行投资房地产评估的业务行为,维护社会公共利益和资产评估各方当事人合法权益。该指导意见自 2010 年 7 月 1 日起施行。

2014 年 1 月 26 日,财政部发布了《企业会计准则第 39 号——公允价值计量》,对公允价值计量进行了更加专业和细致的规范。该准则自 2014 年 7 月 1 日起实施,对我国以财务报告为目的的评估的发展起规范指引的作用。

2017 年 9 月 8 日,为贯彻落实《中华人民共和国资产评估法》,规范资产评估执业行为,保证资产评估执业质量,保护资产评估当事人合法权益和公共利益,在财政部指导下,中国资产评估协会根据《资产评估基本准则》,对《以财务报告为目的的评估指南(试行)》进行了修订,制定了《以财务报告为目的的评估指南》,自 2017 年 10 月 1 日起施行。

第二节 投资性房地产公允价值评估

一、投资性房地产公允价值评估的相关概念

(一)投资性房地产的概念

按照《企业会计准则第 3 号——投资性房地产》,投资性房地产是指企业为赚取

租金或资本增值,或两者兼有而持有的房地产。投资性房地产在用途、状态、目的等方面,与企业自用的厂房、办公楼等作为生产经营场所的房地产,以及房地产开发企业用于销售的房地产是不同的。投资性房地产能够单独计量和出售,当投资性房地产的公允价值能够持续可靠取得时,可对投资性房地产采用公允价值模式进行后续计量。

(二) 投资性房地产公允价值评估的概念

投资性房地产公允价值评估,是指按照《以财务报告为目的的评估指南》要求,对符合会计准则规定条件的投资性房地产在评估基准日的公允价值进行评定、估算,并出具评估报告的专业服务行为。在进行投资性房地产公允价值评估时,应当充分理解相关会计准则的要求以及投资性房地产在企业财务报告中的核算和披露要求。

二、投资性房地产公允价值评估对象的确定

按照《以财务报告为目的的评估指南》,在执行会计准则规定的投资性房地产评估业务时,对应的评估对象包括已出租的土地使用权、持有并准备增值后转让的土地使用权、已出租的建筑物。

(1)已出租的土地使用权,是指企业通过出让或者转让方式取得的土地使用权。企业计划用于出租但尚未出租的土地使用权,不属于此类。

(2)持有并准备增值后转让的土地使用权,是指企业取得的、准备增值后转让的土地使用权。按照国家有关规定认定的闲置土地,不属于持有并准备增值后转让的土地使用权。

(3)已出租的建筑物,是指企业拥有产权并以经营租赁方式出租的房屋建筑物。企业计划用于出租但尚未出租的建筑物,不属于此类。

三、投资性房地产公允价值评估的评估基准日的确定

投资性房地产公允价值评估应根据会计准则的要求合理确定评估基准日,可以是资产负债表日、投资性房地产转换日等。

资产负债表日是指会计核算的结账日期,即指结账和编制资产负债表的日期,通常指会计年度末和会计中期期末。中期是指短于一个完整的会计年度的报告期间,包括月度、季度和半年度。年度资产负债表日为每年的 12 月 31 日。中期资产负债表日是指各会计中期期末,包括月末、季末和半年末。

投资性房地产转换日是指投资性房地产用途发生变化,投资性房地产转换为其他资产或者将其他资产转换为投资性房地产的时间,通常以企业董事会或类似机构正式作出书面决议的日期为准。

在评估实践中,当董事会形成决议后,财务核算和投资性房地产公允价值评估选择在临近决议形成的会计报表日。例如,董事会决议日期为某月的 23 日,那么投资

性房地产转换日为该月 23 日,投资性房地产公允价值评估基准日可以选择在该月的资产负债表日,即月末的 30 日或者 31 日。

四、投资性房地产公允价值评估方法

按照《企业会计准则第 39 号——公允价值计量》的要求,投资性房地产的公允价值评估是基于资产的最佳用途产生经济利益的能力,或者将该资产出售能够用于最佳用途的其他市场参与者产生经济利益的能力和评估。

评估专业人员在执行投资性房地产公允价值评估业务时,应当根据评估对象、价值类型、资料收集情况和数据来源等相关条件,参照会计准则关于评估对象和计量方法的有关规定,选择评估方法。投资性房地产公允价值评估方法详见本书第四章,本章仅介绍服务于财务报告目的的投资性房地产公允价值评估方法,如采用市场法和收益法评估时需注意的事项。

(一) 市场法

1. 类似房地产的选取

运用市场法评估投资性房地产时,应收集足够的相同或相类似的房地产交易案例,通过筛选选取与待估房地产具有可比性的交易案例,重点分析投资性房地产的实物状况、权益状况、区位状况、交易情况及租约条件。在进行公允价值评估时应区分投资性房地产是否存在出售或者使用的限制,并进一步区分限制针对的是投资性房地产的持有者还是投资性房地产本身。如果该限制针对的是投资性房地产持有者,则该限制非资产的特征,只会影响当期持有该资产的企业,而其他企业可能不会受到该限制的影响,从市场参与者角度评估时则不会考虑这样的限制因素。

2. 可比修正体系的构建

选取比较指标时,一般考虑交易情况、交易日期和房地产状况三个方面。确定比较方法,基于可比案例交易的总价值或者单价,采用金额、百分比或回归分析法,通过直接或者间接比较,对可比案例价格进行处理。

3. 求取比准价格

市场法评估投资性房地产时,根据可比案例数量不同、可比案例的权重不同等因素,会有多种模型,汇总其中常用的模型有:

评估对象的价值 ＝ AVEGAGE(评估对象的比准价格)

评估对象的比准价格＝ 可比案例的成交价格×交易情况修正系数×交易日期修正系数
　　　　　　　　　×房地产状况修正系数

　　　　　　　　＝ 可比案例的成交价格×交易情况修正系数×交易日期修正系数
　　　　　　　　　×区位状况修正系数×实物状况修正系数×权益状况修正系数

实践评估中,根据可比案例与待估对象的相似程度、可比案例的资料可靠程度等,选用简单算术平均、加权算术平均等方法计算出待估对象的比较价值。

(二) 收益法

收益法又称收益还原法、收益资本化法,是通过预测估价对象未来的正常净收益,利用适当的资本化率(或报酬率、还原利率)将其折现到评估基准日并累加,以此估算估价对象的客观合理价格或价值的方法。运用收益法评估投资性房地产时,应当对企业来自投资性房地产的租金收益,以及当期产生的相应费用进行分析,合理确定净收益;根据建筑物的剩余经济寿命年限与土地使用权剩余使用年限等参数,及有关法律、法规的规定,合理确定收益期限;折现率的确定应与预期收益口径保持一致,能够反映评估基准日类似地区同类投资性房地产评估回报水平和评估对象的特定风险。收益法的基本计算公式如下:

$$P = \sum_{i=1}^{n} \frac{a_i}{(1+r)^i}$$

公式中,P 为房产价值;a_i 为年净收益;r 为资本化率;n 为收益年限。

1. 投资性房地产收益期限的确定

收益期限是指预计估价对象未来可以获得收益的时间。运用收益法评估投资性房地产时,一般根据建筑物的剩余经济寿命与建设用地使用权剩余期限来确定。但是,利用预知未来若干年后价格的公式求取价值的,收益期限为合理的持有期(持有期应根据市场投资者对同类房地产的典型持有时间及能预测期间收益的一般期限来确定,通常为 5～10 年)。

建筑物经济寿命与建设用地使用权剩余期限可能同时结束,也可能不是同时结束,归纳为以下三种情况:①建设用地使用权剩余年限与建筑物剩余经济寿命一致时,收益期应为建设用地使用权剩余年限或者建筑物剩余经济寿命。②建设用地使用权剩余年限与建筑物剩余年限不一致时,应按照孰短原则确定收益期,对超过收益期的建设用地使用权或者建筑物应给予残留价值考虑。③如果评估承租人权益价值时,收益期应为剩余租赁期限。

2. 投资性房地产未来净收益的测算

基于租赁收入测算净收益。净收益是净运营收益(Net Operating Income,NOI)的简称,通过有效毛收入扣除运营费用后归属于房地产的收入。其基本公式如下:

净收益＝潜在毛收入－空置和租金损失＋租赁保证金或押金利息－运营费用
　　　＝有效毛收入－运营费用

公式中,潜在毛收入(Potential Gross Income,PGI),是指房地产在充分利用、无空置(即 100%出租)情况下所能获得归属于房地产的收入。有效毛收入(Effective Gross Income,EGI),是指由潜在毛收入扣除空置和租金损失以后得到归属于房地产的收入。运营费用(Operating Expense),是指维持房地产正常使用或营业的必要支出,包括房地产税、保险费、管理费、维持投资性房地产正常运转的成本(维护费、维修费、物业费)等。

评估承租人的权益价值时,净收益应为市场租金减去合同租金。

基于营业收入测算净收益。如果未来净收益不能通过租赁收入测算,则应根据投资性房地产的经营资料测算净收益(如投资性房地产为酒店)。其基本公式如下:

净收益 = 经营收入 - 经营成本 - 经营费用 - 税金及附加 - 管理费用 - 财务费用 - 利润

根据预测期间及租约情况,在租约有效期内,上述收益以租约约定的租金水平为准;在租约期外,应选择市场上的正常客观数据。

3. 折现率的求取

折现率应当反映评估基准日类似地区同类投资性房地产平均回报水平和评估对象的特定风险。折现率与预期收益口径保持一致,并考虑租约、租期、租金等因素对折现率选取的影响。折现率求取的方法一般有累加法、市场提取法、投资报酬率排序插入法。

五、应用举例

【例9-1】 待估对象位于××市××区新华西街105号,用途为商务办公,利用市场法对其公允价值进行评估,在市场上选取三个可比实例,待估对象与可比实例的基本情况,如表9-1所示。

表9-1 待估对象与可比实例基本情况

物业名称		待估对象	实例A	实例B	实例C
坐落位置		新华西街105号	新华西街105号	新华西街105号	新华西街105号
单价(元)		—	12 500.00	13 000.00	14 000.00
交易情况		待成交	挂牌价	挂牌价	正常交易
交易日期		2022/1/31	2022/1/23	2022/1/15	2022/1/5
区域因素	聚集程度	较好、标准	较好、标准	较好、标准	较好、标准
	交通条件	较好、标准	较好、标准	较好、标准	较好、标准
	市政配套	配套完善、标准	配套完善、标准	配套完善、标准	配套完善、标准
	环境景观	环境质量较好	环境质量较好	环境质量较好	环境质量较好
	规划限制	与城市发展规划无冲突	与城市发展规划无冲突	与城市发展规划无冲突	与城市发展规划无冲突
个别因素	面积(平方米)	1 159	450	372	474
	用途	办公	办公	办公	办公
	楼层	高区	中区	中区	中区
	平面布局	四正,好	四正,好	四正,好	四正,好
	装饰装修	简单装修	简单装修	简单装修	毛坯

通过对估价对象和可比实例的基本情况进行分析,对每个比较因素进行打分,比较因素打分表,如表 9-2 所示。

表 9-2 比较因素打分表

比较因素		待估对象	实例 A	实例 B	实例 C
交易情况		100	105	105	100
交易日期		100	100	100	100
区域因素	聚集程度	100	100	100	100
	交通条件	100	100	100	100
	市政配套	100	100	100	100
	环境景观	100	100	100	100
	规划限制	100	100	100	100
个别因素	面积	100	105	105	105
	用途	100	100	100	100
	楼层	100	95	95	95
	空间布局	100	100	100	100
	装饰装修	100	100	100	96

根据比较因素打分表,编制因素比较修正系数表,如表 9-3 所示。

表 9-3 因素比较修正系数表

比较项目		实例 A	实例 B	实例 C
交易情况		100/105	100/105	100/100
交易日期		100/100	100/100	100/100
区域因素	聚集程度	100/100	100/100	100/100
	交通条件	100/100	100/100	100/100
	市政配套	100/100	100/100	100/100
	环境景观	100/100	100/100	100/100
	规划限制	100/100	100/100	100/100
个别因素	面积	100/105	100/105	100/105
	用途	100/100	100/100	100/100
	楼层	100/95	100/95	100/95
	空间布局	100/100	100/100	100/100
	装饰装修	100/100	100/100	100/96

通过数据计算可得：

$$可比实例 A 的比准价格 = 11\ 934.6(元 / 平方米)$$
$$可比实例 B 的比较价格 = 12\ 412.0(元 / 平方米)$$
$$可比实例 C 的比准价格 = 14\ 619.9(元 / 平方米)$$

本案例中，采用简单算术平均法确定评估对象的价值，计算可得：

被估对象比准单价 = (案例 A 比准价 + 案例 B 比准价 + 案例 C 比准价)/3 = 12 988.8(元 / 平方米)
被估对象评估总价值 = 评估单价 × 评估对象面积 = 1 505.4(万元)

【例 9-2】 评估对象为位于 ××市 ××区 ××路 ××商城商业房地产，房产性质为商品房，用途为商业，面积 1 000 平方米。土地使用证证号为 ×××(×××)第 ××号，证载权利人均为 A 公司，使用期限 40 年，自 2018 年 8 月 1 日起计算。

已知，评估对象共两层，一层已对外出租，承租方为某银行，每层可出租面积为 500 平方米，一层于 2019 年 8 月 1 日租出，租赁期限 5 年，可出租面积的月租金为 240 元/平方米，且每年不变；二层现空置。评估对象所在商圈的相似商业用房一、二层可出租面积的正常月租金分别为 300 元/平方米和 220 元/平方米，运营费用为 25%。该类房地产出租率为 100%，折现率为 10%，评估该房地产 2022 年 8 月 1 日带租约出售的正常价格。

估价对象于 2022 年 8 月 1 日带租约出售的正常价格测算如下：

（1）一层价格的测算：

$$租赁期间的年净收益 = 500 \times 240 \times (1-25\%) \times 12 = 108(万元)$$
$$租赁期间届满后的年净收益 = 500 \times 300 \times (1-25\%) \times 12 = 135(万元)$$

$$
\begin{aligned}
P &= \sum_{i=1}^{t} \frac{A_i}{(1+Y)^i} + \frac{A}{Y(1+Y)^t}\left[1 - \frac{1}{(1+Y)^{n-t}}\right] \\
&= \frac{108}{(1+10\%)} + \frac{108}{(1+10\%)^2} + \frac{135}{10\%(1+10\%)^2}\left[1 - \frac{1}{(1+10\%)^{40-4-2}}\right] \\
&= 1\ 259.47(万元)
\end{aligned}
$$

（2）二层价格的测算：

$$年净收益 = 500 \times 220 \times (1-25\%) \times 12 = 99(万元)$$

$$P = \frac{A}{Y}\left[1 - \frac{1}{(1+Y)^n}\right] = \frac{99}{10\%}\left[1 - \frac{1}{(1+10\%)^{40-4}}\right] = 957.97(万元)$$

（3）计算待估对象带租约出售的正常价格：

$$商业房地产的正常价格 = 一层的价格 + 二层的价格$$
$$= 1\ 259.47 + 957.97 = 2\ 217.44(万元)$$

第三节　服务于资产减值测试的资产评估

一、资产减值及其测试

（一）资产减值的概念

我国《企业会计准则第 8 号——资产减值》认为，资产减值是指资产的可回收金额低于其账面价值。可收回金额是资产的公允价值减去处置费用后的净额与资产预计未来现金流量的现值两者之中的较高者，只要两者中有一项超过了资产的账面价值，就表明资产没有发生减值，不需再估计另一项金额。资产减值模型如图 9-1 所示。

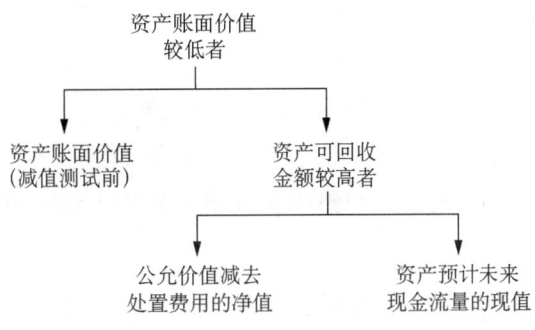

图 9-1　资产减值模型

会计准则规定，企业应当在资产负债表日判断资产是否存在可能发生减值的迹象，如果资产存在减值迹象的资产，应当进行减值测试，估计资产的可回收金额。可回收金额低于账面价值的，应当按照可回收金额低于账面价值的金额，计提减值准备，确认减值损失。

（二）资产减值测试的概念

资产减值测试是指企业财务会计人员根据企业外部信息与内部信息，判断企业资产是否存在减值迹象，并对减值金额进行测算的评估工作。资产存在减值迹象是资产需要进行减值测试的必要前提，但是，因企业合并所形成的商誉和使用寿命不确定的无形资产，无论是否存在减值迹象，应当每年进行减值测试。对于尚未达到可使用状态的无形资产，因其价值通常具有较大的不确定性，也应当每年进行减值测试。资产可能发生减值的迹象有：资产的市价当期大幅度下跌，其跌幅明显高于因时间的推移或者正常使用而预计的下跌；企业经营所处的经济、技术或者法律等环境以及资产所处的市场在当期或者将在近期发生重大变化，从而对企业产生不利影响；市场利率或者其他市场投资报酬率在当期已经提高，从而影响企业计算资产预计未来现金流量现值的折现率，导致资产可回收金额大幅度降低；有证据表明资产已经陈旧过时,或者其实体已经损坏;资产已经或者将被闲置,终止使用或者计划提前处置;企业内部报告的证据表明资产的经济绩效已经低于或者将低于预期,如资产所创造的净现金流量或者实现的营业利润(或者亏损)远远低于(或者高于)预期金额等;其他表明资产可能发生减值的迹象。

二、资产减值测试评估中的评估对象确定

(一)资产减值测试对象

1. 单项资产

如果有迹象表明一项资产可能发生减值,企业应当以单项资产为基础估计其可回收金额。

2. 资产组

在企业难以对单项资产的可回收金额进行估计的情况下,应当以该资产所属的资产组为基础确定资产组的可回收金额。

对于商誉以及总部资产的减值测试应当结合与其相关的资产组或者资产组组合进行。资产组是企业可以认定的最小资产组合,产生的现金流入应当独立于其他资产或资产组产生的现金流入。资产组组合是指由若干个资产组组成的最小资产组组合。

(二)资产减值测试评估对象的确定

资产减值测试评估对象应当与资产、资产组或资产组组合账面价值的成分保持一致。对于资产组或资产组组合而言,其账面价值应当包括可直接归属于该资产组或资产组组合以及可以合理和一致地分摊至该资产组或资产组组合的商誉与总部资产的账面价值。除非不考虑该负债的金额就无法确定资产组的可回收金额,资产组的账面价值一般不应包括已确认的计息负债的账面价值。

1. 常见的资产组或资产组组合的构成与评估对象

在固定资产减值测试中,常见资产组或资产组组合的构成与评估对象,如表9-4所示。

表9-4　常见的资产组或资产组组合的构成与评估对象

项目	取费标准	单价(元/平方米)
房屋建筑物	√	√
机器设备	√	√
土地使用权	√	√
工程物资	√	√
在建工程	√	√

（续表）

项目	取费标准	单价(元/平方米)
营运资金	可选择	可选择
商誉	可选择	可选择
总部资产	可选择	可选择
负债	一般情况不包括,但可选择是否加入资产组的测试	一般情况不包括,视管理层的选择而定

2. 特殊对象

（1）营运资金。营运资金的主要组成为存货、应收账款和应付账款等,严格来说并不属于非流动资产减值测试的涵盖范畴。然而在实务操作中,为了更加合理地模拟资产组组合的真实构成,有时也将其纳入资产组组合。通常以下两种处理方法都是可行的:第一,资产组或资产组组合账面构成中不包括营运资本,则评估对象也不包含营运资本。预测期第一年的营运资本变动应在期初余额为零的基础上计算,即假设预测期第一年需要投入一笔额外的营运资本,并且到预测期结束时收回该笔营运资本投入。第二,资产组或资产组组合账面构成中包含营运资本,则评估对象也包含营运资本。预测期第一年的营运资本变动应以评估对象构成中包含的营运资本为期初余额进行计算。

（2）企业总部资产。企业总部资产包括企业集团或其事业部的办公楼,电子数据处理设备,研发中心等资产。总部资产的显著特征是难以脱离其他资产或者资产组产生独立的现金流入,而且其账面价值难以完全归属于某一资产组。因此,总部资产通常难以单独进行减值测试,需要结合其他相关资产组或者资产组组合进行。其具体分摊步骤为:第一,对于总部资产能够按照合理和一致的基础分摊至某资产组的部分,应当将总部资产的账面值分摊至该资产组,再据以比较该资产组的账面价值(包括已分摊的总部资产的账面价值部分)和可收回金额[①]。第二,对于相关总部资产难以分摊至任何资产组的部分,应当按照合理和一致的基础分摊至由若干个资产组组成的最小的资产组组合[②]。

（3）商誉。企业合并所形成的商誉,应当结合与其相关的资产组或者资产组组合进行减值测试。相关的资产组或者资产组组合应当是能够从企业合并的协同效应中受益的资产组或者资产组组合,并且不大于企业所确定的报告分部。其具体分摊过程和总部资产类似。

三、资产减值测试评估中的价值类型选择

资产减值测试评估中的价值类型包括两种计量属性,如表9-5所示。

[①] 《企业会计准则第8号——资产减值》(财会〔2006〕3号)第二十条、第二十一条。
[②] 中国资产评估协会:《资产评估实务(一)》,中国财政经济出版社2017年版,第299页。

表 9-5　价值类型

价值类型	含义
公允价值减去处置费用后的净额	自愿买方和自愿卖方在理性行事且未受任何强迫压制的情况下,评估对象在基准日进行正常公平交易的价值并扣减相应的处置费用后得到的净额
资产预计未来现金流量的现值	将评估对象作为企业组成部分或者要素资产按其使用方式和程度及其对所属企业的贡献的价值估计数额

四、资产减值测试的评估方法与评估参数

(一)资产减值测试的评估方法

资产减值测试评估方法的确定应该结合评估对象特点、价值类型、资料收集情况和数据来源等进行分析。

1. 会计准则规定成本法不适用减值测试目的的评估

成本法的出发点是重置价值,而会计准则要求的未来现金流或公允价值减处置费用都是从给企业带来经济利益的角度来衡量公允价值。例如,企业花费巨资研发的专有技术,成本高但收益不一定高。成本法成立的前提是资产的评估值可以通过资产的未来运营得以全额回收。而运营收益需要使用收益法。减值测试的资产组都是为了切合企业实际生产需要所配置的,资产组的个体性决定了无法以成本法来将其作为一个整体加以评估。

2. 资产的公允价值减去处置费用的净额

公允价值的估计应考虑采用市场法,以公平交易中的销售协议价格,或与评估对象相同或相类似资产在其活跃市场上反映的价格为计算依据。当不存在相关活跃市场或缺乏相关市场信息时,参照企业价值评估的基本思路和方法(收益法)进行分析和计算。处置费用的估计包括与资产处置有关的法律费用、相关税费、搬运费以及为使资产达到可销售状态所发生的直接费用等。

3. 资产预计未来现金流量的现值

一般采用收益法,选择恰当的折现率折现后的金额作为资产预计未来现金流量的现值。未来现金流量的预测是基于特定实体现有管理模式下可能实现的收益。预测一般只考虑单项资产或资产组/资产组组合内主要资产项目在简单维护下的剩余经济年限,即不考虑单项资产或资产组/资产组组合内主要资产项目的改良或重置;资产组内其他资产项目于预测期末的变现净值应当纳入资产预计未来现金流量的现值的计算。

(二)资产减值测试的评估参数(以固定资产减值测试为例)

1. 现金流预测基本要求

(1)现金流预测是基于经企业管理层(如董事会)准备的针对评估对象的最近财

务预算或者经营计划进行的,评估人员应通过关注、检验历史现金流预测和实际值之间的差异来评估和确定当前现金流预测假设的合理性。

（2）现金流预测应以评估对象的当前状况为基础,不应当包括将来可能发生的、尚未作出承诺的重组事项或者与资产改良有关的预计未来现金流量。

（3）评估人员应当关注现金流预测涉及的主要评估参数,如销售收入的增长、预测的长期息税前利润率等,是否与行业保持一致。如果不是,评估人员应关注其原因所在。

（4）实务中,评估人员应该详细询问管理层未来现金流在产生时间以及现金流大小方面的不确定性,必要时可以考虑情景分析（如考虑悲观、一般、乐观三种情况）,以期最大程度对管理层准备的现金流预测加以校验。

2. 现金流预测期

预测期需考虑单项资产或资产组内主要资产项目在简单维护下的剩余经济年限。评估专业人员可以基于管理层提供的财务预算或经营计划适当延长至资产组中主要资产项目的经济使用寿命结束。根据减值测试准则的相关规定,减值测试涉及的现金流预测期一般只涵盖 5 年;如超过 5 年,评估专业人员应取得管理层提供的证明更长期间合理性的证据。

3. 资本性支出预测

预测的资本性支出应该包括维护资产正常运转或者资产正常产出水平而必要的支出、维护性资本支出、完成在建工程和开发过程中的无形资产等的必要支出。预测的资本性支出中不应当包括与资产改良或企业扩张相关的资本性支出。

4. 资产组主要资产项目经济使用年限最后一年的净现金流量

在资产组中,主要资产项目于简单维护下的剩余经济年限资产使用寿命结束时,需要考虑处置资产所收到或者支出的净现金流量,相当于预期公允价值减去处置费用后的净值。由于必须考虑处置费用,该处置资产的净现金流量可能为负值。

5. 企业所得税的影响

会计准则要求估算预计未来现金流量现值应该基于税前基础进行,实务操作中也可以考虑采用税后基础进行测算,或者将税后折现率简单推算为税前折现率。一般情况下,如果基于上述方法计算的未来现金流量现值远远超过被评估对象的账面价值,则代表被评估对象出现减值情况的可能性较低,反之则需要根据会计准则的要求计算以税前为基础的现值。

6. 折现率

折现率要与预计的未来现金流量匹配,如是否同为税前或税后基础,是否同时考虑通货膨胀因素,是否根据会计准则的要求计算相应的税前折现率。一般情况,预计未来现金流量时没有考虑的风险,在估计折现率时则需要考虑这些因素,如规模风险、缺乏流动性折扣等。

采用收益法计算资产公允价值减去处置费用的净额时,各项参数的选取与确定,

在某些方面与预计未来现金流量现值所涉及的参数会有不同,常见差异如表 9-6
所示。

表 9-6　资产公允价值减处置费用的净额与资产预计未来现金流量现值参数确定差异表

项目	资产公允价值减处置费用的净额	资产预计未来现金流量现值
假设前提	持续经营假设,可以考虑可能发生的、尚未作出承诺的重组事项或者资产改良,同时考虑重组、改良对应的收益和成本、费用	以当前状态为基础,不应当包括可能发生的、尚未做出承诺的重组事项或者与资产改良有关的预计未来现金流量
盈利预测	在各方面与市场参与者预期保持一致	评估对象在目前使用情况下可实现的盈利情况
资产性支出	维护资产正常运转或者资产正常产出水平而必要的支出,或者属于资产简单维护下的支出;完成在建工程和开发过程中的无形资产等的必要支出;与资产改良或企业扩张相关的资产性支出	维护资产正常运转或者资产正常产出水平而必要的支出,或者属于资产简单维护下的支出;完成在建工程和开发过程中的无形资产等的必要支出
营运资金预测	维持现有企业运营并考虑企业扩张或重组所需的营运资金	基于特定实体现有管理模式下经营所需的营运资金
所得税基础	可以考虑为税后	通常为税前

五、应用举例[①]

【例 9-3】　A 期货公司在 2021 年年底吸收合并了 B 期货公司,购买日 B 公司的
收购价为 38 750.00 万元,B 公司可辨认资产和负债的价值为净资产 23 195.37 万元,
评估基准日的商誉为 15 554.63 万元。吸收合并后,B 公司法人实体注销。A 公司对 B
公司的业务进行了整合,资产、收益统一核算。2014 年年底进行商誉价值测试。

(一)评估对象

根据相关规定,与商誉减值测试相关的资产组或资产组组合,应当是能够从企业
合并的协同效应中受益的资产组或者资产组组合。评估对象和评估范围为 A 期货公
司于 2021 年吸收合并 B 期货时形成的商誉及对应的资产组及资产组组合,截止到评
估基准日 2022 年 7 月 31 日,原 B 期货公司报表中账面资产总额为 116 803.56 万元,
负债总额为 117 162.30 万元,净资产额为 -358.74 万元。

(二)评估技术思路和方法的选取

由于商誉不能单独作为评估对象,且商誉减值测试的评估是判断在收购时点时,
商誉对应的资产或资产组在收购后的业绩表现。因此在进行商誉减值测试时,应请
委托方对收购后的属于原 B 期货公司资产、负债及业务的收益情况进行业务厘定,编

---

①　来源:中国资产评估协会《资产评估实务(一)》,中国财政经济出版社 2017 年版,第 303—305 页。

制商誉对应部分的资产负债表即利润表,厘定原则应以收购时点为准,与保证获取收益的基础资源是一致的。厘定之后,请委托方基于目前的市场情况及未来的预期,预测这部分业务未来的收入、成本、费用及利润。

由于 A 期货公司吸收合并 B 期货公司后,财务、业务及资产已经统一核算,因此属于 B 期货公司的费用根据配比原则确定,即按照收入的一定比例进行分配。这种收入与费用的匹配关系延续了收购前 B 期货公司的模式,其历年资产负债和损益情况如表 9-7、表 9-8 所示。

表 9-7　B 期货公司 2019—2022 年资产负债情况表　　　　单位:万元

科目	2019 年 12 月 31 日	2020 年 12 月 31 日	2021 年 12 月 31 日	2022 年 7 月 31 日
资产:				
货币资金	43 920.53	69 687.74	34 103.43	2 261.88
期货保证金存款	33 975.73	59 089.72	30 046.38	2 186.12
应收货币保证金	46 704.25	77 311.75	286.41	—
应收质押保证金	939.53	2 496.36	—	—
存出保证金	0.95	1.77	—	—
交易性金融资产	8.03	5.95	—	—
应收利息	—	—	—	4.78
其他应收款	59.46	151.10	122.80	140.85
期货会员资格投资	132.00	132.00	132.00	32.00
固定资产投资	986.40	932.15	877.78	832.24
无形资产	160.36	174.71	154.11	1.44
其他资产	76.06	85.09	72 451.02	113 530.37
资产总计	92 987.57	150 978.63	108 127.55	116 803.56
负债:				
应付货币保证金	79 779.48	132 601.18	105 230.63	114 945.50
应付质押保证金	939.53	2 496.36	983.70	676.16
期货风险准备金	590.68	982.16	1 296.47	1 410.90
应付期货投资者保障基金	83.60	182.11	99.71	90.93
应付职工薪酬	151.16	72.65	4.69	3.53
应交税费	195.63	409.16	405.67	32.91
应付手续费及佣金	23.51	14.85	—	—
其他应付款	28.79	32.40	0.96	2.37

（续表）

科目	2019 年 12 月 31 日	2020 年 12 月 31 日	2021 年 12 月 31 日	2022 年 7 月 31 日
负债合计	81 792.37	136 790.86	108 021.84	117 162.30
所有者权益：				
实收资本（或股本）	8 000.00	8 000.00	—	—
资本公积	35.00	35.00	—	—
盈余公积	319.85	620.04	—	—
未分配利润	2 840.35	5 532.72	105.71	−358.74
所有者权益合计	11 195.19	14 187.76	105.71	−358.74
负债和所有者权益总计	92 987.57	150 978.63	108 127.55	116 803.56

表 9-8　B 期货 2019—2022 年损益情况表　　　　单位：万元

项目	2019 年	2020 年	2021 年	2022 年（1～7 月）
一、营业收入	7 361.06	9 050.71	8 324.22	5 216.71
手续费收入	6 449.99	7 824.78	6 278.95	3 613.23
利息净收入	834.70	1 175.99	1 877.79	1 603.48
投资收益	71.34	49.94	−1.72	
其他业务收入	5.03	—	169.20	—
二、营业支出	4 152.06	5 103.97	6 281.31	2 816.79
提取期货风险准备金	323.03	391.48	313.94	180.66
营业税金及附加	361.48	438.19	361.10	202.34
业务及管理费	3 467.55	4 274.30	5 600.25	2 433.78
资产减值损失	—	—	6.02	—
三、营业利润	3 209.00	3 946.74	2 042.91	2 399.93
加营业外收入	70.00	189.05	74.38	0.07
减营业外收入	1.54	5.57	14.29	1.55
四、利润总额	3 277.46	4 130.22	2 103.01	2 398.44
减所得税费用	738.59	1 023.95	715.13	599.61
五、净利润	2 538.88	3 106.27	1 387.88	1 798.83

会计准则规定成本法不适用于资产减值测试，因此采用收益法进行评估。

（三）评估基准日

委托方和审计师确定的减值测试基准日为 2022 年 7 月 31 日。

第四节 服务于企业合并对价分摊的资产评估

一、企业合并对价分摊的概念

企业合并是指将两个或两个以上单独的企业合并形成一个报告主体的交易或事项。按合并前后是否受同一方最终控制分为同一控制下的企业合并和非同一控制下的企业合并。前者指参与合并的企业在合并前后均受同一方或相同的多方最终控制且该控制并非暂时性的。后者指参与合并的各方在合并前后不受同一方或相同的多方最终控制。

合并对价分摊是指符合企业合并准则的非同一控制下的企业合并的成本在取得的可辨认资产、负债及或有负债之间的分配。根据企业合并准则的规定,对于非同一控制下的企业合并,购买方在购买日应当对合并成本进行分配,按照相关规定确认所取得的被购买方各项可辨认资产、负债及或有负债。购买方对合并成本大于合并中取得的被购买方可辨认净资产公允价值份额的差额,应当确认为商誉。

二、企业合并对价分摊评估中评估对象的确定

合并对价分摊事项涉及的评估业务所对应的评估对象应当是合并中取得的被购买方各项可辨认资产、负债及或有负债,这与企业并购中的企业价值评估所对应的评估对象有所不同。在企业并购中,企业价值评估所对应的评估对象一般为企业整体价值、股东的全部权益价值或部分权益价值。

(一)可辨认资产、负债的确认原则与识别

(1) 合并中取得的被购买方的无形资产或负债,其公允价值能够可靠计量的,应当单独确认为无形资产或负债,并按照公允价值计量。

(2) 可辨认无形资产确认。评估专业人员在执行以财务报告为目的的评估业务中,应执行相关的识别程序,以《企业会计准则第 6 号——无形资产》以及《企业会计准则第 20 号——企业合并》中对于企业合并项下无形资产的相关规定为依据,识别出所有在收购日存在的重大可辨认的无形资产。

确认可辨认的无形资产,可以从两个方面进行分析:首先,向管理层了解被收购公司是否存在源自合同权力或基于法律的法定权利的无形资产;其次,考虑该无形资产是否能够从被收购公司中分离出来,并能单独或者与其他相关合同、资产或负债一起,用于出售、转移、授予许可、租赁或者交换。

(3) 或有负债的识别。评估专业人员应当根据《企业会计准则第 13 号——或有事项》中的相关依据,识别并确认被收购公司在收购日是否存在需确认的或有负债。根据企业会计准则,与或有事项相关的义务同时满足下列条件,应当确认为预计负

债：该义务是企业承担的现时义务，履行该义务很可能导致经济利益流出企业；该义务的金额能够可靠地计算。

（4）可能确认的或有负债的项目。一般包括产品质量保证、不可撤销的亏损合同、未决诉讼、重组义务等。

三、评估方法的确定

（一）可辨认资产、负债及或有负债公允价值的确定

依据《〈企业会计准则第 20 号——企业合并〉应用指南》，购买方应该按照以下方法确定企业合并中取得的被购买方各项可辨认资产、负债及或有负债的公允价值。

（1）货币资金：按照购买日被购买方的账面余额确定。

（2）有活跃市场的股票、债券、基金等金融工具：按照购买日活跃市场中的市场价格确定。

（3）应收款项，其中的短期应收款项：一般按应收取的金额作为公允价值；长期应收款项，则应以适当的现行利率折现后的现值确定其公允价值，在确定应收款项的公允价值时，考虑发生坏账的可能性及相关收款费用。

（4）存货：对其中的产成品和商品按其估计售价减去估计的销售费用、相关税费以及购买方出售类似的产成品或商品可能实现的利润确定；在产品按完工产品的估计售价减去至完工仍将发生的成本、预计销售费用、相关税费以及基于同类或类似产成品的基础上估计可能实现的利润确定，原材料按现行重置成本确定。

（5）不存在活跃市场的金融工具：如权益性投资等，应当参照《企业会计准则第 22 号——金融工具确认和计量》的规定，采用估值技术确定其公允价值。

（6）房屋建筑物、机器设备、无形资产：存在活跃市场的，应以购买日的市场价格为基础确定其公允价值；不存在活跃市场，但同类或类似存在活跃市场的，应当按照同类或类似资产的市场价格确定其公允价值；同类或类似资产也不存在活跃市场的，应采用估值技术确定其公允价值。

（7）应付账款、应付票据、应付职工薪酬、应付债券和长期应付款：对其中的短期债务，一般应按应支付的金额作为其公允价值；长期债务，应当以按适当的折现率折现后的现值作为其公允价值。

（8）取得的被购买方的或有负债：其公允价值在购买日能够可靠计量的，应单独确认为预计负债。此项负债应当按照假定第三方愿意代购买方承担该项义务，就其所承担义务需要购买方支付的金额计量。

（9）递延所得税资产和递延所得税负债：企业合并中取得的被购买方各项可辨认资产、负债及或有负债的公允价值与其计税基础之间存在差额的，应当按照《企业会计准则第 18 号——所得税》的规定确认相应的递延所得税资产或递延所得税负债，所确认的递延所得税资产或递延所得税负债的金额不应折现。

（二）无形资产的评估

执行无形资产评估业务时，评估专业人员应当根据各项无形资产的特点以及市场信息的可获得性，选用适当的评估方法。采用市场法评估无形资产时，需考虑该无形资产或者类似无形资产是否存在活跃的市场。合并对价分摊中无形资产的特殊性，在现有资本市场中很难找到与其相似或可比的参照物，因此合并对价分摊中的无形资产并不适合使用市场法进行评估。建立在替代原则上的重置概念作为公允价值的计量基础，其主要假设是市场参与者将不会愿意支付超过重置该资产的必要支出。运用成本法进行无形资产公允价值评估，往往无法反映该项无形资产给企业带来的未来经济利益。例如，建立客户关系的成本往往小于客户关系给企业带来的未来经济利益，而且通常该类成本往往难以从企业经营的其他成本中区分出来。因此，成本法较少运用于企业无形资产的评估。

从评估目的来看，合并对价分摊中的无形资产评估的目的是确定企业合并中被合并方可辨认无形资产的公允价值，从而计算商誉价值。确定的无形资产的公允价值会对企业以后各期的会计利润造成影响，由此可以看出，合并对价分摊中的无形资产评估与企业利润有密切的关系。从评估对象角度来看，合并对价分摊中的无形资产具有无形资产的特征，如发生成本与获利能力的弱对应性、缺乏活跃市场等，导致实务操作中难以利用成本法和市场法来进行评估。

因此，收益法是合并对价分摊评估中的无形资产最适用的评估方法。收益法下常用的具体方法包括增量收益折现法、节省许可费折现法，多期超额收益折现法。

（三）商誉的计算

根据企业合并准则的规定，购买方对合并成本大于合并中取得的被购买方可辨认净资产公允价值份额的差额，应确认为商誉。

（1）确定合并成本。通常情况下，企业合并成本按照购买方为进行企业合并支付的现金、非现金资产、发行或承担的债务和发行的权益性证券等在购买日的公允价值以及企业合并中发生的各项相关费用之和确定。对于通过多次交换交易分步实现的企业合并，其企业合并成本为每一单项交换交易的成本之和。

（2）确认商誉值。在合并成本确定后，评估专业人员可计算得出该企业合并商誉应确认的商誉值。对于该商誉值，评估专业人员应当对其合理性进行分析，解释商誉所代表的含义及其组成成分。

（3）关注减值风险。在商誉的评估结果较高的情况下，评估专业人员应当提请企业管理层关注其减值风险，并考虑及时执行商誉的减值测试程序。

（四）整体合理性测试

评估专业人员应采取适当的方法对合并对价分摊的评估结果的整体合理性进行验证。一般情况，在合并对价分摊的评估中，以被购买方各项资产公允价值为权重计算的加权平均资本回报率，应该与其加权平均资本成本基本相等或接近。如果评估专业人员经过计算,发现被购买方各项资产的加权平均资产回报率与加权平均资本回报率差异较大,则需要进一步复核无形资产的识别过程以及各项可辨认资产、负债和或有负债的评估过程是否合理。各项资产的加权平均资产回报率可采用以下公式计算:

$$R = \frac{\sum_{i=1}^{n} A_i R_i}{\sum_{i=1}^{n} A_i}$$

式中,R 为加权平均资产回报率;A_i 为各项可辨认资产的公允价值;R_i 为各项可辨认资产的要求回报率。

评估专业人员在确定各项可辨认资产的必要资产回报率时,除了考虑被购买方的整体企业价值外,还需考虑该资产自身风险相关的因素。由于进行企业价值评估时运用的加权平均资本成本,反映了一个企业所有的资产、负债所产生现金流的期望回报,包含了该企业实现可能的现金流入应取得的风险补偿,所以在确定可辨认无形资产的必要资产回报率时,可参考企业价值评估时采用的加权平均资本成本,并在此基础上考虑必要的风险溢价或折价。

四、应用举例[①]

【例 9-4】 某公司以现金收购的方式收购了另一家处于非同一控制下的公司100%的权益,收购对价为 7 亿元。假设该被收购公司适用的所得税税率为 25%,在收购日的资产负债表状况如图 9-2 所示。评估专业人员在完成四个阶段评估工作后,将得到被收购公司进行合并对价分摊后以公允价值计量的资产负债表,如图 9-2 所示。

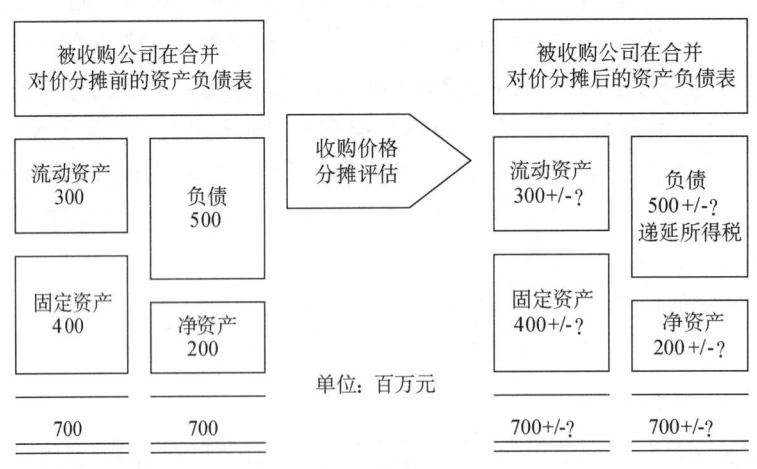

图 9-2　资产负债表状况

①　来源:中国资产评估协会:《资产评估实务(一)》,中国财政经济出版社 2017 年版,第 318—321 页。

1. 第一阶段(分析阶段)

评估专业人员在本阶段的主要工作为分析和理解本次并购交易,主要包括以下四个内容:①与管理层进行深入沟通,充分了解被收购方对此次交易率达到的目标,即交易目的;②收集各类相关资料,主要包括股权转让协议、董事会决议、公司对该交易的信息披露、被收购企业历史财务数据以及与收购相关的尽职调查报告的;③对搜集的资料进行分析,了解被收购公司在收购日的经营状况及其资产负债状况;④确定合并成本。本案例中,合并成本为 7 亿元,假设没有其他交易费用。

2. 第二阶段(无形资产和或有负债的识别阶段)

根据《企业会计准则第 20 号——企业合并》第十四条的规定,合并中取得的无形资产,其公允价值能够可靠计量的,应当单独确认为无形资产并按照公允价值计量;合并中取得的被购买方或有负债,其公允价值能够可靠地计量的,应当单独确认为负债并按照公允价值计量。

在本案例中,被收购公司在收购日的资产负债表中并无任何无形资产的会计记录。因此,本阶段工作中,评估专业人员因执行相关的识别程序,识别出所有在收购日存在的重大可辨认的无形资产。评估专业人员在对无形资产执行相关的识别程序以后,认为被收购公司良好的经营业绩主要取决于客户对公司驰名商标的认可度以及公司在全国各地建立的比较稳定的客户关系。因此,评估专业人员可识别出两项重要的无形资产,即商标和客户关系。此外,评估专业人员通过执行相关识别程序以后,并未发现被收购公司在收购日存在任何可辨认的或有负债。

3. 第三阶段(评估阶段)

评估专业人员的主要工作是对企业合并中取得的各项可辨认资产(包括识别出来的无形资产)和负债、或有负债进行公允价值评估。在确定各项可辨认资产、负债的公允价值时,应当遵循《〈企业会计准则第 20 号——企业合并〉应用指南》的规定。

其中,流动资产中的存货采用上述方法进行评估,评估增值 5 000 万元。

对于固定资产,由于该类工业厂房和设备不存在活跃市场,评估专业人员采用重置成本法对其进行评估,最终固定资产评估增值 5 000 万元。

对于识别出的商标和客户关系两项无形资产,评估专业人员分别采用节省许可费折现法和多期超额收益折现法对其进行评估,确定商标的公允价值为 2.5 亿元,客户关系的公允价值为 5 000 万元。

在得出各项资产可辨认资产、负债的公允价值后,对其计税基础与账面价值不同所形成的暂时性差异,根据《企业会计准则第 18 号——所得税》的相关规定确认相应的递延所得税资产和递延所得税负债。

4. 第四阶段(商誉计算及整体合理性测试阶段)

在完成以上三个阶段的工作以后,评估专业人员在本阶段的工作主要包括以下两方面的内容。

（1）计算商誉。在本案例中，商誉的计算过程如下：

合并成本	+700（A）
公允价值调整	
流动资产增值额	+50
固定资产增值额	+50
无形资产增值额	+300
公允价值调整项合计	+400
递延所得税	−100（E）=（D）×25％
税后公允价值调整项合计	300（F）=（D）−（E）
合并前账面净资产	+200（B）
经公允价值调整后的账面净资产	+500（C）=（B）+（F）
商誉价值	+200（G）=（A）−（C）

在计算出商誉价值以后，评估专业人员应当对最终得出的商誉的合理性进行分析，解释商誉所代表的含义及其组成成分。此外，在计算得出的商誉结果较高的情况下，评估人员应提请公司管理层关注其减值风险，并考虑及时进行商誉的减值测试程序。

（2）整体合理性测试。本案例中，评估专业人员计算了以各项资产公允价值为权重计算的加权平均资本回报率，其结果为12％（其中，流动资产回报率为6％，固定资产回报率为9％，无形资产回报率为16％，商誉回报率为25％）。该数据与企业的加权平均资本成本13％基本接近，因此，评估专业人员认为其各项资产、负债的公允价值评估具备合理性，如图9-3所示。由于商誉是在合并报表过程中出现的会计处理，因此在被收购公司层面的资产负债表中未作反映。

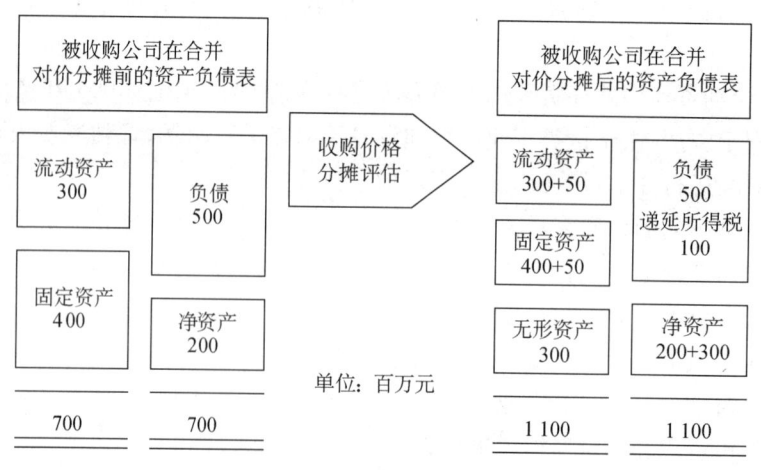

图9-3　资产负债表

第五节 服务于金融工具计量的公允价值评估

一、金融工具及其计量

根据《企业会计准则第 22 号——金融工具确认和计量》,金融工具是指形成一方的金融资产并形成其他方的金融负债或权益工具的合同。金融工具分为两大类:现金类和衍生类。现金类分为证券类和其他现金类(如贷款、存款)。衍生类分为交易所交易的金融衍生品和柜台(OTC)金融衍生品。

《企业会计准则第 22 号——金融工具确认和计量》第三十三条规定,企业初始确认金融资产或金融负债,应当按照公允价值计量。对于公允价值计量且变动计入当期损益的金融资产和金融债券,相关交易费用应当直接计入当期损益;对于其他类别的金融资产或金融负债,相关交易费用应当计入初始确认金额。但是,企业初始确认的应收账款未包含《企业会计准则第 14 号——收入》所定义的重大融资成分或根据《企业会计准则第 14 号——收入》规定不考虑不超过 1 年的合同中的融资成分的,应当按照该准则定义的交易价格进行初始计量。

二、金融工具计量评估中评估对象的确定

(一) 基础金融工具

基础金融工具评估对象包括企业持有的现金、存放于金融机构的款项、普通股以及代表在未来期间收取或支付金融资产的合同权利或义务等,如应收账款、应付账款、其他应收款、其他应付款、存出保证金、存入保证金、客户贷款、客户存款、债券投资和应付债券等。

(二) 衍生金融工具

衍生金融工具评估对象,是指属于金融工具确认和计量准则范围的并同时具备下列特征的金融工具或其他合同:①价值随着特定利率、金融价格、商品价格、汇率、价格指数、费率指数、信用等级、信用指数或其他类似变量的变动而变动。变量为非金融变量的,该变量与合同的任一方不存在特定关系。②不要求初始净投资,或与对市场情况变动有类似反应的其他类型合同相比,要求很少的初始净投资。③在未来某一日期结算。常见的衍生工具包括远期合同、期货合同、互换合同和期权合同等。

三、主要金融工具的评估方法

存在活跃交易市场的金融工具,活跃市场中的报价应当用于确定其公允价值;不存在活跃市场的金融工具,应当采用合适的评估方法确定其公允价值。

（一）权益工具的评估方法

权益工具，是只能证明拥有某个企业在扣除所有负债后的资产中的剩余权益的合同。从发行方看，权益工具通常指企业发行的普通股、在资本公积下核算的认股权等。评估专业人员可以根据实际情况分别采用收益法、市场法和成本法对权益工具的公允价值进行评估。

（二）不含衍生工具的金融负债的评估方法

债务工具的公允价值，应当根据取得日的市场情况和当时市场情况，或其他类似债务工具的当前市场利率确定。

1. 固定利率金融负债的评估方法

固定利率金融负债的公允价值通常采用未来现金流折现法确定，即通过一个合适的折现率计算该金融负债预期的未来现金流的现值。一般来说，固定利率金融负债的合同内都会明确规定利息率、计息时间以及本金偿还计划等条款。通过这些条款，可以明确金融工具未来的现金流量。在确定折现率时，依据待估金融工具的合同条款和实质特征，选取市场上其他金融工具的市场收益率作为折现率。该折现率是通过分析市场上可类比的其他金融工具（如公司债券）的特征（自身的信用等级、剩余期间以及金融工具的计价货币等）来确定的。

2. 浮动利率金融负债的评估方法

浮动利率金融负债的公允价值的评估原理与固定利率金融负债相同，也是采用未来现金流折现法，但是在未来现金流的确认上有所差异。在确定未来现金流时，浮动利率金融负债的合同条款往往只规定合同期内的利息率随着某些基础金融变量（如伦敦银行同业拆借利率）的变化而变化，未来现金流无法准确估计。此时，评估专业人员在评估时应对基础金融变量的变化作出适当、合理的估计。

3. 金融衍生工具的评估方法

（1）期权合同。期权合同主要包括看涨期权和看跌期权。看涨期权的持有者有权在某一确定的时间以某一确定的价格购买标的资产。看跌期权的持有者有权在某一确定时间以某一确定的价格出售标的资产。期权合同中的价格被称为执行价格。合同中的日期为到期日、执行日或期满日。期权可分为美式期权和欧式期权，其中美式期权可在期权有效期内任何时候执行，而欧式期权只能在期权到期日执行。目前广泛采用的期权评估方法有布莱克－斯科尔斯模型和 Lattice 模型。

随着资本市场的发展，一些企业开始通过授予股票期权作为激励和奖励员工的方式，特别是对于那些高级管理人员。我国部分企业目前实施的职工期权激励计划，也称员工持股计划，其确认和计量适用于《企业会计准则第 11 号——股份支付》（以下简称股份支付准则），在授予日及之后的每个财务报表日以员工持股计划的公允价值为计量基础，将取得的服务计入相关资本成本或当期费用，同时计入资本公积中的股本溢价。员工持股计划是评估实践中常见的期权评估，与普通的期权相比，员工持股计划具有以下特点：一是企业与员工之间发生的交易；二是以获取员工服务为目的的交易；三是交易对价或其定价与企业自身未来价值密切相关。这些特点决定了员工持股计划公允价值评估的特殊性。

一般而言，对于存在活跃市场的期权等权益工具，应当按照活跃市场中的报价确定其公允价值；对于不存在活跃市场的期权等权益工具，应当采用期权定价模型估算其公允价值。而员工持股计划的特点决定了并不存在活跃市场，无法取得市场报价，需要采用期权定价模型估算其公允价值。在评估实践中，员工持股计划的评估主要参考期权的评估方法，一般采用布莱克－斯科尔斯模型或 Lattice 模型计算员工持股计划的公允价值。期权定价模型的选择需要考虑以下因素：一是模型能够满足员工持股计划的特定条件；二是模型能够满足企业会计准则对公允价值计量的要求；三是模型建立在成熟的金融理论基础上；四是模型能够充分反映员工持股计划的各项实质性条款和限制条件。

（2）互换合同。互换是两个公司之间达成的协议，以按照事先约定的公式在将来交换彼此的现金流。互换合同的公允价值实际上可以看作一系列债券的组合。假设 A 公司和 B 公司达成了互换合同，B 公司同意向 A 公司支付由年利率 6％和本金 100 万美元所计算的利息；同时，A 公司同意向 B 公司支付由 6 个月 LIBOR 和同样本金所计算的浮动利息。此互换合同相当于 B 公司向 A 公司发行了本金 100 万美元、年利率为 6％的公司债券；同时，A 公司向 B 公司发行了以 LIBOR 为利率的同样本金的浮动利率公司债券。因此，此互换合同的公允价值实际上就是上述固定利率债券以及浮动利率债券公允价值的差额。

（3）混合衍生工具。嵌入衍生工具是包括该衍生工具和非衍生主合同在内的混合金融工具中的一个组成部分。根据会计准则，如果嵌入衍生工具与主合同分开核算，通常采取整个混合合同的公允价值减去主合同的公允价值这种方法来评估嵌入衍生工具的公允价值。但如果主体不能够可靠地单独计量这项嵌入衍生工具（包括用整个混合合同的公允价值减去主合同的公允价值的方法），则主体应将整个组合合同认定为按公允价值通过损益计量的金融资产或金融负债。计量嵌入衍生工具公允价值的模型比较复杂，一般都采用 Lattice 模型进行评估。

四、应用举例[①]

【例 9-5】 甲公司为在中国香港上市的金融机构，于 2015 年 1 月 1 日对其公司管理层共 10 人发放 1 000 000 股员工持股期权，平均每人 100 000 股。该期权有效期为 10 年，到期日为 2025 年 1 月 1 日，冰冻期为 3 年，行权价为每股 50 港元，期权发行日甲公司股价为 50 港元。

评估目的：甲公司拟了解上述期权与发行日的市场价值，为期权发行提供价值参

---

① 来源：中国资产评估协会：《资产评估实务（一）》，中国财政经济出版社 2017 年版，第 328—330 页。

考依据。

评估对象:上述期权的发行日价值。

评估基准日:上述期权发行日 2015 年 1 月 1 日。

评估技术过程如下。

1. 衍生品类型识别

员工持股期权是指公司发给其员工的持股期权,该期权允许期权持有人在未来规定时间内以规定价格购买公司股票,因此该期权为买入股票期权。该期权有效期为 10 年,冰冻期为 3 年,在 3 年冰冻期之后至到期之前可以随时行权。如前面所述,欧式期权的特点为只能在到期日行权,而美式期权可以在到期前随时行权,因此本案例中的期权为美式买入股票期权。

2. 模型选择

在期权定价中常用的模型为 Black-Scholes 期权定价模型和二叉树期权定价模型,由于美式期权行权时间的不确定性,因此本案例应采用二叉树期权定价模型进行公允价值评估。假设二叉树有 N 步,每步的时间长度为 Δt,每步较前一步有可能以概率 p 上涨到前一股价的 u 倍,或者以概率 $1-p$ 下跌倒前一股价的 d 倍,则每步的计算公式为:

$$Se^{r\Delta} = pS_u + (1-p)S_d$$

即 $e^{r\Delta} = pu + (1-p)d$,可推导出:

$$\begin{cases} u = e^{\sigma\sqrt{\Delta t}} \\ d = -e^{\sigma\sqrt{\Delta t}} \\ p = \dfrac{e^{r\Delta t} - d}{u - d} \end{cases}$$

在搭建二叉树模型的时候,除考虑通常的事项外,还要考虑以下因素:该期权只能在冰冻期后行使;如股权达到行权价的 M 倍,则一个已过冰冻期的期权会提前行权。在冰冻期内,员工由于离职会被收回期权;在冰冻期后,员工离职时,如该期权处于价内则立即行权,如该期权处于价外则期权被收回。

现假设二叉树有 N 步,每步的时间长度为 Δt(以年为计量单位),并进一步假设 $S_{i,j}$ 代表二叉树上时间为 i 个 Δt 的时候,第 j 点的股价,$C_{i,j}$ 为这一点上的期权价值,则二叉树的反向递归等式如下:

$$C_{i,j} = \max(S_{i,j} - K, 0)$$

当 $0 \leqslant i \leqslant N-1$,

如果 $i\Delta t > v$,且 $S_{i,j} \geqslant KM$,则 $C_{i,j} = S_{i,j} - K$;

如果 $i\Delta t > v$,且 $S_{i,j} < KM$,则 $C_{i,j} = (1 - E\Delta t)e^{-r\Delta}(pC_{i+1,j+1} + (1-p)C_{i+1,j}) + E\Delta t \max(S_{i,j} - K, 0)$;

如果 $i\Delta t < v$,则 $C_{i,j} = (1 - E\Delta t e^{-r\Delta}(pC_{i+1,j+1} + (1-p)C_{i+1,j})$;

最终,所需评估的期权价值为 $C_{0,0}$。

3. 参数确定

期权类型:美式买入股票期权。

期权发行日:2015 年 1 月 1 日。

期权到期日:2025 年 1 月 1 日。

v:期权冰冻期,根据计算条款为 3 年。

S:股票现价,该公司于基准日的股票价格 50 港元。

K:期权行权价,根据期权条款为 50 港元。

r:无风险利率,应选择期权发行货币所属地的无风险利率,且期限尽可能与期权的期限一致,由于甲公司为香港公司且期权有效期为 10 年,因此取中国香港市场 10 年期政府债券综合收益率 2.00%。

σ:股票价格波动率,此处应采用期权发行方即甲公司与该期权同期限的股价波动率,但由于甲公司上市时间较短,其股价历史波动率无法反映未来股价波动。本案例中甲公司为中国香港公司,因此以甲公司上市地同行业指数同期限的波动率,即恒生 H 股金融业指数 2005—2014 年共 10 年的波动率替代。导出恒生 H 股金融业指数 2005—2014 年间每交易日的指数后,计算每交易日的波动率,即指数涨跌幅的标准差。注意此处应是在连续复利计算方法下的涨跌幅,是指数的对数的差值。

$$\sigma_{\mathrm{day}} = \sqrt{\frac{1}{n}\sum_{i=1}^{N}(y_i - \bar{y})^2}$$

其中, $y_i = \ln \dfrac{x_i}{x_{i-1}}$, x_i 代表每交易日恒生 H 股金融业指数。计算后得到日波动率为 2.01%,由于港股去除节假日后平均每年有 225 个交易日,因此恒生 H 股金融业指数的年波动率为 $\sigma_{\mathrm{day}} \times \sqrt{225} = 31.53\%$ 。

M:提前行权参数,即实际行权时股价相对于行权价的倍数,该参数反映持有期权的员工提前行权的可能性。根据 Johnathan Mun 的文章"Valuing Employee Stock Options Under 2004 FAS 123"中的统计数据,提前行权参数范围大致为 1.5~3.0,中位数约为 1.85,本案例中提前行权参数为 1.85.

E:离职率,该参数可反映出员工由于离职而被收回期权或提前行权的可能性。根据该公司过去针对被授予期权的实际周转率计算,在针对人力部门进行访谈时查证此离职率,得出被授予该期权的管理层群体年平均离职率为 3%,此离职率适用于期权冰冻期前及冰冻期后。

d:股息生息率,通过对管理层的访谈,该公司未来预期将延续历史股息发放政策。经统计该公司历史股息生息率为 2.5%,因此取股息生息率 2.5%。

上述评估模型可以通过 Matlab 等软件实现。运行上述程序后得到评估基准日该员工持股期权的每份估值为 30.69 港元,即该持股期权在基准日的价值。

练 习 题

单项选择题

1. 20×6 年年末星辰公司在进行检查的时候发现 H 设备出现减值迹象,经减值测试,该资产的公允价值为 580 000 元,处置费用为 30 000 元,未来持续使用以及使用寿命结束时处置形成的现金流量的现值为 660 000 元,A 设备的可收回金额是(   )。

   a. 600 000 元   b. 580 000 元   c. 550 000 元   d. 660 000 元

2. 下列关于资产减值测试中预计未来现金流量的现值评估的说法中,错误的是(   )。

   a. 预测的资本性支出应当包括改良性资本支出和扩张性资本支出

   b. 使用年限最后一年的净现金流量可能为负值

   c. 估算预计未来现金流量现值应该基于税前基础

   d. 折现率口径应该与预计未来现金流口径匹配

3. 相对于其他评估业务,下列不属于以财务报告为目的的评估特点是(   )。

   a. 为会计计量提供服务   b. 评估业务具有多样性、复杂性

   c. 所采用的评估方法具有多样性   d. 具有公正性

4. 东方公司有一幢写字楼,属于投资性房地产。该写字楼产权年限为 50 年,已使用 2 年,位于东二环,层高 18 层,占地面积 500 平方米,用市场法评估该写字楼时,下列各项中最适合作为类似房地产的是(   )。

   a. A 写字楼产权年限为 40 年,已使用 20 年,位于西三环,18 层,占地面积 500 平方米,但是公司在一份借款合同中将其作为抵押物,在偿还债务前不能被转让

   b. B 写字楼产权年限为 40 年,已使用 2 年,位于东二环,10 层,占地面积 300 平方米

   c. C 写字楼产权年限为 50 年,已使用 20 年,位于东二环,18 层,占地面积 200 平方米

   d. D 写字楼产权年限为 50 年,已使用 2 年,位于东二环,18 层,占地面积 450 平方米,但是公司在一份借款合同中将其作为抵押物,在偿还债务前不能被转让

5. 假定使用收益法对企业一项投资性房地产进行评估。土地使用权到期日为 2052 年 4 月 29 日,剩余可使用年限为 38.21 年;建筑物经济耐用年限为 60 年,竣工时间为 2015 年 8 月,距基准日已达 4 年,剩余经济耐用年限为 56 年。确定建筑物的收益年限为(   )。

   a. 4 年   b. 60 年   c. 56 年   d. 38.21 年

6. 关于商誉的计算,下列各项说法中不正确是(   )。

   a. 首先要确定合并成本

   b. 合并成本小于合并中取得的被购买方可辨认净资产账面价值份额的差额,应确认为商誉

   c. 合并成本大于合并中取得的被购买方可辨认净资产公允价值份额的差额,应确认为商誉

   d. 在商誉较高的情况下,公司管理层需关注其减值风险,并考虑及时执行商誉的减值测试程序

7. 根据企业合并准则应用指南,确定有形资产和负债的公允价值时,下列各项中说法错误的是(   )。

   a. 有活跃市场的股票、债券和基金等金融工具,按照购买日活跃市场中的市场价值确定

   b. 不存在活跃市场的金融工具,应当参照《企业会计准则第 22 号——金融工具确认和计量》等,采用适当的估值技术确定其公允价值

c. 货币资金按照购买日被购买方的账面余额确定

d. 取得的被购买方的或有负债,应单独确认为预计负债

8. 下列各项中属于衍生金融工具的是(　　)。

    a. 应收账款　　　　　b. 应付债券　　　　　c. 期货合同　　　　　d. 存出保证金

9. 资产减值是指资产的可收回金额低于其(　　)。

    a. 公允价值减去处置费用后的金额　　　　　b. 公允价值

    c. 账面价值　　　　　d. 购买价格

10. 下列各项关于金融工具公允价值评估的说法中,不正确的是(　　)。

    a. 金融工具分为现金类和衍生类两大类

    b. 浮动利率金融负债的公允价值的评估方法与固定利率金融负债完全一样

    c. 可转换公司债券兼有债券和期权的性质

    d. 员工持股计划是评估实践中常见的期权评估

11. 互换合同的公允价值实际上可以看作一系列(　　)的组合。

    a. 股票　　　　　b. 期权　　　　　c. 债券　　　　　d. 贷款

12. 与企业自用的厂房、办公楼等作为生产经营场所的房地产不同的是,投资性房地产能够(　　)。

    a. 单独计量和出售　　b. 用于出售　　　　c. 赚取租金　　　　d. 作为存货

多项选择题

1. 企业在判断一项资产或资产组是否独立于其他资产或资产组产生现金流,至少应当从以下(　　)方面来考虑。

    a. 经营层面的独立性　　　　　b. 经营层面的特殊性

    c. 合同的约束性限制　　　　　d. 经营层面的不确定性

    e. 资产组的可计量性

2. 在公允价值计量体系中,下列说法正确的有(　　)。

    a. 外部专业人员的评估结果是计量工具

    b. 评估结果通过会计计量成为资产、负债公允价值的会计信息依据

    c. 会计信息责任体系为会计责任、评估责任和审计责任构成的三维责任体系

    d. 外部专业人员的评估结果是会计信息

    e. 会计信息责任体系是会计责任和审计责任构成的二维责任体系

3. 在企业合并对价分摊评估时,用增量收益法评估无形资产,无形资产所带来的增量现金流可能体现在(　　)。

    a. 效率的提高　　　　　b. 品质的提高

    c. 价格的溢价　　　　　d. 市场的拓展

    e. 成本的节省

4. 衍生金融工具具有的特征有(　　)。

    a. 价值随特定利率、金融价格、商品价格、汇率、价格指数、费率指数、信用等级、信用指数或其他类似变量的变动而变动

    b. 不要求初始净投资,或与对市场情况变动有类似反映的其他类型合同相比,要求很少的初始净投资

    c. 在未来某一日期结算

d. 经常是独立存在的

e. 有可能嵌入到非衍生金融工具或合同中

5. 下列各项中属于资产减值迹象的有(　　)。

a. 企业内部报告的证据表明资产的经济绩效已经低于或者将低于预期

b. 有证据表明资产已经陈旧过时或者其实体已经损坏

c. 资产的市价当期大幅度下跌,其跌幅明显高于因时间的推移或者正常使用而预计的下跌

d. 资产已经或者将被闲置、终止使用

e. 资产将被处置

6. 下列各项中属于房地产开发企业的存货的有(　　)。

a. 正在销售的商品房   b. 为销售而正在开发的土地

c. 为了销售商品房而建的售楼部   d. 为销售而正在开发的商品房

e. 正在使用的办公楼

7. 下列各项属于评估专业人员在识别或有负债的过程中需要关注的有(　　)。

a. 在收购日是否存在未决诉讼

b. 在收购日是否存在待执行的亏损合同

c. 被收购公司是否有为其他公司或个人进行债务担保

d. 在收购日是否存在已对外公布的详细重组计划

e. 被收购公司对未售出产品所作的质量保证

计算题

因市场需求波动较大,某生产企业最近 3 年出现间歇性亏损,其拥有的生产线工艺技术水平与目前同类主流生产线存在一定差距,企业认为该生产线存在减值可能,委托某资产评估结构对该生产线进行评估,为企业减值测试工作提供参考依据。评估基准日为 2019 年 12 月 31 日。

该生产线评估基准日的账面价值为 6 830 万元,资产评估专业人员未查询到该生产线的销售协议价格和市场价格,也没有发现类似生产线的最近交易价格,无法可靠估计该生产线的公允价值减去处置费用后的净额,资产评估专业人员与企业沟通后决定采用收益法估算其公允价值。资产评估专业人员对企业提供的预测资料进行了分析,确定未来 5 年即 2020、2021、2022、2023、2024 年的净现金流量分别为 403.56 万元、450.36 万元、488.39 万元、522.33 万元、525.88 万元,资产评估专业人员了解到,从 2020 年到 2024 年企业每年追加资金进行设备改造,从 2025 年起,净现金流量增长速度将维持在 2%,在生产线主要设备的剩余经济寿命年限内,生产线按评估基准日状况继续使用,不考虑改良等因素,测算未来 5 年收益现值与第 5 年年末生产线变现价值的现值之和得出该生产线的使用价值为 6 035 万元。无风险回报率为 5%,行业 bata 系数为 1.5,市场风险回报率为 4%。平均债务资本成本为 6%。该企业的平均债务：股东权益为 4∶6。

已知：$\left(\dfrac{P}{F}, 9\%, 1\right) = 0.917\ 4$，$\left(\dfrac{P}{F}, 9\%, 2\right) = 0.841\ 7$，$\left(\dfrac{P}{F}, 9\%, 3\right) = 0.772\ 2$，

$\left(\dfrac{P}{F}, 9\%, 4\right) = 0.708\ 4$，$\left(\dfrac{P}{F}, 9\%, 5\right) = 0.649\ 9$。

(1) 计算该生产线的 WACC。

(2) 计算该企业生产线的公允价值。

(3) 分析确定该生产线的可收回金额。

(4) 分析判断该生产线是否减值。如果存在减值,计算减值额。

第十章

资产评估报告

【本章学习目的】 通过对本章的学习,你应该能够:

(1) 按照规范格式编写或评阅资产评估报告。

(2) 认识资产评估报告的作用。

(3) 阐明资产评估报告的有关制度。

(4) 从不同角度理解资产评估报告的利用。

第一节 资产评估报告的基本内容

一、资产评估报告的概念

资产评估报告是指资产评估机构及其资产评估专业人员遵守法律、行政法规和资产评估准则,根据委托履行必要的资产评估程序后,由资产评估机构对评估对象在评估基准日特定目的下的价值出具的专业报告。它是按照一定格式和内容来反映评估目的、程序、标准、依据、方法、结果及适用条件等基本情况的报告书。广义的资产评估报告还是一种工作制度。它规定评估机构在完成评估工作之后必须按照一定的程序和要求,用书面形式向委托方报告评估过程和结果。狭义的资产评估报告即资产评估结果报告书,既是资产评估机构完成对资产作价意见,提交给委托方的公证性的报告,也是评估机构履行评估合同情况的总结,还是评估机构为资产评估项目承担相应法律责任的证明文件。

二、资产评估报告的种类

按照资产评估的资产范围、工作业务性质、资产评估报告的内容及使用范围的不同,可以对资产评估报告做如下分类。

(一) 按资产评估的资产范围划分

按资产评估的资产范围划分,资产评估报告书可分为整体资产评估报告书和单项资产评估报告书。凡是对整体资产进行评估所出具的资产评估报告书称为整体资产评估报告书。凡是仅对某一部分、某一项资产进行评估所出具的资产评估报告书称为单项资产评估报告书。尽管资产评估报告书的基本格式是一样的,但因整体资产评估与单项资产的评估在具体业务上存在一些差别,两者在报告书的内容上也必然会存在一些差别。在一般情况下,整体资产评估报告书的报告内容,不仅要包括资产,也要包括负债和权益方面,甚至有些还要考虑以整体资产为依托的无形资产。而单项资产评估报告除在建工程外,一般不考虑负债和以整体资产为依托的无形资产等。

(二) 按资产评估工作业务性质划分

按资产评估工作业务性质的不同,资产评估报告书分为评估报告、评估复核报告、评估咨询报告。

(三) 按资产评估报告的内容及使用范围划分

按资产评估报告的内容及使用范围的不同,美国评估准则(USPAP)将资产评估报告(书)分为完整评估报告(self-contained report)、简明评估报告(summary report)、限制用途评估报告(restricted use report)三种类型。三种评估报告的主要区别在于所提供内容和信息详略程度的不同。完整评估报告对评估所用资料进行全面描述和分析,所有适合的信息均包括在报告中。简明评估报告是对评估工作资料的总结和综合分析,以浓缩的方式提供信息。限制用途评估报告对评估方法和技术及评估结论只做陈述性说明,是一种扼要型报告,标明有关支持信息资料需要参照工作底稿。资产评估报告类型的选择取决于预期用途和预期使用者,当预期使用者包括客户(评估业务的委托方)以外的其他当事人时,应当采用完整或简明评估报告,当预期使用者仅限于客户使用时,才可以采用限制用途评估报告。这三种类型评估报告的划分主要使用于动产和不动产的评估,而无形资产和企业价值评估报告只分为(简明)评估报告和限制用途评估报告两种。

另外,还可以按评估对象的不同,将资产评估报告分为不动产评估报告、动产评估报告、无形资产评估报告、企业价值评估报告等。

三、资产评估报告(书)的内容

资产评估报告的主要内容包括。

(一) 标题及文号

(二) 目录

(三) 声明

资产评估报告的声明通常包括以下内容:①本资产评估报告依据财政部发布的资产评估基本准则和中国资产评估协会发布的资产评估执业准则和职业道德准则编制。②委托人或者其他资产评估报告使用人应当按照法律、行政法规规定和资产评估报告载明的使用范围使用资产评估报告;委托人或者其他资产评估报告使用人违反前述规定使用资产评估报告的,资产评估机构及其资产评估专业人员不承担责任。③资产评估报告仅供委托人、资产评估委托合同中约定的其他资产评估报告使用人和法律、行政法规规定的资产评估报告使用人使用;除此之外,其他任何机构和个人不能成为资产评估报告的使用人。④资产评估报告使用人应当正确理解和使用评估结论,评估结论不等同于评估对象可实现价格,评估结论不应当被认为是对评估对象可实现价格的保证。⑤资产评估报告使用人应当关注评估结论成立的假设前提、资产评估报告特别事项说明和使用限制。⑥资产评估机构及其资产评估专业人员遵守法律、行政法规和资产评估准则,坚持独立、客观、公正的原则,并对所出具的资产评估报告依法承担责任。⑦其他需要声明的内容。

(四) 摘要

评估报告摘要通常提供评估业务的主要信息及评估结论。

(五) 正文

资产评估报告正文应当包括下列内容:①委托人及其他资产评估报告使用人。

资产评估报告使用人包括委托人、资产评估委托合同中约定的其他资产评估报告使用人和法律、行政法规规定的资产评估报告使用人。②评估目的。资产评估报告载明的评估目的应当唯一。③评估对象和评估范围。评估报告中应当载明评估对象和评估范围，并描述评估对象的基本情况。④价值类型。评估报告应当说明选择价值类型的理由，并明确其定义。⑤评估基准日。评估基准日应当与资产评估委托合同约定的评估基准日保持一致，可以是过去、现在或者未来的时点。⑥评估依据。具体包括资产评估采用的法律法规依据、准则依据、权属依据及取价依据等。⑦评估方法。评估报告应当说明所选用的评估方法及其理由，因适用性受限或者操作条件受限等原因而选择一种评估方法的，应当在资产评估报告中披露并说明原因。⑧评估程序实施过程和情况。评估报告应当说明资产评估程序实施过程中现场调查、收集整理评估资料、评定估算等主要内容。⑨评估假设。评估报告应当披露所使用的资产评估假设及其对评估结论的影响。⑩评估结论。评估报告应当以文字和数字形式表述评估结论，并明确评估结论的使用有效期。评估结论通常是确定的数值。经与委托人沟通，评估结论可以是区间值或者其他形式的专业意见。⑪特别事项说明。具体包括：权属等主要资料不完整或者存在瑕疵的情形；委托人未提供的其他关键资料情况；未决事项、法律纠纷等不确定因素；重要的专家工作及相关报告情况；重大期后事项；评估程序受限的有关情况、评估机构采取的弥补措施及对评估结论影响的情况；其他需要说明的事项。评估报告应当重点提示资产评估报告使用人对特别事项予以关注。⑫资产评估报告使用限制说明。具体包括：使用范围；委托人或者其他资产评估报告使用人未按照法律、行政法规规定和资产评估报告载明的使用范围使用资产评估报告的，资产评估机构及其资产评估专业人员不承担责任；除委托人、资产评估委托合同中约定的其他资产评估报告使用人和法律、行政法规规定的资产评估报告使用人之外，其他任何机构和个人不能成为资产评估报告的使用人；资产评估报告使用人应当正确理解和使用评估结论。评估结论不等同于评估对象可实现价格，评估结论不应当被认为是对评估对象可实现价格的保证。⑬资产评估报告日。通常为评估结论形成的日期，可以不同于资产评估报告的签署日。⑭资产评估专业人员签名和资产评估机构印章。

（六）附件

资产评估报告附件通常包括：①评估对象所涉及的主要权属证明资料；②委托人和其他相关当事人的承诺函；③资产评估机构及签名资产评估专业人员的备案文件或者资格证明文件；④资产评估汇总表或者明细表；⑤资产账面价值与评估结论存在较大差异的说明。

资产评估报告陈述的内容应当清晰、准确，不得有误导性的表述。资产评估报告应当提供必要信息，使资产评估报告使用人能够正确理解评估结论。资产评估报告的详略程度可以根据评估对象的复杂程度、委托人要求合理确定。执行资产评估业务,因法律法规规定、客观条件限制,无法或者不能完全履行资产评估基本程序,经采取措施弥补程序缺失,且未对评估结论产生重大影响的,可以出具资产评估报告,但应当在资产评估报告中说明资产评估程序受限情况、处理方式及其对评估结论的影响。如果程序受限对评估结论产生重大影响或者无法判断其影响程度的,不得出具资产评估报告。资产评估报告应当由至少两名承办该项业务的资产评估专业人员签名并加盖资产评估机构印章,法定资产评估业务的资产评估报告应当由至少两名承办该项业务的资产评估师签名并加盖资产评估机构印章。资产评估报告应当使用中文撰写,同时出具中外文资产评估报告的,中外文资产评估报告存在不一致的,以中文资产评估报告为准。资产评估报告一般以人民币为计量币种,使用其他币种计量的,应当注明该币种在评估基准日与人民币的汇率。资产评估报告应当明确评估结论的使用有效期。通常,只有当评估基准日与经济行为实现日相距不超过一年时,才可以使用资产评估报告。

四、资产评估报告的作用

资产评估报告书的作用如下。

（一）为被委托评估的资产提供作价意见

资产评估报告书是经具有资产评估资格的机构根据委托评估资产的特点和要求,组织评估师及相应行业的专业人员组成的评估队伍,遵循评估原则和标准,按照法定的程序,运用科学的方法对被评估资产价值进行评定和估算后,通过报告书的形式提出作价的意见,该作价意见不代表任何当事人一方的利益,并且是一种专家估价的意见,具有较强的公正性和科学性,因而成为被委托评估资产作价的参考依据。

（二）反映和体现资产评估工作情况及有关方面责任的根据

它用文字的形式,对受托进行资产评估的目的、背景、范围、依据、程序、方法等过程和评定的结果进行阐述、说明和总结,体现了评估机构的工作成果。同时,资产评估报告书也反映和体现受托的资产评估机构与执业人员的权利与义务,并以此来明确委托方、受托方有关方面的法律责任。在资产评估现场工作完成后,评估机构和评估人员就要根据现场工作取得的有关资料和估算数据,撰写评估结果报告书,向委托方报告。负责评估项目的评估师也同时在报告书上行使签字的权利,并提出报告使用的范围和评估结果实现的前提等具体条款。当然,资产评估报告书也是评估机构履行评估协议和向委托方或有关方面收取评估费用的依据。

（三）为管理部门对评估机构的业务开展情况进行监督和管理提供重要依据

资产评估报告书是反映评估机构和评估人员职业道德、执业能力水平以及评估质量高低和机构内部管理机制完善程度的重要依据。有关管理部门通过审核资产评估报告书,可以有效地对评估机构的业务开展情况进行监督和管理,对评估工作中出现的不足加以完善。

(四)建立评估档案资料的重要信息来源

评估机构和评估人员在完成资产评估任务之后,都必须按照档案管理的有关规定,将评估过程收集的资料、工作记录以及资产评估过程的有关工作底稿进行归档,以便进行评估档案的管理和使用。由于资产评估报告是对整个评估过程的工作总结,其内容包括了评估过程的各个具体环节和各有关资料的收集和记录,因此,不仅评估报告书的底稿是评估档案归集的主要内容,而且还包括撰写资产评估报告过程采用到的各种数据、各个依据、工作底稿和资产评估报告制度中形成的有关文字记载都是资产评估档案的重要信息来源。

五、资产评估报告的基本制度

资产评估报告基本制度是规定资产评估机构在完成资产评估工作后,由资产评估行政主管部门对评估报告进行审核验证、结果确认和下达通知等方面的制度。

(一)资产评估报告基本制度的产生与发展

1991年国务院第91号令颁布的《国有资产评估管理办法》规定,资产评估机构对委托单位(指国有资产占有单位)被评估资产的价值进行评定和估算,要向委托单位提出资产评估结果报告书。委托单位收到资产评估机构的资产评估结果报告书后,应当报其主管部门审查,主管部门同意后,报同级国有资产管理行政主管部门确认资产评估结果。经国有资产管理行政主管部门授权或委托,国有资产占有单位的主管部门也可以确认资产评估结果。该文件还规定,国有资产管理行政主管部门应当自收到占有单位报送的资产评估结果报告书之日起四十五日内组织审核、验证协商、确认资产评估结果,并下达确认通知书。这就是我国最早的资产评估报告制度。1993年原国家国有资产管理局制定和发布的国资办发〔1993〕第55号文件,提出了《关于资产评估报告书的规范意见》,1995年原国家国有资产管理局又制定和颁布了《关于资产评估立项、确认工作的若干规范意见》,1996年5月7日国资办发〔1996〕第23号文件转发了中国资产评估协会制定的《资产评估操作规范意见(试行)》,规定了资产评估报告书及送审专用材料的具体要求,以及资产评估工作底稿和项目档案管理,进一步完善了资产评估报告制度。1999年财政部财评字〔1999〕第91号文件颁布的关于印发《资产评估报告基本内容与格式的暂行规定》的通知,对原有的资产评估报告有关制度做了进一步修改完善,使资产评估报告制度不仅适应国有资产评估,也同样适用于非国有资产的评估。2000年财政部财企〔2000〕第256号文件提出了《关于调整涉及股份有限公司资产评估项目管理事权的通知》。其中对涉及股份有限公司资产评估项目的受理审核事权在财政部和省级财政部门之间进行分工。根据文件规定,国务院有关部门或中央管理的企业单位,涉及股份有限公司的资产评估项目由财政部受理审核;地方所属企业单位,涉及股份有限公司的资产评估项目,省属地方企业由省级(含计划单列市,下同)财政部门受理审核;地市以下所属地方企业由同级财政部门审核后报省级财政部门受理审核;涉及外资股(B股、H股)的资产评估项目,须经省级财政部门审核后报财政部审核。2007年财政部发布《资产评估准则——评估报告》(自2008年7月1日起施行),2008年中国资产评估协会发布了《企业国有资产评估报告指南》(2009年7月1日起施行),要求除金融企业以外的企业国有资产评估报告应当执行该指南,同时废止《财政部关于印发〈资产评估报告基本内容与格式的暂行规定〉的通知》(财评字〔1999〕91号)。2017年中国资产评估协会发布了《资产评估执业准则——评估报告》(2017年10月1日起施行),同时废止中国资产评估协会于2011年12月30日发布的《关于修改评估报告等准则中有关签章条款的通知》(中评协〔2011〕230号)。2019年中国资产评估协会发布了修订《资产评估执业准则——资产评估报告》的通知,对《资产评估执业准则——资产评估报告》进行了修订,自2019年1月1日起施行,同时废止中国资产评估协会于2017年9月8日发布的《关于印发〈资产评估执业准则——资产评估报告〉的通知》(中评协〔2017〕32号)中的《资产评估执业准则——资产评估报告》。

(二)关于评估报告有关制度的基本规定

根据国家现行有关法律、法规的规定,资产评估报告的有关制度主要有以下几个方面:①资产评估报告必须以《中华人民共和国资产评估法》以及国家其他有关法律、法规为依据。资产评估报告的基本内容和格式必须遵循《资产评估执业准则——资产评估报告》(〔2018〕45号)的规定。②资产评估报告书是由资产评估报告书正文、资产评估说明、资产评估明细表及相关附件构成。③资产评估活动应充分体现评估机构的独立、客观、公正的原则,资产评估报告书的陈述不得带有任何诱导、恭维和推荐的陈述,评估报告书正文不得出现评估机构的介绍性内容。④资产评估报告书的数据一般均应采用阿拉伯数字,资产评估报告书应用中文撰写打印。如需出具外文评估报告书,外文评估报告书的内容和结果应与中文报告一致,并需在评估报告书中注明以中文报告为准。⑤资产评估工作完毕,评估机构应按资产评估项目立档。其立档内容主要包括资产评估业务约定书、资产评估报告书(包括报告书正文、资产评估说明、资产评估明细表及相关附件)、资产评估工作底稿、立项和审核确认文件等,并按有关规定的保存期限进行保管。⑥委托方和有关单位应依据国家法律、法规有关规定,按资产评估报告书的条款,正确使用资产评估报告书。

第二节　资产评估报告的编制

一、资产评估报告的编制步骤

资产评估报告书的编制是评估机构完成评估工作的最后一道工序,也是资产评估工作中的一个重要环节。编制资产评估报告书主要有以下几个步骤。

（一）整理工作底稿和归集有关资料

资产评估现场工作结束后，有关评估人员必须着手对现场工作底稿进行整理，按资产的性质进行分类。同时对有关询证函、被评估资产背景材料、技术鉴定情况和价格取证等有关资料进行归集和登记。对现场未予确定的事项，还需进一步落实和查核。这些现场工作底稿和有关资料都是编制资产评估报告的基础。

（二）评估明细表的数字汇总

在完成现场工作底稿和有关资料的归集任务后，评估人员应着手进行评估明细表的数字汇总。明细表的数字汇总应根据明细表的不同级次先明细表汇总、然后分类汇总，再到资产负债表式的汇总。不具备采用电脑软件汇总的评估机构，在数字汇总过程中应反复核对各有关表格的数字的关联性和各表格栏目之间数字勾稽关系，防止出错。

（三）评估初步数据的分析和讨论

在完成评估明细表的数字汇总，得出初步的评估数据，应召集参与评估工作过程的有关人员，对评估报告的初步数据的结论进行分析和讨论，比较各有关评估数据，复核记录估算结果的工作底稿，对存在作价不合理的部分评估数据进行调整。

（四）编写评估报告书

编写评估报告书可分以下两步。

第一步，在完成资产评估初步数据的分析和讨论，对有关部分的数据进行调整后，由具体参加评估各组负责人员草拟出各自负责评估部分资产的评估说明，同时提交全面负责、熟悉本项目评估具体情况的人员草拟出资产评估报告书。

第二步，将评估基本情况和评估报告书初稿的初步结论与委托方交换意见，听取委托方的反馈意见后，在坚持独立、客观、公正的前提下，认真分析委托方提出的问题和建议，考虑是否应该修改评估报告书，对评估报告中存在的疏忽、遗漏和错误之处进行修正，待修改完毕即可撰写出资产评估正式报告书。

（五）签发与送交资产评估报告书

评估机构撰写出资产评估正式报告书后，经审核无误，按以下程序进行签名盖章：先由负责该项目的注册评估师签章（两名或两名以上），再送复核人审核签章，最后送评估机构负责人审定签章并加盖机构公章。

资产评估报告书签发盖章后即可连同评估说明及评估明细表送交委托单位。对中外合资、合作项目的评估报告书及有关资料的送交，应按专门规定办理。

二、资产评估报告编制的技术要点

资产评估报告书编制的技术要点是指在资产评估报告编制过程中的主要技能要求，它具体包括了文字表达方面、格式和内容方面的技能要求，复核与反馈方面的技能要求等。

（一）文字表达方面的技能要求

资产评估报告书既是一份对被评估资产价值有咨询性和公证性作用的文书，又是一份用来明确资产评估机构和评估人员工作责任的文字依据，所以它的文字表达技能要求既要清楚、准确，又要提供充分的依据说明，还要全面地叙述整个评估的具体过程。其文字的表达必须准确，不得使用模棱两可的措辞。其陈述既要简明扼要，又要把有关问题说明清楚，不得带有任何诱导、恭维和推荐性的陈述。当然，在文字表达上也不能带着大包大揽的语句，尤其是涉及承担责任条款的部分。

（二）格式和内容方面的技能要求

对资产评估报告书格式和内容方面的技能要求，应当遵循《资产评估执业准则——资产评估报告》，涉及国有资产评估的，还要遵循《企业国有资产评估报告指南》。

（三）复核与反馈方面的技能要求

资产评估报告书的复核与反馈也是资产评估报告书编制的具体技能要求。通过对工作底稿、评估说明、评估明细表和报告书正文的文字、格式及内容的复核和反馈，可以将有关错误、遗漏等问题在出具正式报告书之前得到修正。对评估人员来说，资产评估工作是一项必须由多个评估人员同时作业的中介业务，每个评估人员都有可能因能力、水平、经验、阅历及理论方法的限制而产生工作盲点和工作疏忽，所以，对资产评估报告书初稿进行复核就成为必要。就对评估资产的情况熟悉程度来说，大多数资产委托方和占有方对委托评估资产的分布、结构、成新等具体情况总是会比评估机构和评估人员更熟悉。所以，在出具正式报告之前征求委托方意见，收集反馈意见也很有必要。

对资产评估报告进行复核，必须建立起多级复核和交叉复核的制度，明确复核人的职责，防止流于形式的复核。收集反馈意见主要是通过委托方或占有方熟悉资产具体情况的人员。对委托方或占有方意见的反馈信息，应谨慎对待，应本着独立、客观、公正的态度去接受其反馈意见。

（四）撰写报告书的注意事项

资产评估报告书的编制技能除了需要掌握上述三个方面的技术要点外，还应注意以下事项。

（1）实事求是，切忌出具虚假报告。

报告书必须建立在真实、客观的基础上，不能脱离实际情况，更不能无中生有。报告拟定人应是参与该项目并较全面了解该项目情况的主要评估人员。

（2）坚持一致性做法，切忌出现表里不一。

报告书文字、内容前后要一致，摘要、正文、评估说明、评估明细表内容与格式口径、格式甚至数据要一致,不能出现各弹各调的不一致情况。

(3) 提交报告书要及时、齐全和保密。

在正式完成资产评估工作后,应按业务约定书的约定时间及时将报告书送交委托方。送交报告书时,报告书及有关文件要送交齐全。涉及外商投资目的对中方资产评估的评估报告,必须严格按照有关规定办理。此外,要做好客户保密工作,尤其是对评估涉及的商业秘密和技术秘密,更要加强保密工作。

第三节 资产评估报告的利用

一、委托方对资产评估报告的利用

委托方在收到受托评估机构送交的正式评估报告书及有关资料后,可以按照评估报告书所依据的评估目的和最终的评估结论,合理使用资产评估结果。

(一)委托方对资产评估报告的具体使用

委托方按照评估报告书的评估结论,可用于诸多方面。

1. 作为资产业务的作价基础

它包括企业改制、上市、对外投资、中外合资合作、转让、出售、拍卖等产权变动的经济活动,以及保险、纳税、抵押、担保等非产权变动的经济活动和法律方面需要的其他目的的活动的作价基础。

2. 作为企业进行会计记录或调整账项的依据

委托方在根据评估报告书所揭示的资产评估目的使用资产评估报告资料的同时,还可依照有关规定,根据资产评估报告书资料进行会计记录或调整有关财务账项。

3. 作为履行委托协议和支付评估费用的主要依据

当委托方收到评估机构的正式评估报告书及有关资料后,在没有存在异议的情况下,应根据委托协议,将评估结果作为计算支付评估费用的主要依据,履行支付评估费用的承诺及其他有关承诺的协议。

此外,资产评估报告书及有关资料也是有关当事人因资产评估纠纷向纠纷调处部门申请调处的申诉资料之一。

(二)委托方在使用资产评估报告书及有关资料时必须注意的几个问题

委托方必须注意以下几个问题:①只能按报告书所揭示的评估目的使用报告,一份评估报告书只允许按一个用途使用。②只能在报告书有效期内使用报告,超过报告书的有效期,原资产评估结果无效。若要使用报告书,必须由评估机构重新调整相关数据,并得到有关部门重新认可后方能使用。③在报告书有效期内,资产评估数量发生较大变化时,应由原评估机构或资产占有单位按原评估方法做相应调整后才能使用。④涉及国有资产产权变动的评估报告书及有关资料必须经国有资产行政主管部门确认或授权确认后方可使用。⑤作为企业会计记录和调整企业账项使用的资产评估报告书及有关资料，必须由有权机关批准或认可后方能生效。

二、资产评估管理机构对资产评估报告的运用

资产评估管理机构主要是指对资产评估行政管理的主管机关和对资产评估行业自律管理的行业协会。对资产评估报告书的运用，是资产评估管理机构实现对评估机构的行政管理和行业自律管理的重要过程。资产评估管理机构通过对评估机构出具的资产评估报告书有关资料的运用，一方面，能大体了解评估机构从事评估工作的业务能力和组织管理水平。由于资产评估报告是反映资产评估工作过程的工作报告，通过对资产评估报告书资料的检查与分析，评估管理机构就能大致判断该机构的业务能力和组织管理水平。另一方面，也是对资产评估结果质量进行评价。资产评估管理机构通过对按规定需要验证和确认的资产评估报告书进行验证与确认，就能够对评估机构的评估结果质量的好坏作出客观的评价，从而能够有效实现对评估机构和评估人员的管理。再一个方面，它能为国有资产管理提供重要的数据资料。通过对资产评估报告书的统计与分析，可以及时了解国有资产占有和使用状况以及增减值变动情况，进一步为加强国有资产管理服务。

三、有关部门对资产评估报告的运用

除了资产评估管理机构可运用资产评估报告书资料外，还有些政府管理部门也需要运用资产评估报告书，他们主要包括证券监督管理部门、保险监督管理部门、工商行政管理、税务、金融和法院等有关部门。

证券监督管理部门对资产评估报告书的运用，主要表现在对申请上市公司申请的有关申报材料招股说明书的审核过程，以及对上市公司的股东配售发行股票时申报材料配股说明书的审核过程。根据有关规定，公开发行股票公司信息披露至少要列示以下各项资产评估情况：①按资产负债表大类划分的公司各类资产评估前账面价值及固定资产净值；②公司各类资产评估净值；③各类资产增减值幅度；④各类资产增减值的主要原因。

此外，还应简单介绍资产评估时采用的主要评估方法。

公开发行股票的公司对采用非现金方式的配股，其配股说明书的备查文件必须附上资产评估报告书。

当然，证券监督管理部门还可运用资产评估报告书和有关资料加强对取得证券业务评估资格的评估机构及有关人员的业务管理。

保险监督管理部门、工商行政管理部门、税务、金融和法院等部门也都能通过对资产评估报告书的运用来达到实现其管理职能的目的。

练 习 题

参照资产评估报告书的内容与格式的规定,以及资产评估报告书编写的技术要点,学习和评阅本教材附录的资产评估案例。

讨 论 题

1. 资产评估报告书的作用,是怎样具体体现在委托人、资产评估管理机构及有关部门对资产评估报告书的运用中的?

2. 委托方使用资产评估报告书应注意哪些问题?

资产评估报告

××市××股权投资管理有限责任公司
拟了解××股份有限公司股东全部权益价值
××资评字[20×1]第××号

目　录

声　明

（1）本资产评估报告依据财政部发布的《资产评估基本准则》、中国资产评估协会发布的资产评估执业准则和职业道德准则编制。

（2）本资产评估机构及其资产评估师遵守法律、行政法规和资产评估准则，坚持独立、客观、公正的原则，并对所出具的资产评估报告依法承担责任。

（3）委托人或者其他资产评估报告使用人应当按照法律、行政法规规定和资产评估报告载明的使用范围使用资产评估报告。委托人或者其他资产评估报告使用人违反前述规定使用资产评估报告的，资产评估机构及其资产评估师不承担责任。

本资产评估报告仅供委托人、资产评估委托合同中约定的其他资产评估报告使用人和法律、行政法规规定的资产评估报告使用人使用;除此之外,其他任何机构和个人不能成为资产评估报告的使用人。

本资产评估机构及资产评估师提示资产评估报告使用人应当正确理解评估结论,评估结论不等同于评估对象可实现价格,评估结论不应当被认为是对评估对象可实现价格的保证。

(4)评估对象涉及的资产、负债清单及企业经营预测资料由委托人、被评估单位申报并经其采用签名、盖章或法律允许的其他方式确认;委托人和其他相关当事人依法对其提供资料的真实性、完整性、合法性负责。

(5)资产评估师已对评估对象及其所涉及资产进行现场调查;已对评估对象及其所涉及资产的法律权属状况给予必要的关注,对评估对象及其所涉及资产的法律权属资料进行了查验,对已经发现的问题进行了如实披露,并且已提请委托人及其他相关当事人完善产权以满足出具资产评估报告的要求。

(6)本资产评估机构及资产评估师与资产评估报告中的评估对象没有现存或者预期的利益关系,与相关当事人没有现存或者预期的利益关系,对相关当事人不存在偏见。

(7)本资产评估机构出具的资产评估报告中的分析、判断和结果受资产评估报告中假设和限制条件的限制,资产评估报告使用人应当充分考虑资产评估报告中载明的假设、限制条件、特别事项说明及其对评估结论的影响。

第一部分　摘　　要

本摘要内容摘自资产评估报告正文,欲了解本评估项目的详细情况和合理理解评估结论,应认真阅读资产评估报告正文。

××市××股权投资管理有限责任公司:

××资产评估事务所(有限合伙)接受贵公司的委托,根据有关法律、法规和资产评估准则,遵循独立、客观、公正的原则,按照必要的评估程序,对××股份有限公司股东全部权益在评估基准日的市场价值进行了评估。现将评估报告摘要如下:

评估目的:根据××市××股权投资管理有限责任公司对××股份有限公司的投资意向,××市××股权投资管理有限责任公司欲了解××股份有限公司的全部股东权益的市场价值。

本次资产评估的目的是反映××股份有限公司全部股东权益于评估基准日的市场价值,为上述经济行为提供价值参考依据。

本次评估是依据××市××股权投资管理有限责任公司出具的《委托人委托书》进行的。

评估对象:评估对象为××股份有限公司股东全部权益价值。

评估范围:评估范围为××股份有限公司的全部资产及负债。具体包括:流动资产、非流动资产、流动负债及非流动负债。

评估基准日:20×0 年 12 月 31 日

价值类型:市场价值

评估方法:资产基础法

评估结论:××股份有限公司截至评估基准日 20×0 年 12 月 31 日,经审计的总资产账面价值 358 791 887.92 元,总负债账面价值 63 401 830.49 元,净资产账面价值 295 390 057.43 元。

经资产基础法评估,在持续经营条件下,××股份有限公司股东全部权益价值 131 784.58 万元,增值 102 245.57 万元,增值率 346.14%。如表 1 所示。

表 1　全部权益价值

评估基准日:20×0 年 12 月 31 日　　　　　　　　　　　　单位:万元

项目		账面价值	评估价值	增减值	增值率
		A	B	C=B−A	D=C/A×100%
流动资产	1	6 519.30	6 519.30	—	—
非流动资产	2	29 359.89	131 605.47	102 245.58	348.25%
其中:长期股权投资	3	29 269.10	131 505.07	102 235.97	349.30%
固定资产	5	14.02	23.63	9.61	68.54%
在建工程	6				
生产性生物资产	7				
无形资产	8	76.77	76.77		
开发支出					
长期待摊费用	10				
资产总计	11	35 879.19	138 124.76	102 245.57	284.97%
流动负债	12	4 733.68	4 733.68		
非流动负债	13	1 606.50	1 606.50		
负债总计	14	6 340.18	6 340.18		
净资产	15	29 539.01	131 784.58	102 245.57	346.1%

注:评估结论的详细情况见《资产评估明细表》。

本报告及其结论仅用于本报告设定的评估目的,而不能用于其他目的。本资产评估报告仅为资产评估报告中描述的经济行为提供价值参考,而不能取代各方进行股权交易价格的决定。

评估结论的使用有效期限自评估基准日起一年有效。

报告使用人在使用本报告的评估结论时,请注意本报告正文中第十一项"特别事项说明"对评估结论的影响;并关注评估结论成立的评估假设及前提条件。

对于本报告正文中第十一项"特别事项说明"中,可能影响评估结论,但非资产评估师执业水平和能力所能评定估算的重大事项,提醒报告使用人特别关注。

评估结论在评估基准日成立,在基准日后某个时期经济行为发生时,市场环境未发生较大变化,评估结论在此期间有效,一旦市场价格标准出现较大波动,则评估结论失效。通常,只有当评估基准日与经济行为实现日相距不超过一年时,才可以使用评估报告。

第二部分 正 文

××市××股权投资管理有限责任公司

拟了解××股份有限公司股东全部权益价值

资产评估报告

××资评字[20×1]第××号

××市××股权投资管理有限责任公司：

　　××资产评估事务所(有限合伙)接受贵公司的委托,按照法律、行政法规和资产评估准则的规定,坚持独立、客观、公正的原则,采用资产基础法和市场法,按照必要的评估程序,对××股份有限公司股东全部权益在20×0年12月31日的市场价值进行了评估。现将资产评估情况报告如下。

　　一、委托人、被评估单位和资产评估委托合同约定的其他资产评估报告使用人

　　本次评估的委托人为××市××股权投资管理有限责任公司,被评估单位为××股份有限公司,评估报告仅供××市××股权投资管理有限责任公司和法律、法规规定的使用者使用。

　　(一)委托人:略

　　(二)被评估人及被评估单位简介:略

　　二、评估目的

　　根据××市××股权投资管理有限责任公司对××股份有限公司的投资意向,××市××股权投资管理有限责任公司欲了解××股份有限公司的全部股东权益的市场价值。

　　本次资产评估的目的是反映××股份有限公司全部股东权益于评估基准日的市场价值,为上述经济行为提供价值参考依据。

　　本次评估是依据××市××股权投资管理有限责任公司出具的《委托人委托书》进行的。

　　三、评估对象和评估范围

　　评估对象:评估对象为××股份有限公司股东全部权益价值。

　　评估范围:评估范围为××股份有限公司的全部资产及负债。具体包括:流动资产、非流动资产、流动负债及非流动负债。

　　具体评估范围如表2所示。

表2 评估范围

单位:元

科目名称	账面价值
流动资产	65 193 004.37
其中:货币资金	1 981 208.48
预付款项	50 000.00
其他应收款	63 161 795.89
非流动资产	293 598 883.55
其中:长期股权投资	292 691 039.09
固定资产	140 155.21

科目名称	账面价值
无形资产	767 689.25
资产总额	358 791 887.92
流动负债	47 336 830.49
其中:短期借款	20 460 000.00
应付账款	9 692 161.20
应付职工薪酬	338 153.65
应交税费	14 175.84
其他应付款	16 832 339.80
非流动负债	160 650 000.00
其中:长期借款	160 650 000.00
负债总额	63 401 830.49
净资产总额	295 390 257.43

委托评估对象和评估范围与经济行为涉及的评估对象和评估范围一致。评估基准日,评估范围内的资产、负债账面价值已经××会计师事务所有限责任公司审计,并发表了××审字[20×1]第 2×-04-06 号无保留意见的审计报告。

(一)委估资产主要情况及特点

(1)本次评估除业经审计的流动资产、流动负债和非流动负债外,非流动资产中主要为长期股权投资,如表 3 所示。

表 3 长期股权投资

单位:元

序号	被投资单位名称	持股比例	投资成本	账面价值
1	××肉业有限公司	100%	20 000 000.00	20 000 000.00
2	××草业有限公司	100%	1 469 209.00	1 469 209.00
3	××乳业有限公司	65.57%	269 721 830.09	269 721 830.09
4	××信息科技有限公司		1 500 000.00	1 500 000.00

上述长期股权投资中,××肉业有限公司、××草业有限公司在评估基准日下实际未运营,××信息科技有限公司尚未完成全部投资;××乳业有限公司正常运营中,经评估人员调查,截至评估基准日,集团主要业务均围绕该公司进行。

(2)纳入本次评估范围内的固定资产主要为办公用家具、电子设备和车辆,数量、金额较小,主要购置于20×4年至20×6年间,使用情况正常,存放使用地点为××市办公区域内。

(二)企业申报的账面记录或者未记录的无形资产情况

本次纳入评估范围内的无形资产为财务软件、商标权及注册挂账费用等共计 59 项,均按照财务会计有关规定正常摊销。需要说明的是其商标权现无偿与××有限公司共用,且其对应的可量化实际收益全部体现在××有限公司经营所得中,若本次予以单独评估,则与长期股权投资在价值内涵上存在重复,故本次评估仅按审定后的账面价值进行列示。

（三）申报的表外资产的类型、数量

本次评估范围不涉及表外资产。

（四）引用其他机构出具的报告结论所涉及的资产类型、数量和账面金额

本次引用××会计师事务所有限责任公司审计并发表的××审字[2×21]第 2×-04-06 号无保留意见的审计报告,详见上文。

四、价值类型

根据评估目的,确定评估对象的价值类型为市场价值。

市场价值是指自愿买方和自愿卖方,在各自理性行事且未受任何强迫的情况下,评估对象在评估基准日进行正常公平交易的价值估计数额。

五、评估基准日

本报告评估基准日是 20×0 年 12 月 31 日。

六、评估依据

（一）行为依据

1. 委托方委托书

2. 评估委托合同（××号）

（二）法律法规依据（略）

（三）评估准则依据（略）

（四）权属依据（略）

（五）取价依据（略）

（六）其他依据（略）

七、评估方法

（一）通用的资产评估方法

企业价值评估的基本方法有市场法、收益法和资产基础法。

1. 市场法

股权评估中的市场法,是指将评估对象与可比上市公司或者可比交易案例进行比较,确定评估对象价值的评估方法。其使用的基本前提如下。

（1）能可靠、充分地获取可比企业的经营和财务数据。

（2）被评估股权具有公开的市场,以及活跃的交易。

（3）交易案例与评估对象应属同一行业或受相同经济因素的影响,具有相似性和可比性。

（4）可通过获取并分析可比企业的经营和财务数据、交易案例资料,计算适当的价值比率。

2. 收益法

股权评估中的收益法,是指将预期收益资本化或折现以确定评估对象价值的评估方法。应用收益法必须具备的基本前提如下。

（1）评估对象的未来预期股利或现金流量可以预测并可以用货币衡量。

（2）企业经营风险可以预测并可合理确定与预期收益口径一致的资本化率或折现率。

（3）企业的经营年限可以预测。

3. 资产基础法

股权评估中的资产基础法,是指以被评估企业评估基准日的资产负债表为基础,合理评估企业表内表外各资产、负债价值,确定评估对象价值的方法。采用成本法的前提条件如下。

(1) 企业的每项资产都能正常使用或者在用。

(2) 企业的每项资产都能够通过重置途径获得。

(3) 企业每项资产、负债都可以被识别并用适当的方法单独评估。

(4) 企业的长期股权投资价值通过分析可以判断或可单独进行评估。

(二) 评估方法的适用性分析和选择

资产评估的方法主要有成本法(资产基础法)、收益法和市场法。资产评估师执行企业价值评估业务,应当根据评估对象、价值类型、资料收集情况等相关条件,分析成本法、收益法和市场法三种资产评估基本方法的适用性,恰当选择一种或多种资产评估基本方法。

经评估人员调查了解,被评估单位为农畜牧、乳品行业投资企业,其主要的职能为投资和管理被投资的农畜牧、乳品行业企业;其投资的单位中仅××乳业有限公司在正常运营中,截至评估基准日,集团主要业务均围绕该公司进行。根据委托方要求,纳入本次评估范围内全部股东股权价值仅为集团本公司的全部股东权益。结合评估目的,本次评估对被评估的单位不采用收益进行评估;被评估单位投资的××有限公司的未来经营和投资计划可以准确预计,未来净现金可以预测并用货币计量,故对被评估单位投资的××有限公司使用收益法进行评估。

市场法又分为交易案例比较法和上市公司比较法。由于国内公开市场上缺少与本次评估单位类似股权交易案例,故本次评估不采用交易案例比较法。据前文被评估单位与其投资的××有限公司的情况,并结合××乳业有限公司的公开募股计划与评估人员调查的同行业上市公司情况,发现公开交易市场上存在可比较的上市公司案例,可以将××乳业有限公司与可比的上市公司进行比较分析,故本次评估采用上市公司比较法对××乳业有限公司进行评估,不采用市场法对被评估单位进行评估。

由于被评估单位的各项资产的价值或历史形成记录可以确定,满足利用资产基础法的前提和条件,故本次采用资产基础法对被评估单位进行评估。

(三) 资产基础法介绍

资产基础法,是以在评估基准日重新建造一个与评估对象相同的企业或独立获利实体所需的投资额作为判断整体资产价值的依据,具体是指将构成企业的各种要素资产的评估值加总减去负债评估值求得企业价值的方法。

各类资产及负债的评估方法如下。

1. 流动资产

(1) 货币资金,主要为银行存款。对于币种为人民币的货币资金,以清查核实后账面值为评估值。对于外币资金,评估值按照评估基准日汇率折算成人民币确定。

(2) 应收类账款。对应收账款、其他应收款的评估,评估人员在对应收款项核实无误的基础上,借助于历史资料和现在调查了解的情况,具体分析数额、欠款时间和原因、款项回收情况、欠款人资金、信用、经营管理现状等。应收账款采用个别认定和账龄分析的方法估计评估风险损失,对关联企业的往来款项等有充分理由相信全部能收回的,评估风险损失为0;对有确凿证据表明款项不能收回或账龄超长的,评估风险损失为100%;对部分款项很可能无法收回的,且难以确定无法收回账款数额的,参考企业会计计算坏账准备的方法,根据账龄分析估计出评估风险损失。

(3) 预付账款。对预付账款的评估,评估人员在对预付款项核实无误的基础上,借助于历史资料和现在调查了解的情况,具体分析数额、欠款时间和原因、款项回收情况、欠款人资金、信用、经营管理现状等,未发现供货单位有破产、撤销或不能按合同规定按时提供货物等情况,以清查核实后账面值作为评估值。

2. 非流动资产

1) 固定资产

纳入本次评估范围的固定资产主要为办公类设备、设施。本次采用成本法对办公类设备、设施进行评估。

2) 无形资产

本次纳入评估范围内的无形资产为财务软件、商标权及注册挂账费用等共计59项,均按照财务会计有关规定正常摊销。需要说明的是其商标权现无偿与××乳业有限公司共用,且其对应的可量化实际收益全部体现在××乳业有限公司经营所得中,若本次予以单独评估,则与长期股权投资在价值内涵上存在重复,故本次评估仅按审定后的账面价值进行列示。

3) 长期股权投资

纳入本次评估范围内的长期股权投资中,××肉业有限公司、××草业有限公司在评估基准日下实际未运营,××信息科技有限公司尚未完成全部投资;××乳业有限公司正常运营中,经评估人员调查,截至评估基准日,集团主要业务均围绕该公司进行。

根据上述情况,本次以××肉业有限公司、××草业有限公司和××信息科技有限公司的长期股权投资审定后的账面价值进行列示;对××乳业有限公司的长期股权投资本次采用两种方法进行评估,即上市公司比较法和收益法,最终以被评估单位持有的××乳业有限公司的股权比例确定被评估单位对××乳业有限公司的长期股权投资的评估结果。

(四)上市公司比较法介绍

本次采用上市公司比较法对被评估单位对××乳业有限公司的长期股权投资进行评估。上市公司比较法是指获取并分析可比上市公司的经营和财务数据,计算适当的价值比率,在与被评估单位比较分析的基础上,确定评估对象价值的具体方法。

上市公司比较法一般要求通过分析对比公司股权(所有者权益)资本市场价值与收益性参数之间的价值比率来确定被评估单位的价值比率,然后根据被评估单位的收益能力来估算其股权价值。

上市公司比较法评估步骤如下。

(1)搜集上市公司信息,选取和确定可比的上市公司。

(2)分析比较样本公司和待估对象,选取比较指标,确定比较体系。

(3)通过每个样本公司的银行业监管指标完成情况的差异计算各指标对应价值比率。

(4)对各样本公司的价值比率进行加权平均,确定标的公司对应的价值比率。

(5)对标的公司每个指标参数乘以对应的价值比率,得到评估对象未扣除流动性的估值。

(6)考虑流动性折扣和控股权溢价调整后,确定评估对象的评估值。

(五)收益法

本次采用收益法对被评估单位对××乳业有限公司的长期股权投资进行评估。本次采用收益法中的现金流量折现法对企业整体价值评估来间接获得股东全部权益价值。企业整体价值由正常经营活动中产生的经营性资产价值和与正常经营活动无关的非经营性资产价值构成。对于经营性资产价值的确定选用企业自由现金流折现模型,即以未来若干年度内的企业自由现金流量作为依据,采用适当折现率折现后加总计算得出。计算模型如下:

股东全部权益价值 ＝ 企业整体价值 － 付息债务价值

1. 企业整体价值

企业整体价值是指股东全部权益价值和付息债务价值之和。根据被评估单位的资产配置和使用情况，企业整体价值的计算公式如下：

企业整体价值 ＝ 经营性资产价值 ＋ 溢余资产价值 ＋ 非经营性资产负债价值

（1）经营性资产价值，是指与被评估单位生产经营相关的，评估基准日后企业自由现金流量预测所涉及的资产与负债。经营性资产价值的计算公式如下：

$$P = \sum_{i=1}^{n} \frac{R_i}{(1+r)^i} + \frac{R_{n+1}}{r(1+r)^n}$$

式中：P 为评估基准日的企业经营性资产价值；

　　R_{n+1} 为评估基准日后第 i 年预期的企业自由现金流量；

　　R_i 为预测期末年预期的企业自由现金流量；

　　r 为折现率（此处为加权平均资本成本，WACC）；

　　N 为预测期；

　　i 为预测期第 i 年。

其中，企业自由现金流量计算公式如下：

企业自由现金流量 ＝ 息前税后净利润 ＋ 折旧与摊销 － 资本性支出 － 营运资金增加额

其中，折现率（加权平均资本成本，WACC）计算公式如下：

$$WACC = K_e \times \frac{E}{E+D} + K_d \times (1-t) \times \frac{D}{E+D}$$

式中：K_e 为权益资本成本；

　　K_d 为付息债务资本成本；

　　E 为权益的市场价值；

　　D 为付息债务的市场价值；

　　t 为所得税税率。

其中，权益资本成本采用资本资产定价模型（CAPM）计算。计算公式如下：

$$K_e = R_f + MRP \times \beta + \Delta$$

式中：R_f 为无风险利率；

　　β 为权益的系统风险系数；

　　MRP 为市场风险溢价；

　　Δ 为企业特定风险调整系数。

（2）非经营性资产、负债价值，是指与被评估单位生产经营无关的，评估基准日后企业自由现金流量预测不涉及的资产与负债。被评估单位的非经营性资产、负债包括溢余资产、其他应收款、递延所得税资产、其他应付款等，本次评估采用成本法进行评估。

2. 付息债务价值

付息债务价值，是指评估基准日被评估单位需要支付利息的负债。被评估单位的付息债务为向外部的借款,付息债务以核实后的账面值作为评估值。

八、评估程序实施过程和情况

根据法律、法规和资产评估准则的相关规定,本次评估履行了适当的评估程序。具体实施过程如下。

（一）明确业务基本事项

评估机构于20×1年×月×日接受××市××股权投资管理有限责任公司的委托,通过对委托人及申请人了解评估的经济行为背景、委估资产的法律状态、阅读初步提供的资料、初步调查等方式,与委托人等相关当事人共同明确被评估单位的基本情况、评估目的、评估基准日、评估对象和评估范围等基本事项,对自身专业胜任能力、独立性和业务风险进行综合分析和评价。

在接受委托后,根据评估对象的特点以及项目时间的总体要求,制订资产评估工作计划,组织并确定评估人员。根据评估对象的特点,×月×日向委托人去函提供资产评估申报明细表、资料清单等等。

（二）编制评估计划

根据资产评估工作的要求,编制评估工作计划,包括确定评估的具体步骤、时间进度、人员安排、拟定资产评估技术方案等,报公司相关负责人审核、批准。

（三）现场调查

通过与被评估银行经营管理人员、财务人员进行访谈了解被评估银行历史沿革、历史经营状况、未来发展规划和行业政策导向等信息,现场初步查阅了被评估银行的财务资料、产品介绍、关键经营管理制度等资料。

（四）收集评估资料

我们根据评估业务具体情况收集评估资料,并根据评估业务需要和评估业务实施过程中的情况变化及时补充收集评估资料。资料内容如下。

（1）直接从市场等渠道独立获取的资料,从委托人、被评估单位获取的资料,以及从政府部门、各类专业机构和其他相关部门获取的资料。

（2）询价结果、行业资讯、分析资料等资料。

（3）资产评估师根据评估业务具体情况对收集的评估资料进行必要分析、归纳和整理,形成的资料。

（五）评估汇总阶段

针对评估对象的具体情况,选择合理的评估方法,选取相应的公式和参数进行分析、计算和判断,形成初步评估结果。项目负责人对初步评估结果进行汇总、分析后撰写评估报告初稿。

（六）内部审核及报告出具

根据评估机构业务流程管理办法,项目负责人在完成评估报告初稿后提交公司内部审核。项目负责人在内部审核完成后,对评估报告初稿进行合理修改,形成评估报告正式稿并提交委托人。

（七）工作底稿归档

按照法律、行政法规、资产评估准则和内部质量控制制度,对工作底稿、资产评估报告及其他相关资料进行整理,形成资产评估档案。

九、评估假设

本次评估中,评估人员遵循了以下评估假设。

（一）一般假设

1. 交易假设

交易假设是假定所有待评估资产已经处在交易的过程中,评估师根据待评估资产的交易条件等模拟市场进行评估。交易假设是资产评估得以进行的一个最基本的前提假设。

2. 公开市场假设

公开市场假设,是假定在市场上交易的资产,或拟在市场上交易的资产,资产交易双方彼此地位平等,彼此都有获取足够市场信息的机会和时间,以便于对资产的功能、用途及其交易价格等作出理智的判断。公开市场假设以资产在市场上可以公开买卖为基础。

3. 资产持续使用假设

持续使用假设是对资产拟进入市场的条件以及资产在这样的市场条件下的资产状态的一种假定。首先被评估资产正处于使用状态,其次假定处于使用状态的资产还将继续使用下去。在持续使用假设条件下,没有考虑资产用途转换或者最佳利用条件,其评估结果的使用范围受到限制。

(二)特殊假设

(1)本次评估假设评估基准日外部经济环境不变,国家现行的宏观经济不发生重大变化。

(2)企业所处的社会经济环境以及所执行的税赋、税率等政策无重大变化。

(3)本次评估的各项资产均以评估基准日的实际存量为前提,有关资产的现行市价以评估基准日的国内有效价格为依据;本次评估的各项资产均以评估基准日的实际使用状态为前提。

(4)本次评估假设委托人、被评估单位提供的基础资料和其他资料真实、准确、完整。

(5)假设本次经济行为已获得国有资产管理部门或委托方资产主管单位的同意。

(6)评估范围仅以委托人及被评估单位提供的评估申报表为准,未考虑委托人及被评估单位提供清单以外可能存在的或有资产及或有负债。

(7)本次评估测算的各项参数取值不考虑通货膨胀因素的影响。

当上述条件发生变化时,评估结果一般会失效。签字资产评估师及本评估机构将不承担由于假设条件改变而推导出不同评估结论的责任。

十、评估结论

评估结论:××股份有限公司截至评估基准日20×0年12月31日,经审计的总资产账面价值358 791 887.92元,总负债账面价值63 401 830.49元,净资产账面价值295 390 057.43元。

经资产基础法评估,在持续经营条件下,××股份有限公司股东全部权益价值131 784.58万元,增值102 245.57万元,增值率346.14%。如表4所示。

评估基准日:20×0年12月31日。

表4　评估结果汇总表

评估基准日:20×0年12月31日　　　　　　　　　　　　单位:万元

项目		账面价值	评估价值	增减值	增值率
		A	B	C=B-A	$D=\dfrac{C}{A}\times100\%$
流动资产	1	6 519.30	6 519.30	—	—
非流动资产	2	29 359.89	131 605.47	102 245.58	348.25%
其中:长期股权投资	3	29 269.10	131 505.07	102 235.97	349.30%
固定资产	5	14.02	23.63	9.61	68.54%
在建工程	6				

(续表)

项目		账面价值 A	评估价值 B	增减值 C＝B－A	增值率 $D=\frac{C}{A}\times100\%$
生产性生物资产	7				
无形资产	8	76.77	76.77		
开发支出					
长期待摊费用	10				
资产总计	11	35 879.19	138 124.76	102 245.57	284.97%
流动负债	12	4 733.68	4 733.68		
非流动负债	13	1 606.50	1 606.50		
负债总计	14	6 340.18	6 340.18		
净资产	15	29 539.01	131 784.58	102 245.57	346.14%

十一、特别事项说明

以下事项可能影响评估结论的使用,评估报告使用者应特别注意以下事项对评估结论的影响。

(一)权属等主要资料不完整或者存在瑕疵的情形

无。

(二)委托人未提供的其他关键资料情况

无。

(三)评估程序受限的有关情况、评估机构采取的弥补措施及对评估结论影响的情况

无。

(四)资产抵押、担保、查封等事项

经评估人员调查,被评估单位存在股权质押情况,具体如表5所示。

表5 ××股份有限公司股权出质情况

序号	登记编号	出质人	出质股权数额(万元)	质权人	状态
1	××	××	4 844.00		
2	××	××	8 000.30		
3	××	××	2 380.70		
4	××	××	1 887.00	×××有限公司×××支行	有效
5	××	××	1 138.00		
6	××	××	200.00		
7	××	××	686.00		
8	××	××	144.00		
合计			19 280.00		

截至本次评估基准日 20×0 年 12 月 31 日××股份有限公司存在对外担保,具如情况如

表 6 所示。

表 6 对外担保情况

担保方	被担保方	担保金额(元)	担保起止日	担保是否已履行完毕
××	××	10 000 000.00	20×0.11.12—20×1.06.10	未履行完毕
××	××	10 000 000.00	20×0.06.16—20×1.06.15	未到期
××	××	14 320 000.00	20×0.12.21—20×1.12.10	未到期
××	××	30 000 000.00	20×0.03.30—20×2.03.29	未到期

（五）未决事项、法律纠纷等不确定因素

委托方及被评估单位未提供,我们也未获悉和发现。

（六）重要的利用专家工作及相关报告情况

本次引用××会计师事务所有限责任公司审计并发表的内中珩审字[20×1]第 2×-04-06 号无保留意见的审计报告,详见上文。

（七）重大期后事项

经评估人员调查,评估基准日至评估报告日期间,××股份有限公司持有的××乳业有限公司发生变动,由控股 65.57％变动为控股 59.13％,在此提醒报告使用人注意可能对评估结论发生的影响。

（八）其他需要说明的事项

(1) 关于评估范围的说明,纳入本次评估范围的资产仅为××股份有限公司本公司的全部资产及负债,故在评估时以其母公司口径进行评估,对其符合合并报表的条件的子公司,作为长期股权投资进行评估,本次不考虑其控股权溢价。

(2) 本次纳入评估范围内的无形资产为财务软件、商标权及注册挂账费用等共计 59 项,均按照财务会计有关规定正常摊销。需要说明的是其商标权现无偿与××乳业有限公司共用,且其对应的可量化实际收益全部体现在××乳业有限公司经营所得中,若本次予以单独评估,则与长期股权投资在价值内涵上存在重复,故本次评估仅按审定后的账面价值进行列示。

(3) 评估师和评估机构的法律责任是对本报告所述评估目的下的资产价值量做出专业判断,并不涉及评估师和评估机构对该项评估目的所对应的经济行为做出任何判断。评估工作在很大程度上,依赖于委托人提供的有关资料。因此,评估工作是以委托人提供的有关文件资料的真实合法为前提。

(4) 本次评估涉及的所有资料均由委托人提供,委托人对其提供资料的真实性、合法性、完整性负责。

(5) 根据《资产评估对象法律权属指导意见》,委托人、被评估单位和相关当事人应当提供评估对象法律权属等资料,并对所提供的评估对象法律权属资料的真实性、合法性和完整性承担责任;资产评估师的责任是对该资料及其来源进行必要的查验和披露,不代表对评估对象的权属提供任何保证,对评估对象法律权属进行确认或发表意见超出资产评估师执业范围。

(6) 资产评估师在评定估算形成结论的过程中未考虑交易过程中产生的评估费、律师费以及交易税费等财产处置费用对评估结论的影响。

（7）由于本次评估涉及的投资经济行为尚处于意向阶段，未确定交易对价、交易方式等，本次评估结果仅为委托方投资前进行价值参考，待投资行为实际发生时须另行评估以最终确定交易对价价值。

（8）在评估基准日以后的有效期内，如果资产数量及作价标准发生变化时，应按以下原则处理：①当资产数量发生变化时，应根据原评估方法对资产数额进行相应调整；②当资产价格标准发生变化、且对资产评估结果产生明显影响时，委托人应及时聘请有资格的资产评估机构重新确定评估值；③对评估基准日后，资产数量、价格标准的变化，委托人在资产实际作价时应给予充分考虑，进行相应调整。

十二、资产评估报告使用限制说明

（1）本评估报告只能用于本报告载明的评估目的和用途。同时，本次评估结论是反映评估对象在本次评估目的下，根据公开市场的原则确定的现行公允市价。同时，没有考虑目前承担的抵押、担保事宜，以及特殊交易方可能追加付出的价格等对评估资格的影响，本报告也未考虑国家宏观经济政策发生变化以及遇有自然力和其他不可抗力对资产价格的影响。当前述条件以及评估中遵循的持续经营原则等其他情况发生变化时，评估结论一般会失效。评估机构不承担由于这些条件的变化而导致评估结果失效的相关法律责任。

（2）本评估报告成立的前提条件是本次经济行为符合国家法律、法规的有关规定，并得到有关部门的批准。

（3）委托人、被评估单位或者其他资产评估报告使用人未按照法律、行政法规规定和资产评估报告载明的使用范围使用资产评估报告的，资产评估机构及其资产评估专业人员不承担责任。

（4）除委托人、资产评估委托合同中约定的其他资产评估报告使用人和法律、行政法规规定的资产评估报告使用人之外，其他任何机构和个人不能成为资产评估报告的使用人。

（5）资产评估报告使用人应当正确理解和使用评估结论。评估结论不等同于评估对象可实现价格，评估结论不应当被认为是对评估对象可实现价格的保证。

（6）本评估报告只能由评估报告载明的评估报告使用者使用。评估报告的使用权归委托人所有，未经委托人许可，本评估机构不会随意向他人公开。

（7）未征得本评估机构同意并审阅相关内容，评估报告的全部或者部分内容不得被摘抄、引用或披露于公开媒体，法律、法规规定以及相关当事方另有约定的除外。

（8）评估结论的使用有效期：根据国家现行规定，本资产评估报告结论使用有效期为一年，自评估基准日 20×0 年 12 月 31 日起计算，至 20×1 年 12 月 31 日止。超过一年，需重新进行资产评估。

十三、资产评估报告日

评估报告日为二○×一年×月×日

评估机构和资产评估师签章

资产评估师：

资产评估师：

××资产评估事务所（有限合伙）

20×1 年×月×日

第三部分　资产评估报告附件

附件一、与评估目的相对应的经济行为文件

附件二、被评估单位专项审计报告

附件三、委托人和被评估单位营业执照

附件四、评估对象涉及的主要权属证明资料

附件五、委托人和其他相关当事人的承诺函

附件六、签名资产评估师的承诺函

附件七、资产评估资格证书复印件

附件八、评估资格证书复印件

附件九、营业执照副本复印件

附件十、资产评估师职业资格证书登记卡复印件

附件十一、评估明细表

复利系数公式

各种复利系数公式如下：

复利系数名称	公　式
(1) 整付复本利系数	$(1+i)^n$
(2) 整付现值系数	$(1+i)^{-n}$ 或 $\dfrac{1}{(1+i)^n}$
(3) 年金复本利系数	$\dfrac{(1+i)^n-1}{i}$
(4) 基金年存系数	$\dfrac{i}{(1+i)^n-1}$
(5) 年金现值系数	$\dfrac{(1+i)^n-1}{i(1+i)^n}$ 或 $\dfrac{1}{i}\left[1-\dfrac{1}{(1+i)^n}\right]$
(6) 投资回收系数	$\dfrac{i(1+i)^n}{(1+i)^n-1}$

从上述公式中,可以清楚地看出各种系数之间的关系。在整付复本利系数和整付现值系数之间,年金复本利系数和基金年存系数之间,年金现值系数和投资回收系数之间,都存在着一种倒数关系。

练习题参考答案

第一章

1. c

2. c

3. c

4. d

5. c

6. a

第二章

单项选择题

1. b

2. a

3. d

4. b

5. b

6. a

7. c

8. c

9. c

10. b

11. c

12. d

13. d

14. d

15. b

计算题

(1) 估算待评估资产的年超额运营成本＝(6－4)×12 000＝24 000(元)

(2) 测算待评估资产的年净超额运营成本＝24 000×(1－33％)＝16 080(元)

(3) 将待评估资产在剩余使用年限内的净超额运营成本折算为现值即功能性贬值＝16 080×

$\left(\dfrac{P}{A}, 10\%, 3\right)$＝16 080×2.486 9＝39 989(元)

第三章

1.

(1) 估算重置成本:

重置成本=100×150%÷110%+5×150%÷125%+2×150%÷130%=144.67(元)

(2) 估算加权投资年限:

加权投资年限=10×136.36÷144.67+5×6÷144.67+2×2.3÷144.67=9.66(年)

(3) 估算实体性贬值率:

实体性贬值率=9.66÷(9.66+6)=61.69%

(4) 估算实体性贬值:

实体性贬值=重置成本×实体性贬值率=144.67×61.69%=89.25(万元)

(5) 功能性贬值估算:

第一步:被评估装置的年超额运营成本=(5-4)×12 000=12 000(元)

第二步:被评估装置的年净超额运营成本=12 000×(1-33%)=8 040(元)

第三步:将被评估装置的年净超额运营成本,在其剩余使用年限内折现求和,确定其功能性贬值额=8 040×$(P/A,10\%,6)$=8 040×4.355 3=35 016.61(元)=3.5(万元)

(6) 求资产价值:

待评估资产的价值=重置成本-实体性贬值-功能性贬值
=144.67-89.25-3.5=51.92(万元)

2.

(1) 估算重置成本:

重置成本=100×120%÷105%+10×120%÷115%=124.72(万元)

(2) 估算加权投资年限:

加权投资年限=4×114.29÷124.72+1×10.43÷124.72=3.75 年

(3) 估算实体性贬值率:

实体性贬值率=3.75×60%÷(3.75×60%+6)=27.39%

(4) 估算实体性贬值:

实体性贬值=重置成本×实体性贬值率=124.72×27.39%=34.16(万元)

(5) 估算功能性贬值:

第一步:计算被评估设备的年超额运营成本

-1 000×12=-12 000(元)

第二步:被评估设备的年净超额运营成本=-12 000×(1-33%)=-8 040(元)

第三步:将被评估装置的年净超额运营成本,在其剩余使用年限内折现求和,确定其功能性贬值额$=-8\,040\times\left(\dfrac{P}{A},10\%,6\right)=-8\,040\times4.355\,3=-35\,016.61(元)=-3.5(万元)$

(6) 估算经济性贬值率：

经济性贬值率$=[1-(80\%)^{X}]\times100\%=[1-(80\%)^{0.7}]\times100\%=14.46\%$

(7) 估算经济性贬值：

经济性贬值$=(重置成本-实体性贬值-功能性贬值)\times经济性贬值率$
$=(124.72-34.16+3.5)\times14.46\%=13.6(万元)$

(8) 求资产价值：

待评估资产的价值$=重置成本-实体性贬值-功能性贬值-经济性贬值$
$=124.72-34.16+3.5-13.6=80.46(万元)$

第四章

单项选择题

1. c
2. c
3. b
4. c
5. a
6. d
7. c
8. c
9. b
10. b
11. a

计算题

1.

$$\begin{aligned}被估房地产十年\\租期内的收益现值\end{aligned}=\dfrac{8}{(1+10\%)}+\dfrac{8\times(1+2\%)}{(1+10\%)^2}+\dfrac{8\times(1+2\%)^2}{(1+10\%)^3}$$
$$+\dfrac{8\times(1+2\%)^3}{(1+10\%)^4}+\dfrac{8\times(1+2\%)^4}{(1+10\%)^5}$$
$$+\dfrac{15}{10\%\times(1+10\%)^5}\times\left[1-\dfrac{1}{(1+10\%)^5}\right]$$
$$=66.75(万元)$$

2.

$$P_1=800\times\dfrac{115}{110}\times\dfrac{100}{102}\times\dfrac{106}{109}\times\dfrac{1-\dfrac{1}{(1+10\%)^{45}}}{1-\dfrac{1}{(1+10\%)^{50}}}\times\dfrac{100}{101}\times\dfrac{100}{100}$$
$$=785.4(元/平方米)$$

$$P_2 = 850 \times \frac{115}{111} \times \frac{100}{101} \times \frac{106}{112} \times \frac{1 - \dfrac{1}{(1+10\%)^{45}}}{1 - \dfrac{1}{(1+10\%)^{50}}} \times \frac{100}{100} \times \frac{100}{101}$$

$$= 812.8(\text{元}/\text{平方米})$$

$$P_3 = 760 \times \frac{115}{110} \times \frac{100}{100} \times \frac{106}{103} \times \frac{1 - \dfrac{1}{(1+10\%)^{45}}}{1 - \dfrac{1}{(1+10\%)^{40}}} \times \frac{100}{100} \times \frac{100}{98}$$

$$= 841.53(\text{元}/\text{平方米})$$

$$P_4 = 780 \times \frac{115}{110} \times \frac{100}{100} \times \frac{106}{100} \times \frac{1 - \dfrac{1}{(1+10\%)^{45}}}{1 - \dfrac{1}{(1+10\%)^{45}}} \times \frac{100}{99} \times \frac{100}{99}$$

$$= 881.93(\text{元}/\text{平方米})$$

$$P = \frac{P_1+P_2+P_3+P_4}{4} = \frac{785.4+812.8+841.53+881.93}{4}$$

$$= 830.41(\text{元}/\text{平方米})$$

即待估宗地 2000 年 1 月 20 日的价格为每平方米 830.41 元。

3.

1）完工后的预期楼价现值 $= 5\,000 \times 4 \times 5\,500 \div (1+10\%)^{2.5} = 8\,667.8$（万元）

2）建筑成本及专业费 $= 1\,500 \times (1+6\%) \times 2 \div (1+10\%)^{\frac{2}{2}} = 2\,891$（万元）

3）有关税费 $= 8\,667.8 \times 5\% = 433.4$（万元）

4）目标利润 $=$（地价 $+ 2\,891$）$\times 15\% = 15\%$地价 $+ 433.7$ 万元

5）估算地价：

$$\text{地价} = 8\,667.8 - 2\,891 - 433.4 - 433.7 - 15\%\text{地价}$$

$$\text{地价} = 4\,269.3(\text{万元})$$

第五章

单项选择题

1. c

2. b $50 \times 6 + 50 \times 6 \times [1 - 1 \div (1+5\%)^7] \div 5\% = 2\,000$

3. a

4. d

5. d

6. b

计算题

1. $400 \times [3 \div (3+5)] \times [400 \div (400+800)] + 60 + 20 = 130$（万元）

2.

1）利润分成率 $= 80 \times (1+25\%) \times (1+400\%) \div [80 \times (1+25\%) \times (1+400\%)$

$+ 4\,000 \times (1+13\%)] = 9.96\%$

2）求未来每年的预期利润额：

$$第一、二年＝(500-400)\times20＝2\,000(万元)$$

$$第三、四年＝(450-400)\times20＝1\,000(万元)$$

$$第五年＝(430-400)\times20＝600(万元)$$

3）评估值＝$9.96\%\times(1-25\%)\times[2\,000\div(1+10\%)+2\,000\div(1+10\%)^2$
$+1\,000\div(1+10\%)^3+1\,000\div(1+10\%)^4+600\div(1+10\%)^5]$
$＝394.25(万元)$

3.

1）计算企业整体价值：

$$该企业整体资产评估值＝\frac{100}{1+6\%}+\frac{110}{(1+6\%)^2}+\frac{120}{(1+6\%)^3}+\frac{150}{(1+6\%)^4}$$

$$+\frac{160}{(1+6\%)^5}+\frac{160}{6\%\times(1+6\%)^5}$$

$$＝100\times0.943\,4+110\times0.890\,0+120\times0.839\,6+150\times0.792\,1$$

$$+160\times0.747\,3+160\div6\%\times0.7473$$

$$＝2\,524.18(万元)$$

2）计算企业各单项资产价值：

单项有形资产评估值为 600 万元

非专利技术评估值＝$100\times(0.943\,4+0.890\,0+0.839\,6+0.792\,1+0.747\,3)＝421.24(万元)$

3）评出商誉价值：

$$商誉＝整体资产评估值-(有形资产评估值+非专利技术评估值)$$

$$＝2\,524.18-(600+421.24)＝1\,502.94(万元)$$

第六章

单项选择题

1. a　$100\,000\times(1+4\times18\%)\div(1+12\%)^2＝137\,117(元)$

2. b

3. b　股利增长率＝$20\%\times15\%＝3\%$
$900\,000\times10\%\div(12\%-3\%)＝1\,000\,000(元)$

计算题

优先股的评估值＝$200\times500\times12\%\times[1\div(1+10\%)+1\div(1+10\%)^2+1\div(1+10\%)^3]$
$+200\times500\times12\%\div(10\%+2\%)\times(1+10\%)^3$
$＝162\,944(元)$

第七章

单项选择题

1. b

2. b

3. a

4. a

5. b

6. a $[(40\ 000\div4)\times1.5]+(240\div2)=15\ 120(元)$

计算题

$$贴现息＝票据到期价值\times贴现率\times贴现期＝1\ 000\times6\text{‰}\times6＝36(万元)$$

$$应收票据＝票据到期价值－贴现息＝1\ 000－36＝964(万元)$$

第八章

选择题

ab,cd,e

计算题

1. 用一阶段股利折现模型估算企业每股的价值。

本题中,$DPS_1=1.28\times1.05=1.344$ 元,股利的预期增长率为 $g,g=5\%$。

$r_e=r_f+\beta(r_m-r_f)=3.25\%+0.9\times5\%=7.75\%$,每股股权价值为 P_0,则：

$$P_0=\frac{DPS_1}{\gamma_e-g}=\frac{1.344}{7.75\%-5\%}=48.87(元)$$

2. 用股利折现估价模型中的二阶段模型计算每股股权价值。

2000 年的股利支付率为 $\frac{0.72}{2.5}=28.8\%$,因此,2001～2005 年期间的股利支付率也为 28.8%。

$$DPS_1=0.72\times1.15=0.828(元)$$

2001～2005 年期间的 r_e：

$$r_e=r_f+\beta(r_m-r_f)=3.25\%+1.42\times5\%=10.35\%$$

自 2006 年开始的 r_e：

$$r_e=r_f+\beta(r_m-r_f)=3.25\%+1.10\times5\%=8.75\%$$

$$n_1=5,\ g_1=15\%,\ g_2=5\%$$

$$DPS_6=2.5\times1.15^5\times1.05\times70\%=3.695\ 9$$

$$每股股权价值=\frac{DPS_1}{(r_e-g_1)}\times\left[1-\frac{(1+g_1)^{n1}}{(1+r_e)^{n1}}\right]+\frac{DPS_{n1+1}}{(r_e-g_2)(1+r_e)^{n1}}$$

$$=\frac{0.828}{10.35\%-15\%}\times\left[1-\frac{(1+15\%)^5}{(1+10.35\%)^5}\right]$$

$$+\frac{3.695\ 9}{(8.75\%-5\%)\times(1+8.75\%)^5}$$

$$=(-17.81)\times(1-1.229\ 2)+64.795\ 2$$

$$=68.877\ 5$$

3. 用企业价值评估模型中的二阶段增长模型估算企业价值。用股权价值评估模型中的二阶段模型估算企业的股权价值。

具体计算如表 1、表 2 所示。

表 1　某企业预期自由现金流量估测的假定条件

项目	高增长阶段	稳定增长阶段
时期长度	4 年	4 年后永久持续
收入	当前收入：6 000 万元	
营业利润（$EBIT$）	收入的 20%	收入的 20%
所得税税率	33%	33%
资本收益率		
营运资本	收入的 20%	收入的 20%
再投资率		
息前收入预期增长率	6%	3%
权益/资本比率	80%	80%
风险参数	$\beta=1.25$　债务成本=10% 国债利率=3.25% 股权成本=3.25%+1.25×5% =9.5%	$\beta=1.25$　债务成本=10% 国债利率=3.25% 股权成本=3.25%+1.25×5% =9.5%

表 2　某企业预期自由现金流量及股权现金流量的估测

单位：万元

项目	基期 2000 年	高增长				稳定增长
		2001 年	2002 年	2003 年	2004 年	2005 年
预期增长率		6%	6%	6%	6%	3%
收入	6 000	6 360	6 742	7 146	7 575	7 802
营业利润率	20%	20%	20%	20%	20%	20%
$EBIT$	1 200	1 272	1 348	1 429	1 515	1 560
$EBIT\times(1-t)$	804	852	903	957	1 015	1 045
折旧						
△资本支出						
营运资本	1 200	1 272	1 348	1 429	1 515	1 560
△营运资本		72	76	81	86	45
自由现金流量 CFF		780	827	876	929	1 000
股权现金流量 $CFE=CFF-$利息费用$(1-t)$		579	626	675	728	799

237

（续表）

项目	基期 2000 年	高增长				稳定增长
		2001 年	2002 年	2003 年	2004 年	2005 年
税后债务成本		6.7%	6.7%	6.7%	6.7%	6.7%
股权成本		9.5%	9.5%	9.5%	9.5%	9.5%
资本成本		8.94%	8.94%	8.94%	8.94%	8.94%

企业价值

$$\frac{780}{(8.94\%-6\%)}\times\left[1-\frac{(1+6\%)^4}{(1+8.94\%)^4}\right]$$
$$+\frac{1\,000}{(8.94\%-3\%)\times(1+8.94\%)^4}$$
$$=26\,530.6\times\left(1-\frac{1.262\,5}{1.408\,5}\right)+\frac{1\,000}{0.059\,4\times1.408\,5}$$
$$=26\,530.6\times0.103\,7+11\,952.44$$
$$=14\,703.66$$

股权价值

$$\frac{579}{(9.5\%-6\%)}\times\left[1-\frac{(1+6\%)^4}{(1+9.5\%)^4}\right]$$
$$+\frac{799}{(9.5\%-3\%)\times(1+9.5\%)^4}$$
$$=16\,542.85\times\left(1-\frac{1.262\,5}{1.437\,7}\right)+\frac{799}{0.065\times1.437\,7}$$
$$=16\,542.85\times0.121\,9+8\,549.98$$
$$=10\,566.55$$

说明：①资本支出与年折旧费抵消；②营运资本占销售额的20%；③利息费用为300万元。

4.

1) 估算 2001～2005 年的股权现金流量

根据公式

$$CFE=净收益+(1-\delta)(折旧-资本性支出)-(1-\delta)追加营运资本$$

2001 年股权现金流量 $=6\,000\times[2.5\times(1+10\%)+(1-20\%)\times(1.1-2.2)\times(1+10\%)]$
$-(1-20\%)\times95\,000\times6\%\times5\%=10\,692-228$
$=10\,464(万元)$

2002 年股权现金流量 $=6\,000\times[2.5\times(1+10\%)^2+(1-20\%)\times(1.1-2.2)\times(1+10\%)^2]$
$-(1-20\%)\times95\,000\times6\%\times5\%\times(1+6\%)$
$=11\,761.2-241.68=11\,519.52(万元)$

2003 年股权现金流量 $=6\,000\times[2.5\times(1+10\%)^3+(1-20\%)\times(1.1-2.2)\times(1+10\%)^3]$
$-(1-20\%)\times95\,000\times6\%\times5\%\times(1+6\%)^2$
$=12\,937.32-256.18=12\,681.14(万元)$

2004 年股权现金流量 $=6\,000\times[2.5\times(1+10\%)^4+(1-20\%)\times(1.1-2.2)\times(1+10\%)^4]$
$-(1-20\%)\times95\,000\times6\%\times5\%\times(1+6\%)^3$
$=14\,231.05-271.55=13\,959.50(万元)$

2005 年股权现金流量 $=6\,000\times[2.5\times(1+10\%)^5+(1-20\%)\times(1.1-2.2)\times(1+10\%)^5]$
$-(1-20\%)\times95\,000\times6\%\times5\%\times(1+6\%)^4$
$=15\,654.16-287.84=15\,366.32$（万元）

2）估算 2006 年的股权现金流量

2006 年企业进入稳定增长阶段，不仅其资本结构已经基本稳定，而且也可以假设其资本性支出和折旧抵消。

$6\,000\times(1+5\%)\times2.5\times(1+10\%)^5-95\,000\times4\%\times5\%\times(1+6\%)^5$
$=25\,436.25-254.25=25\,182$（万元）

3）估算折现率

$2001\sim2005$ 年期间的折现率 $=3.25\%+1.25\times5\%=9.5\%$

2006 年以后的折现率：

根据 $\beta=\beta_u\left[1+(1-t)\left(\dfrac{D}{E}\right)\right]$ 可以求出：

$\beta_u=1.25\div[1+(1-33\%)\times(10\%\div90\%)]=1.164$
$1.164\times[1+(1-33\%)(20\%\div80\%)]=1.359$
$3.25\%+1.359\times5\%=10.05\%$

4）估算该企业价值

$10\,464\div(1+9.5\%)+11\,519.52\div(1+9.5\%)^2+12\,681.14\div(1+9.5\%)^3$
$+13\,959.50\div(1+9.5)^4+15\,366.32\div(1+9.5\%)^5$
$+25\,182\div(10.05\%-5\%)(1+9.5\%)^5$
$=9\,566.16+9\,607.61+9\,658.88+9\,709.61+326\,527.62$
$=365\,059.88$（万元）

5.

1）用价格/账面价值比率 PBV 作乘数计算乙企业的权益价值 $=\dfrac{40\,000\,000\times35}{590\,000\,000}\times207\,000\,000=$
$491\,186\,440.7$（元）

2）用价格/销售收入比率 PS 作乘数计算乙企业的权益价值 $=\dfrac{40\,000\,000\times35}{1\,340\,000\,000}\times620\,000\,000=$
$647\,761\,194$（元）

因为用不同的乘数，所以得出不同的评估结果。

6.

市盈率用 PE 表示，增长潜力用预期增长率 g 表示，现金流量用股利支付率 R_P 表示，企业风险用 β 表示。回归方程表示如下：

$$PE=a+b\times g+c\times R_P+d\times\beta$$

运用 $SPSS11$ 统计软件进行多元线性模型回归分析，得出回归方程如下：

$$PE=-2.296+35.359\times g+2.874\times R_p+11.985\times\beta$$

表3

企业	市盈率	回归方程给出的理论市盈率	现实市盈率与理论市盈率之间的差额	股票价值被低估的企业	预期增长率	贝塔系数	股利支付率
1	13.3	13.19	0.11		16.5	0.75	23%
2	22.6	17.15	5.45		13.0	1.15	37%
3	12.1	10.86	1.24		9.5	0.75	28%
4	13.9	14.85	−0.95	4	11.5	1.00	38%
5	10.4	9.12	1.28		4.5	0.70	50%
6	17.3	15.19	2.11		3.4	1.10	28%
7	11.4	12.07	−0.67	7	10.5	0.80	37%
8	15.5	17.90	−2.40	8	11.5	1.25	40%
9	9.5	14.82	−5.32	9	9.0	1.05	47%
10	8.7	11.47	−2.77	10	5.5	0.95	15%
11	16.5	13.67	2.83		13.0	0.85	41%
12	12.4	13.16	−0.76	12	14.0	0.85	11%
13	10.2	12.31	−2.11	13	9.5	0.85	37%
14	11.0	11.35	−0.35	14	8.0	0.85	22%

第九章

单项选择题

1. d

2. a

3. d

4. d

5. d

6. b

7. d

8. c

9. c

10. b

11. c

12. a

多项选择题

1. ac

2. abc

3. ce

4. abc

5. abcd

6. abd

7. abcd

计算题

(1) 股权资本回报率＝5％＋1.5×4％＝11％

$$WACC＝11％×60％＋6％×40％＝9％$$

(2) 计算未来 5 年企业净现金流量的折现值之和＝$403.56×\left(\frac{P}{F}, 9％, 1\right)＋450.36×\left(\frac{P}{F}, 9％, 2\right)＋488.39×\left(\frac{P}{F}, 9％, 3\right)＋522.33×\left(\frac{P}{F}, 9％, 4\right)＋525.88×\left(\frac{P}{F}, 9％, 5\right)＝$403.56×0.917 4＋450.36×0.841 7＋488.39×0.772 2＋522.33×0.708 4＋525.88×0.649 9＝1 838.22(万元)

计算从 2025 年开始的永续性现金流量现值＝525.88×(1＋2％)÷(9％－2％)×0.649 9＝4 980.07(万元)

该企业生产线的公允价值＝1 838.22＋4 980.07＝6 818.29(万元)

(3) 通过比较,该企业生产线的公允价值大于其使用价值,根据孰高原则,该生产线的可收回金额应以其公允价值为准,即 6 818.29 万元。

(4) 因为该生产线的可收回金额为 6 818.29 万元,账面价值为 6 830 万元,账面价值大于可收回金额,所以该生产线存在减值,减值额为该生产线的账面价值与其可收回金额的差额＝6 830－6 818.29＝11.71(万元)

主要参考文献

[1] 全国注册资产评估师考试用书编写组. 资产评估[M]. 北京:中国财政经济出版社,2006.

[2] 刘玉平. 资产评估[M]. 北京:中国财政经济出版社,2000.

[3] 朱萍. 资产评估学教程[M]. 上海:上海财经大学出版社,1998.

[4] 于鸿君. 资产评估教程[M]. 北京:北京大学出版社,2000.

[5] 周叔敏. 美国评估行业统一操作规范[M]. 北京:经济科学出版社,2000.

[6] 毕宝德. 土地经济学[M]. 北京:中国人民大学出版社,1993.

[7] 张瑜,高向军,廖永林. 土地估价理论与实务:我国城市土地估价实践探讨[M]. 北京:企业管理
出版社,1992.

[8] 杨宜新,鲍传才. 地产估价与经营管理[M]. 北京:科学技术文献出版社,1993.

[9] 柴强. 房地产估价[M]. 北京:北京经济学院出版社,1993.

[10] 鹿心社. 中国地产估价手册[M]. 北京:改革出版社,1993.

[11] 董黎明,胡健颖. 房地产开发经营与管理[M]. 北京:北京大学出版社,1995.

[12] 黄贤金. 不动产估价[M]. 北京:中国林业出版社,1998.

[13] 戚名琛. 成本法不适用于评估地价缘由简析[J]. 中国房地产,2000(12):3.

[14] 蒙吉军. 综合自然地理学. 2 版[M]. 北京:北京大学出版社,2011.

[15] 吴次芳,叶艳妹. 土地科学导论[M]. 北京:中国建材工业出版社,1995.

[16] 马俊驹,梅夏英. 不动产制度与物权法的理论和立法构造[J]. 中国法学,1999(4):12.

[17] 华东师范大学. 经济地理学导论. 2 版[M]. 上海:华东师范大学出版社,1986.

[18] 中国资产评估协会. 国际资产评估标准[M]. 北京:经济科学出版社,1995.

[19] 乔志敏. 房地产经营管理教程[M]. 上海:立信会计出版社,2001.

[20] 黄少安. 国有资产管理概论[M]. 北京:经济科学出版社,2000.

[21] 张占耕. 无形资产管理[M]. 上海:立信会计出版社,1998.

[22] 尹尊声. 国际技术转让价格[M]. 上海:上海人民出版社,1993.

[23] 崔劲. 无形资产评估的理论方法与实务[M]. 北京:中国物资出版社,1994.

[24] 陈仲. 无形资产评估导论[M]. 北京:经济科学出版社,1995.

[25] 陈云震. 西方财务会计[M]. 北京:中国人民大学出版社,1992.

[26] 雷利·巴洛维. 土地资源经济学——不动产经济学[M]. 北京:北京农业大学出版社,1989.

[27] 阿斯瓦斯·达摩达兰. 应用公司理财[M]. 北京:机械工业出版社,2000.

[28] 布瑞德福特·康纳尔. 公司价值评估[M]. 北京:华夏出版社,2001.

[29] 汤姆·科普兰. 价值评估[M]. 北京:中国大百科全书出版社,2002.

[30] 加布里埃尔·哈瓦维尼. 经理人员财务管理[M]. 北京:机械工业出版社,2000.

[31] P. S. 萨德沙纳姆. 兼并与收购[M]. 北京:中信出版社,1998.

[32] 阿斯瓦斯·达摩达兰. 投资估价[M]. 北京:清华大学出版社,1999.

[33] Byrl N Boyce. Real Estate Appraisal Terminology[M]. Ballinger Publishing Co,1975.